Immer de Pfeile noh

Zwei Saarländer auf dem Küstencamino

Tagebuch: Klaus Maria Müller
Fotos: Bernd Schmidt

Danke den Lektorinnen
Moni, Gabi, Lucie und Anni.

Danke dem Homepage-Gestalter
Stefan Müller.

Danke Bernd Kuckartz
für die Fahrt zum Flughafen Hahn.

Danke Peter Ruppert
für die Titelgestaltung.

Danke der WVD
für die angenehme Zusammenarbeit.

Impressum:

ISBN: 978-3-00-035339-0

Druck: WVD Druck + Neue Medien GmbH
Industriestraße 7–9
D-66386 St. Ingbert
www.wvd.de

Erstauflage 2011

Für Monika, Hildegard, Margret und Anni

Widmung

Dieses Buch widmen Autor und Fotograf allen Lesern, denen der Saarland-Bestseller ***„Iss mei Hut noch do?“***, *zwei Saarländer auf dem Jakobsweg,* Vergnügen bereitet hat und all jenen, deren Interesse am *Camino* dadurch geweckt wurde.

Autor und Fotograf sind vom 17.08. bis 18.09.2010 vier Wochen in Spanien auf dem *Camino de la Costa,* dem *Camino del Norte* und dem *Camino Francés* gepilgert.

Aus den Tagebucheintragungen entstand dieses Buch:

„Immer de Pfeile noh“.

Ich trug Bernd kürzlich aus dem Lebensfreude-Kalender 2011 der Verlagsgesellschaft Mannheim folgende Weisheit vor:

„Das Leben hört nicht auf, lustig zu sein, wenn Menschen sterben. Und es hört nicht auf, ernst zu sein, wenn Menschen lachen.“

Bernd erwiderte:

„Unn es Lewe heert nett off, komisch se sinn, wenn du hochdeitsch schwätscht.“

Dies bestärkte mich in meinem Entschluss, auch die Dialoge in diesem Buch im saarländischen Dialekt wiederzugeben, um so authentisch wie möglich zu sein.

...und dann läuft man plötzlich nicht mehr. Man hört einfach auf zu laufen, weil das Laufen schlicht und ergreifend zu Ende ist.

An diesem Punkt war ich, ein zur Ruhe gekommener Unruhiger, angelangt, ich musste dasitzen, losgelöst vom alltäglichen Caminotrott, vom Improvisieren, vom Organisieren, vom Planen, um voran und schließlich anzukommen.

Mein Bewegungsdrang war mir abhanden gekommen.

Wenn einem der Weg so plötzlich ausgeht, fällt es schwer, sich auf neue Aufgaben zu konzentrieren.

In diesem bedenklichen Stadium war ich angelangt, als ich vom Jakobsweg zurückkam.

Ich stand regelrecht neben mir.

Dann las ich in meinen Tagebüchern.

Und schrieb ein Buch.

Inhaltsverzeichnis

Durch das Baskenland

Durch Kantabrien

Durch Asturien

Durch Galicien

Statt eines Vorwortes

Es war eine unvergessliche, eine großartige, eine wunderbare, aber auch eine schwere und entbehrungsreiche Zeit.
Die wohl intensivste meines Lebens.
Bernd und ich waren mit uns beschäftigt wie niemals zuvor.
Es war eine Zeit des In-sich-Gehens, des sich Sammelns, des Suchens nach sich selbst, nach der Belastbarkeit, den Grenzen in uns.
Eine Zeit, in der ich durch Wind und Wetter ging, allein von meinen Gedanken begleitet und meinem Wanderkameraden, meinem Arbeitskollegen und Freund, dem Fotografen Bernd Schmidt.
Es war eine Zeit der körperlichen und seelischen Strapazen, die in dem verklärten Blick der Retrospektive nun nach und nach ihre Härte verlieren.
Die unglaublichen Momente, welche wir dank der vielen Eindrücke und Bilder, die wir wie ein Schwamm aufsaugten, festhielten und deshalb auch weiter festhalten können, werden uns ein Leben lang begleiten, ebenso die tollen Pilgerbekanntschaften und Gespräche vor, während und nach den Wanderungen.
Es war ein Nomadendasein, dieses Leben auf dem *Camino de la Costa, dem Camino del Norte* und dem *Hauptweg*.
Man wanderte von *A* nach *B*, ohne zu wissen, wo *B* eigentlich liegt und wann man ankommt.
Wenn man überhaupt ankommt.
Es war ein Etappenwandern und infolge dessen lediglich wichtig, irgendwo anzukommen, an irgendeinem Ziel. Ob mit gesunden oder strapazierten Füßen, großen oder kleinen Schmerzen, mit nasser oder trockener Haut, Lust oder Frust, mit positiven oder negativen Gedanken, glücklichen oder weniger glücklichen Momenten.
Wichtig war, am Zielort anzukommen, überhaupt irgendwo anzukommen. Auch wenn es manchmal ein Ort war, den man ursprünglich gar nicht anvisiert hatte.

Oft standen wir morgens früh auf, verschlafen, unausgeruht, noch zerschlagen von der Wanderung zuvor oder dem trinkfeuchten, diskussionsgeschwängerten, lustigen, vergnüglichen Pilgerabend, inmitten des Trubels einer Herberge, eingereiht in der unvermeidlichen Menschenkette zur Toilette, mürrisch, wieder die hochsensiblen Füße zu quälen, seine sieben Sachen zu packen, sie in den Rucksack zu zwängen, sich abermals zu belasten, die Seele, das Gemüt, und erneut dieses schwere Gewicht zu schultern, bevor wir dann endlich aufbrachen.

„Hascht du heit Luscht?“, pflegten wir uns manchmal vor der Wanderung zu fragen.

„Soviel wie du.“

„Also gar kenn. Bin irschendwie wie zerschla“, erwiderte Bernd.

„Iss jo a kenn Wunner. Mei Füß duhn weh, die Blose kloppe wie verrückt, mei Kopp iss müd, die Schuldere schmerze, de Rücke werrd immer schlechter unn se frühschtücke hammer a nix kriet.“

Hin und wieder benommen machten wir uns auf den Weg. Der Kopf, die Seele müde, der Körper in ständiger Alarmbereitschaft. Bereit, auf Reserve zu gehen, der Tag bis zum Nachmittag mit Wandern ausgefüllt, mit Gerede, um aufkommende Monotonie zu vertreiben. Resigniert gingen wir manchmal des Weges, so euphorisch wir am Abend auch waren. Wir marschierten hungrig am Mittag, fern jeder Bar, einem Horizont entgegen, der sich immer wieder verschob und neue Zielpunkte setzte.
Die Entfernungen waren beträchtlich. Man sah den Weg oft so weit das Auge reichte, war regelrecht darauf fixiert, ihn hinter sich zu bringen, den Entfernungen ein Schnippchen zu schlagen, den Wandertag zu beenden und den Pilgerabend einzuläuten.
Die Landschaft entschädigte für vieles. Sie zeigte uns den Gewinn der Schönheit des Lebens, wenn wir nicht nur mit den Füßen marschierten, sondern die Seele den Blick streifen ließ, um den köstlichen Eindruck, den wir dann unschwer gewinnen mussten, hinein zu projizieren in die Tiefen der ureigenen Erkenntnis. Es war auch ein Seelenwandern, ein Wandern zum Seelenfrieden. Der Psyche tat es gut, den Kopf frei zu bekommen, abgelenkt und überwältigt zu werden von Landschaft und Menschen, die einem das Herz rührten. Selbst den Schmerz vergaßen wir dabei.
Ich war oft melancholisch angehaucht von den gewinnenden und zugleich spannenden Bildern und Motiven, von den Ansichten und Meinungen, Erkenntnissen und Eindrücken, die wir tagtäglich gewannen, und von deren Verarbeitung auf den langen strapaziösen Wegen. Ich

liebte dieses ständige Auf und Ab meiner Gefühlswelten auf dem Jakobsweg, wie ich es manchmal auch hasste. Bernd erging es ähnlich. Meine zuweilen innere Zerrissenheit und Selbstzweifel kamen dabei zum Vorschein. Meine vor nichts sich duckende Impulsivität. Meine verbrämten Ängste und Unsicherheiten, die Druckpunkte suchten, an denen sie sich reiben konnten.

Vergebens wartete ich, vergebens warteten wir auf den leuchtenden Moment der Demut, vergebens warteten wir lange darauf.

„Wehscht de was?", sagte ich zu Bernd nach einer Woche Jakobsweg, „ich bin heit aggressiver unn undemutsvoller als vorm Jakobswee."

„Das geht mir a so. Wie beim letschte Mol. Ich könnt manchmol richdisch losheile. Kann mir das nett erkläre. Wes ehnfach nett warum. Brauch wohl noch ebbes Zeit."

„Awer es geht uns doch gutt. Mir könne mache was mer wolle. Was uns grad infallt. Kenner schtörts. Mir sinn, wie mer so scheen saht, vogelfrei. Unsere eichene Bosse. Also was iss los?"

„Hascht Recht. Ich veschtehns jo a nett. Der Wee gefallt mer super. Es Meer unn die Picos. Was will mehr meh. Unn trotzdem geht's mer nett so richdisch gutt. Bin irschendwie nervös."

„Awer warum bischt de dann so unruhisch?"

„Kenn Ahnung, ich kann mir das sellwer nett erkläre. Wenn ichs wisst, würds mer besser gehn, glab mers. Do könnt ichs nämlich abschtelle."

„Velleicht leits do dran, dass mer ehnfach zuviel iwwer uns nohdenke, uns iwwer Gebühr mit uns sellwer beschäffdische. Mach dich jo nett verrückt. Soviel Pilscher sinn denne Wee schunn gang unn hann ne geschafft unn hinner sich brung. Do schaffe mir das a. Mir sinn doch Saarlänner. Männer, die durchhalle. Kenn Schaffschuhveschteckler. Kenn Weicheier. Kenn Mimösjer. Männer mit Mumm. Richdische Saarlänner simmer. Die sich irschendwie durchworschdele. Wo de ehnt e annerer kennt, der a enner kennt unn dann helft, wenns eng werrd. E großie Familie ewe. Odder nett?"

„Schtell dir vor, mir hann die Faxe dick unn sinn a noch Pälzer. Das wär doch gar nett zum Aushalle."

„Jo, als Pälzer wär ich denne Wee a gar nett gang."

So sprachen wir oft miteinander und zogen uns dabei an den eigenen Haaren immer wieder aus dem Jakobswegsumpf.
Noch im ersten Drittel des Weges sind wir dann bei uns angekommen. In unserem Pilgerdasein.
Aber was bedeutet das: Pilgerdasein? Was ist ein Pilgerdasein? Hat es einen festen Status, oder ist es lediglich eine unbestimmte Größe, ein Symbol? Eine leere Worthülse? Ein Klischee? Ein Synonym für all das, was man nicht findet oder je verstehen kann?
Der Jakobsweg inspiriert, lässt alle Fantasie der Welt zu. Man ist mit sich allein, ob mit oder ohne Begleitung, befasst sich mit sich selbst, ob man nun möchte oder nicht. Man wird regelrecht dazu gezwungen, muss nach innen schauen, immer wieder nach innen schauen, um sich zu erkennen, ob es einem gefällt oder nicht.
Und oft gefällt nicht, was man sieht.
Auf der Jakobsfährte geht man zuweilen, als würde man mit der Gleichmäßigkeit der Schritte auf einem ruhigen, ausgewogenen Meer wandeln, so weit scheint manchmal ein Ende vom anderen entfernt. Leichtfüßig kann man ankommen oder mittendrin untergehen und ertrinken, ohne das Ziel Santiago de Compostela je zu erreichen. Sei es, weil man den Anforderungen und Herausforderungen des Weges nicht gewachsen ist oder durch körperliche respektive seelische Blessuren, sei es durch ganz andere Gründe.
Und es gibt eine Vielzahl von Gründen, nicht anzukommen.

„Der Wee heert heit jo gar nimmeh off", beschwerte sich Bernd manchmal.

„Nee, der iss so unendlich wie mei Gedanke."

„Es gibt kenn Unendlichkeet, alles iss endlich. Lass dir das von mir gesaht sinn. Ich wes, von was ich schwätze."

Der Kleine spielte wahrscheinlich auf seine vor Jahren zerbrochene Ehe an. Ich versuchte es humorvoll zu nehmen und ihn abzulenken.

„Seit wann?“

„Alles heert emol off. Sogar der do Satz. Unn die Mensche schterwe aus. Unn du Gott sei Dank a.“

Bernd redete darauf los, ohne meine Ironiespitzen zu bemerken.

„Du bischt velleicht e Schnarchkapp. Das war doch ewe e Metapher, als ich die Endlichkeet in Fro geschtellt hann.“

„E was?“

„Vegesses. Das iss wie Perle vor die Säu geworf.“

„Rindvieh, gefährliches.“

„Ich hann dich a lieb, mei Kleener.“

„Raulicher Hund, raulicher.“

„Was mer saht, saht mer vekehrt. Dobei hann ichs nur gutt gemennt. Duht mer leed.“

„Im Lewe nett.“

„Wehscht de was? Ich würd jetzt liewer am Schtrand odder sonschtwo faul rum sitze. Unn nett do offem *Camino* wannere bei der vedammt Bruthitz.“

„Mir hanns jo so gewollt. Do müsse mer jetzt durch. Do muscht de dei Gemüt wedder off Vordermann bringe. Nur nett hänge lasse, laut die erscht Devise. Unn die zwett hehscht, ankomme! Unn die dritt: Mir folge! Hat das dei Erbsehirn begriff?“

„Jo, Herr Knappschaftsälschter.“

Auf dem Jakobsweg muss man hin und wieder kämpfen, sich regelrecht durchboxen, niemals Halt machen und nach Hilfe schreien oder Hilfe erwarten. Man muss seine Füße unter die Arme nehmen und einfach

weiter marschieren, immer weiter solange der Weg reicht. Und stets das Tagesziel vor Augen haben. Sich nie davon ablenken lassen, darauf fokussiert sein.
Bernd und ich sind diesen Weg nicht aus religiösen, sportlichen oder spirituellen Gründen gelaufen. Nicht einmal aus Frust oder Sinnsuche oder Angst vor dem, was kommen mag oder nicht, auch nicht, um uns selbst zu finden, ganz gleich was wir suchten oder fanden.
Wir sind diesen Weg aus keinem einzigen dieser Gründe gegangen.
Wir waren auch keine Problempilger, die auf dem Jakobsweg ihre Insel der Anonymität suchten, auf die wir uns dann zurückziehen oder verstecken konnten vor der bösen Welt da draußen, bis wir wieder mit uns selbst im Reinen waren, wenn wir je diesen Traum pflegten, mit uns selbst ins Reine zu kommen.

Alles was wir anstrebten, war eine Auszeit zu nehmen, Abstand zu gewinnen vom normalen Alltag, der sich allzu sehr in unseren Köpfen festgefahren hatte. Wir wollten unsere physische und psychische Belastbarkeit erproben, sie austesten, vielleicht neue Inspirationen suchen, Halt, Kreativität, die in unserer schnelllebigen Zeit der Impulsüberlastung schnell, allzu schnell verloren gehen.
Ich wollte ganz persönlich erleben wie man diesen Weg bewältigt, welche Strapazen er mich kostet, wie ich damit umgehe, seine Schmerzen annehme, wieviel Improvisationsgeschick und Menschenkenntnis ich besitze, um nicht auf die Schnauze zu fallen und einfach liegen zu bleiben.
Ich wollte wissen, was es mich kostet durchzuhalten. Wie ich den Tücken und Heimtücken dieses Weges begegne, ihnen vielleicht ein Schnippchen schlage. Und was ich auf einer gewissen Ebene vom *Camino* lernen und erfahren kann.
Und was es überhaupt mit diesem, wie mir manchmal vorkam, allzu verklärten, sonderbaren, bizarren, mythischen Weg auf sich hat.
Bernd wurde von ähnlichen Intentionen geleitet. Er war genauso neugierig wie ich. Deshalb haben wir uns auf den Weg gemacht. Und was wir erlebten oder erleben durften, übertraf bei weitem unsere Erwartungen: Weil er unglaubliche Eindrücke und Momente vermittelte, unsere Sehnsucht befriedigte, oftmals Frieden unseren Seelen spendete, weil er uns auf den Weg brachte, unsere Gedanken sortierte, uns respektierte und geduldig ertrug, unsere Ressourcen nicht ausschöpfte, uns herausforderte, regelrecht kitzelte, uns nicht mehr losließ und unter-

stützte, wo er nur konnte.

„Guck dir die Landschaft an. Das gibts doch nett."

„Wenns se nett gäb wär se nett do unn mir würde jetzt nett do wannere."

„Hascht de heit ausnahmsweis emol e lichter Moment?", stichelte ich.

„Jo, die Betonung leit off *wedder*. Das hascht de richdisch erfasst. Wenn de das a nett so gutt ausdrücke konnscht."

„Hauptsach du wehscht von was de schwätscht."

„Velass dich druff, mei Großer. Im Gejesatz zu dir wes ich das immer."

„Bis off das, was de nett wehscht. Wie ich immer schunn gesaht hann: Wo de bischt iss nix. Awer iwwerall kannscht de Gott sei Dank nett sinn."

„Schtinkschtiwwel."

„Iss mer nur so rausgerutscht."

„Unn lüje duhscht de a noch wie gedruckt."

Wir lachten mal wieder, amüsierten uns über uns selbst.
Aber der *Camino* zwang uns auch, in uns zu gehen, und er geizte nicht mit Kontrasten. Da gab es jeden Tag dieses Gehen und Ankommen durch Wind und Wetter, Berge und Täler, Städte und Dörfer.
Gut gelaunt und schlecht gelaunt, hoffnungsfroh und zermürbt, laufbereit und müde. Wir erlebten Spanien sozusagen pur: arm und üppig, leer und ideenreich, verspielt und ernst, heiter und reserviert, besessen und apathisch, hektisch und einsam, natürlich und aufgesetzt. Wir saßen in Bars, in Kneipen, wir aßen gut, und wir aßen schlecht. Wir feierten Pilgermessen, beteten und fluchten und heulten.
Wir erlebten unsere Charaktere ambivalent, kannten uns kaum wieder und liefen oft auf Reserve, manchmal auch unseren Emotionen hinterher. Wir begegneten stets freundlichen, aufgeschlossenen Menschen,

denen wir uns anvertrauten. Wir scheuten diese Begegnungen nicht, lernten daraus. Und wir lernten schnell.
Denn wir nahmen an. Täglich nahmen wir an.
Bis heute.

16. August 2010

Der Jakobsweg. Der Pilgerweg. Ein Weg wie im Märchen. Wege schlechthin.
Verklärt und geheimnisvoll. Schlicht und ergreifend. Herausfordernd und skeptisch. Gelassen und zermürbend. Oft geradeaus und unendlich bis zum Horizont, jedenfalls so weit das Auge reicht.
Wege, kurvenreich verbogen, sich schlängelnd, windend, Steigungen spielend ausbalancierend, abschüssig.
Wege aus Lehm, Moos, Gras, Schotter, Kieselsteinen, Teer und Asphalt.
Wege, die zum Ziel führen.
Traumwanderwege mit einzigartigen Landschaften und Meeresblick.
Unglaubliche Höhenwege.
Menschen und Eindrücke.
Und Pilger.
Sie alle haben ein Ziel.
Und wir jetzt auch.

Es ist Montag, 18:00 Uhr. Wir fahren mit meiner Frau und Bernds Freundin Hildegard nach Völklingen-Wehrden, um in der dortigen Kirche von Pfarrer Wirfler unseren Pilgersegen zu empfangen.
Wir haben uns für die Reise entschieden. Bernd und ich. Wie vor drei Jahren auch dieses Mal recht kurzfristig. Wir wollen nach Spanien, um den *Camino de la Costa*, den *Camino del Norte* und zum Abschluss den *Camino Francés* zu gehen.
Es ist ein Weg, der von Irún/Spanien über San Sebastián, Bilbao, Santander, Gijón, Avilés, Ribadeo bis nach Santiago führt.
Wir wissen, dass es ein schwieriges Unterfangen wird.
Bernd ist erst seit wenigen Wochen einigermaßen fit. Er hatte einen Sehnenabriss am Knie, welcher voriges Jahr operiert wurde. Eine lange Rekonvaleszenzzeit liegt hinter ihm. Die Narbe ist deutlich zu sehen. Hoffentlich hält das Bein.
Ich hatte zwei Wochen vor der Reise einen Hexenschuss, bekam mehrere Spritzen. Auch ich fühle mich nicht ganz fit.
Beide sind wir dieses Mal zur Vorbereitung krankheits-, respektive verletzungsbedingt weniger trainiert als noch vor drei Jahren. Dies macht uns ein wenig Sorgen. Wir marschierten nur zweimal gemeinsam. Und jedes Mal hatten wir nachher ernsthafte Probleme, dies bei recht

einfachen Wegen nur wenig über 20 Kilometer.
Schon bei der ersten Wanderung zog ich mir gleich zwei böse Blutblasen an beiden Füßen zu. Bernd ebenfalls. Dies veranlasste uns neue Wanderschuhe zu kaufen, was sich, im Nachhinein gesehen, absolut bewährt hat.
Trotzdem sind wir guten Mutes, den Anforderungen des *Camino* gewachsen zu sein. Wir wissen, dass wir uns durchbeißen können, auch wenn es weh tut.

Diesem Küstenweg mit seinem enormen Höhenprofil, wie ich meinem Reiseführer entnehme, *eilt der Ruf voraus, durchaus anspruchsvoll zu sein. Er beginnt an der französisch-spanischen Grenze und ist der erste europäische Jakobsweg überhaupt. Man wandert durch das Baskenland, Kantabrien, Asturien und schließlich durch Galicien.*
Seit mehr als zehn Jahren genießt dieser Camino eine erstaunliche Renaissance.
Der Überlieferung zufolge wurde das Grab des Apostels Jakobus in Santiago de Compostela im Jahr 811 wiederentdeckt.
Hierauf begann eine nie ganz abreißende Pilgerbewegung.
Da ein Großteil der Iberischen Halbinsel von den Mauren besetzt war, musste man die unwegsame und anstrengende Strecke entlang der kantabrischen Küste zurücklegen und wurde dafür durch die Präsenz des Meers und den Zauber der Berge reichlich entschädigt.

Wir glauben also zu wissen, was auf uns zukommt. Und hoffen, dass wir es ein zweites Mal schaffen. Wir waren schon einmal in Santiago. Und dies gibt uns Zuversicht, Hoffnung und Vertrauen in uns selbst.

16./17. August 2010

Ich schlafe in der Nacht zum Dienstag bei Bernd auf der Couch. Meine Frau und Hildegard verabschieden sich ziemlich schnell nach der wirklich feierlichen und herzlichen Zeremonie in der Kirche.
Wir essen noch bei Susanne und Maximilian, ihrem Sohn, zu Abend. Susanne wohnt eine Etage tiefer. Die Lyonerpfanne, also ein typisches saarländisches Gericht zum Abschied, schmeckt ausgezeichnet.
Unsere Henkersmahlzeit, denke ich im Stillen und weiß nicht, ob ich darüber lachen oder weinen soll.
Die Anspannung steigt so langsam. Ich spüre ein wohlbekanntes Kribbeln im ganzen Körper. Bernd ergeht es wohl ähnlich. Ich merke ihm seine Nervosität an. Ich kenne ihn. Er kann es nicht vor mir verbergen.
Es ist 20:30 Uhr. Maxi muss ins Bett. Er ist neun Jahre jung. Wir gehen nach oben, gönnen ihm seine ungestörte Nachtruhe.
Ein komisches Gefühl beschleicht mich. Ich werde die nächsten fünf Wochen meine Frau und meine Tochter nicht sehen. Meine Verwandten, Freunde und Nachbarn vermissen. Mein Haus nicht betreten, in meinem Bett nicht schlafen, nicht im meinem neuen Bad duschen können.
Wir trinken Bier. Bernd ist etwas angekratzt. Schließlich kennt er Hildegard noch nicht so lange. Es fällt ihm schwer, sich von ihr zu trennen, gerade weil sie frisch verliebt sind.
Ich kann das verstehen und schütte deshalb kein Öl ins Feuer. Wir trinken Bier, zusätzlich zwei Schnäpse, reden nicht viel, schauen verklärt oder belämmert und zu später Stunde legen wir uns zu Bett.
Vorher rufe ich noch vorsichtshalber auf meiner Dienststelle an, damit wir unsere Weckzeit nicht verpassen. Um halb drei ist schließlich Aufstehen angesagt.
Ich wälze mich unruhig auf der Couch, kann lange nicht einschlafen, bin zu aufgeregt, zu nachdenklich, zu überdreht. Der Alkohol tut sein Übriges. Meine Arbeitskollegin ruft an, kaum dass ich eingeschlafen bin. Jedenfalls kommt es mir so vor.
Jetzt geht es also los. Die Fahrt nach Hahn. Unser Kollege, Bernd Kuckartz, hat sich angeboten, uns dorthin zu kutschieren.

Pünktlich um 03:00 Uhr steht er vor der Tür. Wir begrüßen ihn mit dicken Köpfen. Da müssen wir jetzt durch, das haben wir uns schließlich selbst eingebrockt.

Das Wetter ist bescheiden. Unser geliebtes Saarland entlässt uns mit hartnäckigem Dauerregen in das ferne Spanien.
Nach zwei bis drei Kilometern Autofahrt fällt Bernd plötzlich ein, dass er seine Brille vergessen hat. Also zurück. Kehrtwende. Marsch, marsch!
Kollege Kuckartz oder Kuckie, wie ich ihn gerne nenne, sagt nichts, grinst nur verschmitzt in sich hinein und schließlich Richtung Bernd. Dessen Kopf schwillt wie auf Kommando rot an, als würden einige Stromschläge gerade in diesem Moment seinen Körper durchzucken. Kuckies teils überlegen wie pikiert nörgelnder Blick hat überdies die Wirkung von tausend tadelnden Worten, ohne dass auch nur der geringste Vorwurf aus seinem Mund laut wird.
Mir reichts. Ich schimpfe leise, dann lauter vor mich hin, was Bernd still und in sich gekehrt, durchaus seiner Schuld bewusst, tapfer zur Kenntnis nimmt.
Wieder an unserem Ausgangsort angekommen, klingelt Bernd Susanne aus dem Bett, weil er ihr bei der Wegfahrt seine Wohnungsschlüssel anvertraut hat, damit sie hier und da mal zwischendurch nach dem Rechten sieht.
Susanne sagt nichts. Das ist aber mehr als genug gesagt. Im Auto ducke ich mich weg, als sie in meine Richtung blickt. Für die Tapferkeitsmedaille brauche ich mich heute nicht mehr zu bewerben. Aber seis drum.
Bernd verschwindet im Haus. Kleinlaut kommt er wenig später zum Auto zurück, steigt noch ein Stückchen kleiner als er ohnehin ist, wortlos ein. Kuckie lästert nun unverhohlen amüsiert, ich leicht verärgert. Das muss jetzt einfach sein, hat er sich selbst eingebrockt und vor allem redlich verdient.
Wir fahren wieder. Kurz vor Riegelsberg schreit mein Caminobruder ganz plötzlich aus heiterem Himmel mit schriller Stimme in Richtung Kuckie: „Hall emol ganz schnell. Ich glab, ich hann die Bordkarte ferr de Flug vegess."

Kuckie hält so spontan wie möglich. Mein allzu vergesslicher Pilgerbruder steigt trotz seines beachtlichen Bauchansatzes wieselflink aus dem Auto und durchforstet völlig nervös seinen Rucksack. Stimmt. Er hat sie tatsächlich vergessen. Es ist nicht zu fassen.
Wie blöd muss *Mann* sein? Das musste jetzt kommen.
Kuckie sagt zunächst wiederum kein Wort, verzieht keine Miene, grinst

diesmal nur in sich hinein anstatt Bernd an, dreht schließlich abrupt mit äußerster Entschlossenheit den Wagen und fährt wieder in Richtung Klarenthal.
Ich bin ebenfalls regelrecht sprachlos, was selten vorkommt. Verzweifele auf dem Hintersitz, weil ich nicht mehr daran glaube, noch rechtzeitig den Flughafen bzw. das Flugzeug zu erreichen. Die Zeit ist jetzt sehr knapp bemessen.
Bernd klingelt Susanne zum zweiten Mal heraus. Sofort steht sie auf der Matte. Oder Gewehr bei Fuß. Sie schaut ihn nur betroffen ungläubig an. Von Anklage kann keine Rede sein, eher von Unverständnis. Wiederum kommt kein Wort des Ärgers über ihre Lippen. Das ist Bestrafung genug. Sie geht kurz in ihre Wohnung und reicht ihm dann die Schlüssel.
Bernd geistert durch seine Wohnung, reißt die Bordkarten an sich, rennt die Treppe hinunter, gibt Susanne die Schlüssel erneut in die Hand, schaut beschämt dabei zu Boden, steigt schließlich ein wenig außer Atem abermals in den Wagen, schimpft völlig aufgebracht mit sich selbst, kann es nicht fassen und sich nicht mehr beruhigen.
Kleinlaut sitzt er neben Kuckie und schüttelt immer wieder seinen hochroten Kopf.

„Mir komme heit nimmeh an. Das sahn ich eich", beginnt er zu jammern.

„Dann bischt du dran Schuld. Sonscht kenner", erwidere ich gnadenlos.

„Wes ich sellwer. Duht mer jo leed. Was soll ich dann jetzt mache? Mich umbringe?"

„Wär e Möglichkeet", antworte ich boshaft. Kuckie kichert. Es entschlüpfen ihm ein paar passende wie holprige Bemerkungen. Dies gefällt ihm, dem alten Hallodri, der auch ganz selten einen blumig pfiffigen Kommentar auslässt und Ironie, Wortwitz und Schlagfertigkeit manchmal durchaus als Heilsbringer Gottes ansieht.
Das fängt ja gut an, denke ich.
Dann allgemeines Schweigen im Wagen.
Wir sind fünf Minuten vor sechs auf dem Flughafen. Der Schalter schließt um sechs. *Gerade noch einmal gutgegangen*, schießt mir

durch den Kopf. Aber – Bernd findet seinen Ausweis nicht.
Mir fällt jetzt ein, ich wäre gestern auch ohne Ausweis aus dem Haus gegangen, wenn Moni mich nicht daran erinnert hätte. Natürlich verliere ich darüber kein Wort.
Bernd ist verzweifelt, er sucht und sucht. Die Schalterangestellte schaut ärgerlich. Was sind denn das für komische Typen mit diesen großen Rucksäcken, scheint sie zu sinnieren.
Bernd wird endlich fündig. Wir atmen auf. Jetzt ein schnelles Stoßgebet zum Himmel. Noch einmal sind wir davongekommen. Alles wird gut.
Kuckie verabschiedet sich mit diesem unverwechselbaren Grinsen auf seinem Gesicht. Ob er uns den Weg zutraut, so, wie wir uns präsentierten? Wir umarmen uns. Er wünscht uns eine tolle Zeit, diesen Zuspruch können wir auch gebrauchen. *Danke, Kuckie, altes Haus!*
Er verschwindet dann mit dem Versprechen, niemandem etwas über diese mühselige Flughafenfahrt zu berichten. Was Bernd und ich natürlich sofort, völlig unabgesprochen, leicht als Notlüge entlarven. Denn Kuckie wird es sich nicht entgehen lassen, diese sonderbare, hochinteressante Geschichte nicht nur sofort zu erzählen, sondern sie auch noch stimmig in allen Fassetten gnadenlos ausschmücken und uns somit der verdienten Lächerlichkeit preisgeben. So weit kennen wir ihn, diesen Meister alter Schule, aber es sei ihm gegönnt. Wir sind doch Kollegen, und jeder hat die Lacher gerne auf seiner Seite.
Wir fliegen um 06:35 Uhr nach London, wo wir um 08:00 Uhr landen. In London ist es allerdings erst 07:00 Uhr. Wir haben mehr als fünf Stunden Aufenthalt.
Der Weiterflug nach Biarritz findet um 12:15 Uhr Ortszeit statt. Die Landung erfolgt um 14:45 Uhr. Es ist angenehm warm in Biarritz, die Sonne scheint aus einem unbewölkten Himmel.
Mit dem Bus kommen wir um 16:04 Uhr in Hendaye an. Wir steigen zwischendurch einmal um. In Hendaye fahren wir mit einem Taxi etwa vier Kilometer bis nach Irún in unser vorgebuchtes Nachtlager.
Hotel, Zimmer und Bad sind in Ordnung, alles sauber. Gegen Abend suchen wir uns ein Restaurant, essen leidlich, besuchen zwei, drei Bars, trinken *dos cañas grandes* und legen uns dann schließlich voller Erwartung auf dieses Küstenabenteuer zu Bett.

„Morje geht's los. Ich bin geschpannt wie e Flitzebohe."

„Ich a. Hoffentlich hallscht de durch."

„Wer? Ich? Ich?“, grinst Bernd unverschämt.

„Wer sonscht? Siehscht du do noch enner?“

„Du bischt doch es Weichei unn es Schmerzmimösje.“

„Kenner derf mich Weichei nenne. Kenner.“

„Ich a nett?“

„Doch, du schunn. Awer du ganz eleen.“

„Unn mit dir simmer schunn se zwett. Also, was rehscht de dich dann off?“

Es wird eine schlimme Nacht für mich.
Schnarch, schnarch, schnarch…

Durch das Baskenland...

Aus dem OUTDOOR Reiseführer:

*Das Baskenland ist besonders durch seine außergewöhnliche Sprache, der ältesten Europas, bekannt.
Und natürlich durch die ETA, die seit mehr als 30 Jahren eine gewaltsame Loslösung von Spanien erzwingen möchte.
Aber abgesehen von der eher sporadisch motivierten Gewalt ist das Baskenland jedoch äußerst friedlich. Es gehört zu den spanischen Regionen mit der geringsten Kriminalitätsrate.
Diebstähle sind in ländlichen Gebieten nahezu unbekannt und selbst in den Großstädten kann man auch in tiefster Nacht unbesorgt spazieren gehen.*

Informationen aus dem Internet:

Das Baskenland besteht heute aus drei verschiedenen Gebieten:

1. Die spanische Autonome Gemeinschaft Baskenland (bask. Euskadi) umfasst die drei Provinzen Gipuzkoa (spanisch Guipúzcoa), Biskaya (baskisch Bizkaia, spanisch Vizcaya) und Álava (baskisch Araba). Hauptstadt der autonomen Region ist Vitoria-Gasteiz. Weitere bedeutende Städte sind Bilbao und Donostia-San Sebastián, Hauptstädte der Provinzen Bizkaia, bzw. Gipuzkoa.

2. Die spanische autonome Region Navarra (bask. Nafarroa) gehört nicht zur Autonomen Gemeinschaft Baskenland; in ihrem nördlichen Teil ist Baskisch verbreitete Umgangs- und zugelassene Amtssprache.

3. Zum französischen Teil des Baskenlandes (bask. Iparralde) gehören die drei historischen herrialdes (Gebiete) Lapurdi (frz. Labourd), Zuberoa (frz. Soule) und Behenafarroa oder Nafarroa Behera (frz. Basse-Navarre).

18. August 2010

1. Etappe Irún – San Sebastián 28 Kilometer

Um 07:00 Uhr ist Wecken angesagt. Über Handyweckrufton. Ziemlich penetrant. Aber wir sind ohnehin wach, einfach nur aufgewühlt.
Wir frühstücken, was bedeutet: *café con leche grande* für mich, *café solo grande* für Bernd, dazu zwei Croissants.
Um 08:00 Uhr geht es zur Fährtensuche auf den Weg. Endlich wieder. Nach drei Jahren Caminoabwesenheit. Ein gewisser Entzug hat sich seither eingestellt. Die anfangs eher noch latente Sehnsucht nach dem Weg hat sich ganz allmählich gemausert und ist immer mehr in den Vordergrund getreten. Ein regelrechtes Fernweh hat sich in die Sinne eingeschlichen, sie unerbittlich und keinen Zweifel zulassend kontaminiert. Wir beide waren nicht mehr Herr unserer Entscheidung, sind sozusagen „entschieden" worden.
Der *Camino* ist schlecht ausgeschildert. Wir suchen und suchen die gelben Pfeile, verlaufen uns, landen auf der französischen Seite, marschieren wieder zurück.
Schließlich werden wir durch Zufall doch noch fündig.
Das Wetter ist okay. 24 Grad Celsius, teilweise bewölkt.
Es geht steil nach oben, dann wieder bergab. Wir laufen und laufen. Immer die gelben Pfeile im Blick kommen wir an einer Großbaustelle vorbei. Dann geht's in Richtung Hondarribia, wie im Reiseführer empfohlen. Wir bewältigen etliche steil ansteigende Treppenstufen und gelangen auf eine Asphaltpiste, überqueren eine Brücke, gehen wieder einige Stufen und erreichen einen Feldweg. Dann marschieren wir lange durch dichten Wald. Aber anscheinend wandern wir auf dem falschen *Camino*, denn die Pfeile sind plötzlich nicht mehr zu sehen. An einer Kreuzung suchen wir vergebens Orientierung. Wir wissen nicht weiter, wissen nicht, wo wir uns befinden. Kurz entschlossen legen wir unsere Rucksäcke ab, vertrauen auf irgendein Zeichen. Warten einfach. Auf was und wen? Keine Ahnung. Aber wir sind jetzt auf Hilfe angewiesen. Es wird schon etwas geschehen, wir vertrauen stur darauf.
Und tatsächlich, zwei Damen im Auto halten an, fragen uns, wohin wir wollen.

„Nach San Sebastián", erklären wir unisono. Die beiden Damen beraten sich.

„No, no“, erklären sie schonungslos.

Sie parken den Wagen, steigen aus und versuchen uns den Weg zu weisen, sind sich aber selbst nicht ganz schlüssig.

„Two minutes“, sagen sie plötzlich nach längerem Hin und Her, steigen wieder ins Auto und fahren los.

„Die hammer gesiehn“, bemerkt Bernd auf seine trockene Art humorlos.

„Hascht de in die Mensche kenn Vetraue meh?“

„Nee, du?“

Noch ehe wir unseren hochintellektuellen Dialog fortführen können, kommt plötzlich ein Kleinlaster auf uns zugerast. Bevor wir zur Seite springen können, bremst der darin sitzende *Seňor* scharf, winkt uns lächelnd zu, steigt aus, nimmt unsere Rucksäcke in Beschlag, wirft sie auf den Laderaum, steigt wieder ein und wartet auf uns mit der Selbstverständlichkeit eines Fährtenlesers, der vom Weg abgekommenen Pilgern auf die Sprünge hilft.

Ich sage zu Bernd leise: „Der kommt mir vor wie e Prieschter, der uns gleich die Beicht abnemmt.“

„Do müsst der bei dir awer einische Iwwerschtunne mache, bei deim Sünderegischter.“

Wir folgen dem stillen Befehl des Fahrers und schon sitzen wir zu dritt vertrauensvoll, demütig und eng wie Hühner auf der Stange im Führerhaus. Der *Seňor* fährt rasant darauf los, kommt anderen Autos gefährlich nahe, bremst hin und wieder scharf (wobei ich ihn mit meinem nervösen rechten Fuß reflexartig unterstütze), wodurch Bernd und ich unaufgefordert in die Nähe der Windschutzscheibe katapultiert werden und erklärt uns voll innerem Drang und Stolz, dass er schon dreimal in Santiago war. Er fährt und fährt, rast und rast, erzählt und erzählt. Mindestens zehn Kilometer bis nach Pasaia-Donibane. Dort weist er uns darauf hin, dass wir mit einer kleinen Fähre auf die andere Seite des Meeres übersetzen und dann über den Berg müssen.

Wir bedanken uns artig, bieten ihm Geld an. Er lehnt so beleidigt wie konsequent ab. Sein Blick sagt uns: *„Betet in Santiago für mich"*. Werden wir tun, *amigo*. Du hast es verdient.
Wir wissen, dass wir einen großen Umweg gelaufen sind. Wir werden heute die vorgegebenen 28 Kilometer überschreiten. Aber es ist unsere erste Etappe, wir sind noch fit und hatten trotz allem Glück. Wieder einmal. Im rechten Moment.
In einer kleinen Bäckerei kaufen wir Brot, spanisch *pan* genannt, dazu Salami. Wir setzen uns auf eine Bank, essen und genießen den ersten Blick aufs Meer während unserer Wanderung.
Ich weiß, dass in Pasaia der französische Schriftsteller *Victor Hugo* einige Monate verbrachte, worauf das kleine Städtchen sehr stolz ist.
Ich bin verärgert. Meine Gürtelschnalle hat sich soeben verabschiedet, ist plötzlich kaputt gegangen. Habe jetzt keinen Gürtel mehr, der meine Hose hält. Sie rutscht. Ein unangenehmes Dauerrutschgefühl an den Hüften. Aber es gibt jetzt keine Spontanlösung. Ich muss warten, bis ich ein entsprechendes Geschäft gefunden habe. In einem Laden kaufen wir *aqua* für den weiteren Weg. Meinen Gürtel werfe ich achtlos in einen neben der Kasse stehenden Eimer. Die Verkäuferin funkelt mich böse an.

„Denne do Ehmer wollt se noch vekafe, du Deppo", lacht Bernd, der den Ausdruck im Gesicht der *Seňora* bemerkt hat.

„Mennscht de?", oute ich mich als Bedenkenträger.

„Nee, nett werklich."

„Ei, was hat se dann gehad?"

„Du wehscht doch, dass die Fraue launisch sinn."

„Jo, die sinn do nett annerscht wie bei uns dehemm."

„Wenns Moni uns Hilde das jetzt geheert hätte."

„Besser nett. Awer dehemm hann ich die Hose an", lüge ich energisch.

„Jo, du alter Schotte."

Überfahrt nach Pasaia San Pedro

Für 60 Cent pro Mann setzen wir schließlich mit einem Boot nach Pasaia-San-Pedro zum gegenüberliegenden Ufer über.
Die Bucht hat eine spektakulär schmale Einfahrt und ist von Bergen umgeben. Die Überfahrt zur anderen Seite dürfte nicht mehr als geschätzte 150 Meter betragen.
Dort angekommen beginnt sofort ein geteerter Anstieg, der sich wie Gummi zieht. Wir laufen und laufen. Schon sind wir über den Dächern von San Pedro. Aber es geht noch höher hinauf. Sturzbäche aus Schweiß fließen uns den Rücken hinunter.
Endlich eröffnet sich uns weit oben ein unglaublich faszinierendes Panorama. Eine schmale Küste wird zum offenen Meer. Wunderschön und idyllisch. Ein Anblick zum Genießen, als ob ein Torso plötzlich ein Gesicht bekommt.
Auf dem höchsten Punkt sehen wir den bekannten Leuchtturm, halten kurz inne.
Dann biegen wir scharf nach links und gelangen auf einen schmalen Küstenstreifen. Das Meer haben wir fast immer im Blick. Wir wandern lange auf einem zum Teil, vor allem bei Nässe, gefährlichen, engen Pfad. Rechts sehen wir die Küste einige hundert Meter steil unter uns. Wir spüren die Kraft des Meeres, das Rauschen des Windes. Immer

wieder schauen wir nach unten. Man muss schon trittsicher sein. Schwindelfrei bin ich nicht. Das ist ein Problem. Ich bemühe mich, geradeaus zu schauen, aber die Anziehungskraft des Meeres ist zu stark. Fast gegen meinen Willen werde ich vorgeführt, regelrecht dazu gezwungen diesem Urgestein von Leben ständig mit meinen Augen Tribut zu zollen.
Es geht durch Wald und wieder heraus.
Der Blick fällt auf bizarre Felsen. Der schmale Grat wird teilweise steil und führt über Serpentinen nach unten. Dann geht es wieder bergan. Nach ein bis zwei gefühlten Kilometern erreichen wir erneut Waldgebiet. Der Weg wird nun breiter und mündet in eine geteerte Straße. Hier bietet sich uns ein hübscher Blick auf den belebten Stadtstrand von San Sebastián.
Nicht allzu weit führt dann rechts ein Betonbelag etliche Stufen steil bergab zum Stadtteil Gros. Ein nüchterner, einsamer, schweißtreibender Weg. Wir begegnen auf der heutigen Etappe lange Zeit keinem Pilger, überhaupt keiner Menschenseele.
Wir schwitzen und trinken, trinken und schwitzen. Wir haben Gott sei Dank genügend Wasser dabei. Ich scherze: „Wenn ich jetzt mei Akkordeon do hätt, könnt ich uns e paar Lieder vorschpiele. Do würde mer uns nett so einsam fühle."

„Guck dir die Geier an. Gleich hole se uns."

Bernd meint natürlich die Seemöwen. Wir lachen lauthals.
In San Sebastián bewundern wir den riesigen Stadtstrand ganz aus der Nähe.
San Sebastián soll übrigens eine der schönsten spanischen Städte sein. Dies können wir nur bestätigen, wir sind überwältigt von den ersten Eindrücken. Das Stadtbild ist ungewöhnlich einheitlich. Dies ist darauf zurückzuführen, dass es während der napoleonischen Kriege (laut unserem Reiseführer) den vereinten spanisch-portugiesisch-britischen Truppen gelang, die Franzosen, welche die Stadt erobert hatten, zurückzudrängen. Die Garnison San Sebastián leistete dabei hartnäckigen Widerstand, so dass die Stadt nach der Plünderung in Brand gesetzt wurde und daher später völlig neu aufgebaut werden musste. Dies ist fast perfekt gelungen.
Östlich der Altstadt erheben sich die Berge Urgull und im Westen Igeldo. Im Zentrum der drei Kilometer breiten Bucht liegt die Insel Santa

Clara, deren Anblick fasziniert. Die außergewöhnliche Stadt lockt mit einem großen Kulturangebot: Jazzfestival im Juli, Volksfest mit beeindruckenden Feuerwerken im August, Internationales Filmfestival im September. Dazu zahlreiche Sportwettkämpfe.
Den ganzen Tag, und dies wird uns jetzt so richtig bewusst, haben wir nur acht Pilger gesehen. Und zwei davon waren wir.
Auf dem Höhenweg liefen wir Stunden, ohne sonst auch nur einem Menschen zu begegnen.
Wir kommen spät an. Gegen 18:00 Uhr. Sind hundemüde, gehen direkt in eine Bar. Nur Rucksack herunter, Schulter von dieser Last befreien, durchatmen, die müden Knochen entlasten, die Muskeln und Sehnen schonen. Ach, wie angenehm.
Ich bestelle zwei Cola, so ausgebrannt bin ich.
Dann die Suche nach einer Pension.
Dazwischen halte ich immer wieder Ausschau nach einem neuen Gürtel.

„Se erscht suche mer e Pension."

„Mei Hos rutscht."

„Unn? Isse schunn runnergefall?"

„Do hätt ich de ganze Owend vor de Fraue kenn Ruh."

„Nadierlich, du ingebildeter Maulheld."

Wir suchen immer noch nach einer Pension, patrouillieren durch die Stadt und wieder zurück in die andere Richtung. Setzen uns auf eine Bank. Lamentieren. Aber es nützt nichts.
Es ist inzwischen 19:30 Uhr. Wir haben noch nichts gefunden. Außer exklusiven Hotels, die wir uns nicht leisten wollen.
Dieser Pilgerurlaub wird teuer genug. Keine Herbergen, wenn es irgendwie geht. Das haben wir vorher so ausgemacht. Wir müssen uns nicht mehr quälen. Wir wollen uns nicht mehr quälen. Dazu sind wir nun wirklich zu alt oder keine echten Pilger. Was auch immer das sei. Kann man sehen, wie man will, definieren wie man möchte. Mir egal. Völlig gleichgültig. Ich möchte nicht mehr in einem großen Raum mit vielen Pilgern schlafen.

Diese Zeit, wie wir sie vor drei Jahren schonungslos erleben durften, nein mussten, weil es oft keine Alternative gab, ist endgültig vorbei. Ich muss mir das Schnarchen, Husten und Niesen nicht mehr anhören. Wirklich nicht. Und dieses überaus störende wie nervende allzu frühe Aufstehen und das lästige geräuschvolle Rucksackpacken mit Stirnlicht. Wir haben uns zu oft darüber geärgert, müssen das wirklich nicht mehr haben.
Wir werden schließlich in Bezug auf eine Pension fündig. Kommen in ein dunkles Mauseloch mit einem Minizimmer ohne Fenster, in dem ein kleiner Ventilator die verbrauchte heiße Luft herumwirbelt. Ein schwaches blaues Licht leuchtet auf dem Nachtschränkchen, damit wir nicht völlig im Dunkeln liegen und jegliche Orientierung verlieren, vielleicht auch, um uns den Aufenthalt in dieser düsteren Pension so angenehm wie möglich zu gestalten. Das Bad liegt schräg gegenüber. Erträglich, um es positiv auszudrücken. So musste es kommen, und so wird es auch die nächsten fünf Wochen sein.
Wir akzeptieren todmüde den Preis für diese schiefe, stickige Baracke im ersten Stock und zahlen 29 Euro pro Mann. Wir wollen nicht mehr suchen, wir haben den Rucksack fast elf Stunden getragen. Zuviel für meinen Rücken, der immer wieder Probleme macht. Aber das wusste ich vorher schon. Also nicht klagen, sondern akzeptieren und sich damit abfinden. Es ist eh nichts daran zu ändern. Also ganz Fatalist sein. Und optimistisch nach vorne blicken.

„Was issen das do ferr e Besekammer?“, beschwert sich Bernd.

„Gleich kommt de Boris Becker. Dann hammers geschafft.“

Wir besorgen uns die Stempel, duschen, waschen die Wäsche. Ich schreibe ins Tagebuch, gönne mir, soweit dies ohne frische Luft überhaupt möglich ist, etwas Erholung und Entspannung auf dem Bett. Später reibe ich meine Füße ein, löse Magnesium in einem Glas Wasser auf, trinke es und schlucke noch zwei Tabletten Bromelain, ein Ananasextrakt, das Entzündungen vorbeugen respektive sie auch heilen soll. Jetzt aber nichts wie ab zum Essen und Trinken.
Vorher erspähe ich noch ein Geschäft und kaufe einen Gürtel für weniger als zehn Euro. Ich befestige ihn direkt an meiner Jeans. Die Hose rutscht nicht mehr. Ein befreiendes Gefühl. Alles richtig gemacht. Prima. Nach dem Essen rufe ich meinen Freund Albert an. Er feiert heute

Geburtstag, freut sich darüber, wünscht uns alles Gute. Klar, können wir gebrauchen. Ich spreche kurz mit Moni.
Diese erste Etappe war sehr schwer. Die ganze Nacht plagen mich Magenprobleme. Bernd schläft ebenfalls unruhig. Die Pension liegt im Zentrum. Vielleicht eine Erklärung. Unglaublich viel Lärm. Meistens um Nichts. Nachts dann Böllerschüsse wie Einschläge von Bomben. Ich sehe mich schon flach im Graben liegen, Schutz suchend vor dem spanischen Bürgerkrieg. Aber Spaß beiseite, das ist lange her. Eines ist sicher: Spanien ist laut und schrill, Spanien ist immer laut und schrill und Spanien feiert gerne. Relativ früh bin ich zu Bett gegangen, um dann nicht schlafen zu können.

Zuvor haben wir unseren Schlüssel, der Not gehorchend, an drei Haustürschlössern ausprobiert. Wir hatten vollkommen die Orientierung verloren. Wir dachten schon, die Pension gibt es gar nicht oder wir hätten sie uns nur eingebildet. Vielleicht hat uns die Pensionsdame gar den ganzen Batzen guten Geldes arglistig abgeluchst, um sich dann in aller Ruhe klammheimlich und nicht wenig schadenfroh davon zu schleichen.

„Die do hat uns gepp."

„Die Alt?"

„Wer dann? Siehscht du do noch jemand? Du frohscht wie e dreijährisches Kind", entgegnet Bernd genervt.

„Glabscht de werklich?", frage ich besorgt.

„Dass de wie e dreijährisches Kind frohscht? Klaro."

„Dösbaddel."

„Denk emol an mich. Heit Nacht schlofe mir im Freie."

Wir müssen nicht im Freien schlafen und lachen über uns selbst. Erst wieder an alles gewöhnen, vor allem an die Etappen, lautet die Devise. An grundsätzlich alles, was dazu gehört, wie Begleiterscheinungen, Schikanen und Zufälle des Weges.

Wir werden und wir müssen uns steigern. Das wissen wir. Gespanntes Warten auf den nächsten Tag.

„Mei liewer Mann. Das do war heit nett ehnfach."

„Um mit mer mitsehalle muscht de morje e bissje Gas genn", hänsele ich Bernd.

„Gas hammer heit Owend unn do geht's uns wedder besser."

„Do kommscht de morje nett raus."

„Ich hes jo nett Klaus."

„Immer dran denke, mei Kleener unn jo nett vegesse: Ich bins Original, du bischt nur e Raubkopie."

Es waren gefühlte 40 Kilometer heute, noch dazu bei dieser im Laufe des Tages steigenden Hitze. Ein wahrer Glutofen, der uns zunehmend ermattete, jegliche Energie aus unseren Körpern destillierte. Eine Zweierkarawane zog des Weges, ausgebrannt wie hüftsteife Kamele, die wir tatsächlich waren nach so einem Höllentripp und den falsch gelaufenen Kilometern.

Fazit der Etappe: Nur Ankommen ist wichtig. Und Verlaufen kostet beschwerliche Kilometer, die wir unnötig gehen müssen, außerdem Zeit, wertvolle Zeit zum Relaxen. Dieser Küstenweg ist schwer genug. Also zusammenreißen, Kräfte einteilen und aufpassen. Immer hellhörig sein und die gelben Pfeile nicht verfehlen. Notfalls mit allerlei Fragen Löcher durch Wände bohren. Basta!

Wir lassen Irun hinter uns

19. August 2010

2. Etappe San Sebastián – Zarautz 23 Kilometer

Um 07:00 Uhr der Weckruf des Handys. Die Etappe heute wird, nach dem Höhenprofil zu urteilen, wohl nicht so schwer wie gestern. Trotzdem wollen wir früh unterwegs sein, um uns einen gewissen Zeitpuffer zu verschaffen und wenn nötig ein wenig Luft nach hinten zu haben.
Von Irún aus gingen wir gestern von fast Null auf 550 Höhenmeter.
Bei dieser heutigen Etappe zeigt das Höhenprofil lediglich 300 Meter an, die wir zu bewältigen haben, um dann wieder bei Null anzukommen.

Zunächst aber halten wir uns über eine Stunde am Strand auf. Ein toller Stadtstrand morgens um 08:00 Uhr bei Windstille.
Unsere Wanderschuhe hängen wir beim Strandwaten an den Rucksack. Wir laufen mit unseren nackten Füßen durchs klare Meerwasser, kühlen uns ab, machen Späße, schießen Fotos, genießen ganz einfach dieses herrliche Ambiente. Die morgendliche Sonne lächelt uns mit ihren kraftvollsten Farben an, nimmt uns in ihren Bann. Gefangene sind wir jetzt dieser alles umfassenden, unangreifbaren Kraft, dieser wärmespendenden Kugel, ohne die unsere Milchstraße nicht existieren würde. Und wir auch nicht.

Ich sage stichelnd zu Bernd: „Du siehscht aus wie e Wasserleich mit Rucksack."

Bernd grinst: „Noch so e Schpruch dann Nasebeenbruch."

Ich fühle mich jetzt gut, beschwingt, heiter, sicher, voller Lebensfreude und -energie, ein Wanderer, ein Pilger, der den Zenit seines Lebens allerdings überschritten hat.

Und jetzt stellt sie sich wieder ein, qualvoll, eisern, konsequent und nicht manipulierbar, diese Melancholie, das Gefühl, etwas versäumt zu haben in meinem Leben. Jetzt schält er sich wieder heraus, dieser hinterhältige, verklärte, aus dem Innern heraus geborene, nicht zu fassende Vorwurf an mich selbst: *„Du hast zu wenig aus deinem Leben gemacht, deine Ressourcen nicht ausgeschöpft."*

Es ist wie es ist, ich war früher und bin heute noch zum großen Teil jemand, der funktioniert und dieses Funktionieren selbstgefällig als Gebrauchsanweisung verstanden hat.
Eben noch oben, lustvoll, tatendurstig, angriffslustig, jetzt wie aus dem Nichts plötzlich unten, traurig, naiv-sentimental, verloren, ängstlich, hinterfragend. Ein unsicherer Kantonist auf dem Weg nach Westen. Mit dabei all der Seelenmüll, der sich in vielen Jahren angestaut, in der Seele festgesaugt hat. Wiederum ist es schwierig, diese Ambivalenz zu ertragen. Was ist nur mit mir los? In welchem Kraftfeld bewege ich mich? Welche Gedanken stürmen da plötzlich auf mich ein? Auch auf Bernd?
Ich schleppe mich mit schweren Füßen, als hätte ich Bleikugeln daran, vom Strand weg. Denn wie magnetisiert fühle ich mich zu ihm hingezogen.
Das Meer hat etwas Beruhigendes. Relativiert meine schmerzhaften Gedanken. Es ist ein Katalysator, welcher mein Gemüt immer wieder positiv beeinflusst. Aber jetzt bin ich nicht aufnahmebereit, ich fühle mich, Meer so weit ich sehe, in dieser unglaublichen, unangreifbaren Weite verloren, deplatziert, als wäre ich ein Eindringling aus fremden Welten. Meine Gedankenexkursionen tun das Übrige, ich fühle mich schwach und klein. Eine Kreatur, die sich fragil am Strohhalm „Leben"

Aufbruch in San Sebastián

klammert. Was bin ich schon gegen diese Mächte jenseits des Horizonts, gegen all die Unfassbarkeit des natürlichen und übernatürlichen Daseins?

Ich muss mich zusammennehmen, darf mir keine Blöße geben. Schließlich läuft Bernd neben mir. Wir haben noch einige schwere Kilometer vor uns. Ich darf mich jetzt nicht hängen lassen, mich nicht weiter in selbstzerstörerischen Fragmenten ergehen, die ohnehin nichts ändern, mich nur ablenken und zerstreuen. Es ist schon spät, nach neun, fast halb zehn. Eigentlich zu spät zum Loslaufen.

Wir finden den Einstieg zum Pilgerweg und wandern lange auf einer asphaltierten Straße, die schräg nach oben weist. Fast berührt die Nasenspitze den Boden, so steil ist dieser Weg. Dann folgt ein schmaler Waldpfad, dem wir einige Zeit folgen.
Die einzige Bar auf dem Höhenweg ist geschlossen. Zu blöd. Ernüchterung pur. Als ob die rettende Wasserstelle ausgetrocknet wäre. Das haben wir weder bedacht noch erwartet. Das Wasser ist uns fast ausgegangen. Dumm gelaufen.
Trotzdem rasten wir gegen 12:00 Uhr auf einem großen, breiten, abgerundeten Felsblock mit Blick aufs Meer. Es windet sich unter uns geräuschvoll. Schaumkronen stürzen sich auf die Felsen, als bahnten sie sich einen Weg hindurch.
Wir trinken nicht allzu viel, sparen uns noch ein paar Tropfen auf. Wer weiß, wann wir unsere Flaschen wieder auffüllen können.
Eine Weile bleiben wir sitzen, genießen den Ausblick, denn wir sind nicht auf der Flucht. Es handelt sich bei unserem Projekt Spanien schließlich auch um eine Wander- und Pilgerreise mit einem gewissen Urlaubsanspruch. Den lassen wir uns nicht nehmen.
Vier Kilometer vor Orio sprechen wir völlig ausgetrocknet einen Bauern an, der uns sofort mit Wasser versorgt. Er nimmt uns mit in sein Haus.

„Der hätt uns jo zum Bier inlade könne."

„Odder zum Esse, der Knicksack. Hätt nix degeje gehad", erwidert Bernd grinsend.

„Der hat dich richdisch ingeschätzt. Wenns bei dir was umsonscht gibt, schlahscht de zu wie Ferkels Willi. Getreu noh demm Motto: Ich wes jo nett ob ich morje noch lewe. Unn was ich heit schunn koschtelos krien kann, das muss ich nett erscht morje hann."

„Blödmann, blöder. Du vewechselscht mich mit dir."

Wir sehen bis zum Mittag keine Pilger, wandern völlig einsam und verlassen. Es geht den Berg hinauf und den Berg wieder hinunter in munterer Abwechslung.
Drei Kilometer vor Orio geht es einen schweren, steinigen Lehmweg hinab. Sehr abschüssig, daher absolute Rutschgefahr. Volle Konzentration ist angesagt. Ich benutze aus Solidarität zu Bernd keinen Stock, weil ihm seiner auf der ominösen Fahrt nach Hahn auf mysteriöse Weise abhanden gekommen ist. So bin ich eben. Ein ganzer Pilgerkerl. Immer wieder nehmen wir Steigungen und stets haben wir das Meer in Sichtweite. Fantastischer Anblick. Berauschende Perspektive. Dieses blaue, wellige, schaumige Etwas. Überdimensional, erhaben, stark. Durch nichts aufzuhalten oder zu ersetzen.
In Orio haben wir dreizehn Kilometer hinter uns gebracht. Wir sehen die schöne Kapelle San Martin und gehen an der gleichnamigen Jugendherberge vorbei Richtung Zarautz. Eine extrem schwere Asphaltsteigung macht uns zu schaffen. Ein höllischer Anstieg. Aber wir haben jetzt ja wieder genügend Wasser dabei.
Den ganzen Tag über ist es heiß. Verdammt heiß. Keine einzige gnädige Wolke ist am Himmel zu sehen. Unerbittlich setzen uns die Sonnenstrahlen zu, der Asphalt flimmert, die Hitze reflektiert, unsere Füße scheinen zu kochen. Der Schweiß läuft wie Sturzbäche, wir laufen wie auf heißem Teer und schließlich durch ganz Zarautz, finden aber keine Pension.

Jetzt sitzen wir auf einer Bank und warten, was da kommen möge.
Eine Frau spricht uns an. An ihrer Gestik erkenne ich unschwer: *Mir bitte folgen!* Sie geht mit uns zur Touristeninformation.
Aber auch das nützt uns herzlich wenig. Wir finden keine Pension.
Nur teure Sternehotels mit einer Preislage ab 100 Euro aufwärts.
Sehen wir nicht ein, da müssen wir uns eben mit einer Herberge abfinden. Eine Zeitlang marschieren wir in die Richtung, aus der wir gekommen sind und werden schließlich fündig.
Die Herberge bietet zwei Räume mit jeweils dreizehn Betten, die durch einen Raumteiler getrennt werden. Sie ist ganz okay, vor allem wenn

man an den Preis denkt: drei Euro. Außerdem liegt sie nur einen Steinwurf vom Meer entfernt.
Zarautz hat einen langgezogenen breiten Sandstrand und eine belebte, beeindruckende Promenade dazu.

In der Herberge das Übliche: duschen, waschen, Wäsche aufhängen, Füße einreiben, massieren, Tabletten einnehmen und Stempel holen, Tagebucheintragungen.
Abends essen wir eine Pizza für zwölf Euro direkt am Strandrestaurant unter einem Sonnenschirm. Durchaus erträglich. Dazu trinken wir ein paar *cañas grandes.* Sehr erträglich. Jetzt geht es uns besser, nachdem wir unsere Gemüter nach dem heißen Tag so richtig abgekühlt haben. Doch wir müssen uns sputen.
Kurz vor 22:00 Uhr rennen wir in die Herberge. Wir schaffen es gerade noch, bevor die Lichter ausgehen und die Tür versperrt ist.

„Do sitzt mer ehnmol scheen am Schtrand, schunn muss mer in die blöd Herbersch renne. Unn das mitte am Owend. Wos erscht so richdisch scheen werrd. Mir sinn doch kenn kleene Buwe meh. Das gibts doch nett. Ich könnt losschreie."

„Dann schrei doch!"

„Schtimmts nett?"

„Doch. Nadierlich. Du hascht selten so Recht gehad", tröste ich Bernd nicht gerade.

„Unn warum maulscht de dann erum?"

„Hann ich doch gar nett."

„Mer mennt grad, es würd dir gefalle, so früh schlofe se gehn."

„Mennscht de es werrd besser, wann ich jetzt erum lamentiere?"

„Das machscht de doch sonscht a immer."

„Unn? Bischt de froh drum? Nutzts was?"

Es nützt eben nichts. Regeln sind Regeln. Und verschlossene Türen, selbst für uns, ein zu großes Hindernis. Da muss man eben durch. Ob man nun möchte oder nicht.
Morgens ist die Wäsche nicht trocken. Auch das muss man ertragen. Ich verstaue sie in einer Tüte im Rucksack. Im Laufe des Tages werde ich sie der Sonne aussetzen und auf irgendeiner Bank ausbreiten, wenn wir eine finden. Sie sind, aus welchen Gründen auch immer, dünn gesät.

20. August 2010

3. Etappe Zarautz – Deba 23 Kilometer

Wir frühstücken am Strand gegen 08:00 Uhr. Dann laufen wir auf einer fast sechs Kilometer langen Promenade bei herrlichem Wetter am Meer entlang. Keine Wolken am Himmel. Sehr warm.
Wir erreichen Getaria, einen ungewöhnlich hübschen Fischerort mit seiner vorgelagerten Halbinsel, laufen durch eine langgezogene Gasse und besichtigen die große gotische Kirche. Bei dieser Gelegenheit kaufen wir Obst und *aqua.*
Getaria wurde durch den Kapitän Juan Sebastian Elkano (1487-1526) bekannt, der aus diesem kleinen, aber beschaulichen Ort stammt, und im Jahr 1522 die erste Weltumsegelung erfolgreich abschloss, nachdem sein Kommandant Magallan auf der Philippineninsel Cebu verstorben war.
Von Getaria geht es weiter in Richtung Zumaia.
Wir steigen einige 100 Meter bergauf, dann verwandelt sich der Weg zur Betonpiste und führt nach etwa 70-80 Metern wiederum steil hinauf, so dass der eigene Schatten immer kleiner wird. Wir marschieren jetzt an einem schwer zu gehenden schmalen Seitenstreifen an der Straße vorbei. Ich spüre Stechen an den Zehen, Zwicken auf meinen Fußsohlen, Heinzelmännchen krabbeln darüber, ich lenke mich ab, unterhalte mich mit Bernd, erzähle ihm analog meiner Beschwerden von einem Fisch damals auf Mallorca, der in meinen rechten großen Zeh biss, worauf dieser stark anschwoll, ich zum Arzt musste und mich zwei Tage kaum noch bewegen konnte. Ich schluckte eine Woche Antibiotika. Bernd antwortet lakonisch: „Do iss der Fisch awer direkt krepiert, wenner dir in die Zeep gebiss hat."

Wir beamen uns weg vor Lachen. Eine richtige Lachsalvenkanonade. Schon ist der Schmerz vergessen, wie weggeblasen. Gut, dass mein Griff in die Zauberkiste immer noch funktioniert.

In Zumaia sage ich zu Bernd, anspielend auf den ähnlich klingenden Namen dieses Ortes: „Wenn jetzt e Tsunami käm, wäre mer rettungslos velor."

Bernd kontert: „Würder nur komme. Do hätte mers hinner uns."

Ich trage täglich mindestens zwei Einliterflaschen, die am Rucksack befestigt sind, mit mir herum. Habe jetzt fast kein Wasser mehr. Bernd hatte drei Liter dabei und folglich eine größere Reserve.

„Kannscht mer jo schpäter Wasser genn, wenn ich am Vedorschte bin."

„Ich glab, du hascht se nett all. Häscht jo sellwer Wasser kafe könne."

„Iss mer viel zu schwer. Ich schlepp doch nett soviel Ballascht mit mir rum."

„Ei, sa mol. Ferr wie doof halscht de mich eigentlich? Bin ich dann dei Büttel odder dei Depp?"

„Genau in der Reihefolsch."

„Würdscht de nur emol e Hexeschuss ins Maul krien."

Wir legen jetzt eine kurze Rast ein, plaudern mit vier jungen Mädels aus Dortmund, die mit einem kleinen Bus unterwegs sind. Sie unternehmen gerade eine Küstentour und sind auf dem Weg nach San Sebastián. Es ist 11:00 Uhr. Auf einer Leitplanke sitzen wir an einem kleinen Autorastplatz. Links neben uns die viel befahrene Schnellstraße, rechts das Meer. Ein Kontrastprogramm allererster Güte.
Schließlich kommen wir gegen 12:00 Uhr in Zumaia an. Pause ist erst einmal angesagt. Wir kaufen *pan* mit Salami und essen inmitten des Ortes auf einer ungemütlichen Betonbank. Zumaia ist ein schönes Städtchen mit engen Gässchen, einem kleinen Hafen und einem Park, in dem sich die Santiago-Kapelle und das Museum von Ignacio Zuloaga (1870-1945), des bekanntesten Malers der baskischen Kunstgeschichte, befindet. Bis hierhin sind wir als frei schaffende Wanderkünstler und angehende Pilger eine Promenade und anschließend eine Schnellstraße gelaufen, weil wir uns das stete Auf und Ab des Küstencaminos heute ersparen wollten. Jetzt entscheiden wir uns wieder für den Jakobsweg, weil die Schnellstraße einfach zu monoton und außerdem viel zu gefährlich ist. Wir haben bis nach Deba noch etwa zwölf Kilometer vor uns. Es geht wieder einmal bergauf und bergab. Aber das wussten wir ja. Ich mache im Nirgendwo Rast und verpflastere zwei Blasen, die mich schon seit einer Stunde ärgern.

Schon geht es weiter. Es muss immer weiter gehen. Stehen bleiben nützt nichts. Stehen bleiben heißt, den Weg nicht weiter gehen. Und deshalb bedeutet „Stehen bleiben“ Stagnation. Und Stagnation Starre, uneingeschränkte Lustlosigkeit, schließlich Apathie und Aufgabe.
Wir unterhalten uns über unser Glück, welches wir bisher hatten; dass wir überhaupt noch rechtzeitig zum Flugplatz nach Hahn kamen, dass uns zum rechten Zeitpunkt ein LKW-Fahrer geschickt wurde, der uns zur Fähre brachte, dass wir bisher immer eine Möglichkeit fanden Wasser zu bekommen, sei es gekauft oder geschenkt, dass wir stets zum rechten Zeitpunkt jemanden trafen, der uns den richtigen Weg wies, wenn wir unsicher waren und vergebens nach den gelben Pfeilen suchten.
Aber es ist erst unsere dritte Etappe. Da kann noch viel passieren. Man soll das Glück nicht zu sehr herausfordern, gar überstrapazieren. Es könnte sich zum Gegenteil verkehren. Noch ist es geduldig und uns wohl gesonnen, spielt es mit, zeigt es sich uns gnädig, steht es auf unserer Seite wie eine liebevolle Mutter, die sich um ihre beiden Kinder, in unserem Falle den Wander-, später vielleicht sogar Pilgergesellen, sorgt und sie behütet. Gerade auch deshalb sind wir guten Mutes. Wir werden das Kind schon schaukeln.

Ich sage zu Bernd: „Um Glück se hann, muss mer demm Glück a e Chance genn.“

„Jo, du Jakobsweephilosoph. Wer hatter dann das ins Ohr geflüschtert?“

Auf der Strecke erleben wir immer wieder eine äußerst schlechte Beschilderung. Die Pfeile fehlen vielerorts. Diesbezüglich bedarf es permanenter Nachfragen, was unglaublich nervt.
Wir philosophieren jetzt über Trinkwasser, das sehr kostbar ist. Jeder Tropfen zählt. Vor allem auf der morgigen Piste, dessen Profil wir mit etwas zaghaftem, respektvollem Blick zur Kenntnis nehmen. Auch warmes Wasser schmeckt gut. Sogar sehr, sehr gut. Jedenfalls besser, als sich jeder denken kann, der nie auf einer solchen Route mit einem schweren Rucksack bei diesen heißen Temperaturen unterwegs war.

Es sind wenige Pilger auf dem *Camino*. Das fällt uns immer wieder auf. Wir sind bisher auch die Ältesten. Dieser Küstenjakobsweg wird an-

scheinend nur, wenn überhaupt, von jüngeren Pilgern bewandert. Die älteren scheuen offenbar aus mir jetzt allzu gut verständlichen Gründen davor zurück.
Wir kehren nach längerer, zum Teil wirklich strapaziöser Wanderung schließlich um 15:00 Uhr in ein Restaurant vor Izgiar ein. Dort trinkt jeder zwei große *cañas*. Es ist zu spät zum Essen.
Wir sind kaputt. Es herrschen gefühlte 40 Grad. Nicht zum Aushalten. Wir schwitzen wie die Verrückten um die Wette, der Schweiß ist ein Rinnsal. Wir könnten ihn in unsere Wasserflaschen füllen. Die Flasche wäre ständig voll. Was wir trinken, läuft aus allen Poren wieder heraus. Unsere Körperfunktionen erhöhen sich nachhaltig. Mir flimmert es ständig vor Augen, ich schaue mit wundem Blick wie durch einen Schleier. Jeder Schritt ist reine Willenssache, alles funktioniert nur noch mechanisch. Es ist eine gewohnte, stete, unspektakuläre, unaufgeregte Schrittfolge, es handelt sich dabei um kleine Schritte, welche aber die Distanz nach Santiago langsam, aber sicher verringern werden. Und der Ausblick auf diese nackte Tatsache ist unser beider Energiespeicher.
Die Landschaft auf diesem Höhenweg ist mit ihrer Schönheit vergleichbar mit Galicien, nur mit niedrigeren Bergen. Und rechts das Meer. Immer wieder das Meer. Und steile, abschüssige Wege. Wir kommen an einem Friedhof vorbei.

„Do könnt mer jetzt leije. Do hätt mer ferr immer sei Ruh."

„Do leischt de noch lang genung. Bischt de so kaputt?", reize ich Bernd mit lässiger Gebärde, die den cool Überlegenen wiederspiegeln soll. Es ist auch als Anreiz gegen seine schwindenden Kräfte gedacht. Aber er scheint noch gut beisammen zu sein, grinst mich jedenfalls herausfordernd an.

„Warum? Willscht de mei Rucksack trahn?"

„Wenn de ne nimmeh packscht. Bin jo e Kolleesch."

Was rede ich da? Bin ich noch bei Trost? Bernds Gesicht erhellt sich spontan, er nimmt natürlich die Vorlage gerne auf.

„Ei, gutt, do isser."

Er macht Anstalten, seine Gurtschnalle zu lösen.

„Nee, nee, lass mol“, wehre ich flink ab, bevor ich unter der doppelten Rucksacklast zusammenbreche. Was stört mich schon mein Gerede von vorhin. Liegt lange zurück. Also Augen zu und durch. Wird schon schief gehen.

„Schisser. Awer so e Mundwerk.“

„Das duht jetzt richdisch weh.“

Noch haben wir sechs Kilometer vor uns.
Nach drei *cañas grandes* in einer Bar treffen wir die Entscheidung, den Jakobsweg zu verlassen und die letzten fünf Kilometer auf der Küstenautostraße weiter zu marschieren. Uns ist nicht mehr nach Berg und Tal zumute. Bernds Narbe am Knie kommt, vermutlich wegen der starken körperlichen Anstrengung, deutlich zum Vorschein, bereitet ihm aber keine besonderen Probleme. Ich dagegen schlage mich wieder mit erbarmungslosem Fußsohlenstechen herum.
Schließlich bleiben wir doch auf dem markierten Weg. Die Küstenautorennstraße ist zu stark befahren und es gibt keinen breiten Randstreifen. Der Weg wäre einfach zu gefährlich.
Immer noch haben wir fast vier Kilometer vor uns.
Es ist schon nach 17:00 Uhr. Wir sprechen über unsere körperlichen Befindlichkeiten.
Ich stichele wieder stereotyp mit derselben Masche, weil ich ganz genau weiß, dass es Bernd nervt: „Komm, ich trahn dir de Rucksack.“

Er gibt sich diesmal stolz: „Ehr fress ich mei Hut.“

Wir lachen.
Diesen Tagebucheintrag schreibe ich auf einer Bank hoch oben über dem Meer. Unsere feuchten Sachen breiten wir aus Platzmangel nur zum Teil auf der Bank, ansonsten auf der Wiese vor und auf einer Stützmauer hinter uns direkt neben dem Weg zum Trocknen aus.
Hier oben werden wir von einem traumhaften, unbeschreiblichen Anblick verwöhnt. Nicht einmal der größte Poet wäre dazu in der Lage, das Bild, welches sich uns gerade bietet, auch nur annähernd zu beschreiben. Dieses Panorama entschädigt für vieles. Meer und Berge.

Berge und Meer. Dazu das Blau des Himmels. Der weite Horizont. Farbenspiele und Schaumkronen. Eine leichte Brise Wind, der die schweißnassen Haare föhnt, Containerschiffe, Segelboote und Surfer. Ein erdgebundenes Konglomerat. Was will der Mensch mehr, als bis zum Ende seiner Tage friedvoll hier zu sitzen und sein Leben zu genießen?
Ich lasse die vielen Impressionen in meinem Gehirn Gestalt annehmen. Alle Sensoren sind hypersensibilisiert. Ein ausdruckstarkes, sich vervielfältigendes Gesamtbild entsteht vor meinen Augen. Ich sehe und denke und erwarte und versuche zu verstehen.
Wir lassen alles auf uns einwirken und sind jetzt schweigsam wie lange nicht. Zeit vergeht, die wir gerne anhalten würden, wenn wir nur könnten. Aber wir können nicht.
Um uns von unseren manchmal mitunter abstrusen Gedankengängen, Irrungen und Verwirrungen zu befreien, legen Bernd und ich während und nach den Wanderungen viel Galgenhumor an den Tag. Wir sprechen zum Beispiel darüber, wenn wir wieder einmal jammern oder klagen, dass wir den Weg schließlich freiwillig gehen. Keiner hat uns gezwungen, niemand hat uns überredet. Wir wollten es so. Wir ganz alleine. Und jetzt haben wir es so. Wir sollten uns also nicht beschweren, sind die eigenen Urheber dieser Wander- und Pilgerschaft.

Aber oft wandern wir auch gerne, da sind wir guten Mutes, ausgeglichen, sorglos, und Humor ist außerdem immer ein guter Ratgeber. Selbst wenn er manchmal in Ironie, zuweilen auch überspitzte Selbstironie mündet.

Die Kleider sind mittlerweile getrocknet. Ein gutes Gefühl. Den Rucksack lassen wir eine Zeitlang offen stehen, dass die Ausdünstung erfolgen kann. Er riecht nämlich penetrant.

Bernd sagt: „Wenn ich gewisst hätt, dass der Wee so schwer iss, ich wär ne nett gang. Glab mers.“

„Jo, du Weichei. Do muscht de jetzt emol durch.“

„Weje dir Depp bin ich doch do. Du hascht mich massiv, fascht mit verzerrtem Gesicht iwwerrett, denne Wee se gehn. Haschts gar nimmeh offgenn. Weil de nett eleen sinn kannscht. Immer enner brauchscht, der dirs Händche halt.“

„Jawoll, mei mittelgroßer Wannerführer“.

Wieder auf dem Weg laufen wir und laufen. Und kommen schließlich fast komatös nach 19:00 Uhr an.
Es beginnt die mühsame Suche nach einem Quartier. Ich spüre eine körperliche und seelische Müdigkeit. Bin wirklich kaputt, die ganze Zeit auf Reserve gelaufen. Meine Füße schmerzen. Das Knie beginnt zu hämmern. Aber komischerweise nicht das verletzte. Das gesunde meldet sich und macht mir Angst und Bange. Füße, Knie und der Rücken, welcher leicht verspannt ist. Kein Wunder, dieser schwere Rucksack. Er wog stellenweise fast 15 Kilo, weil jeder bis zu drei Liter Wasser bei dieser mörderischen Tour dabei hatte.

Ich sage zu Bernd: „Mir sollte uns in Deba de Bart abmache lasse. Ich siehn irschendwie veschandelt aus.“

„Bei dir iss de Bart sowieso schunn längscht ab. Awer nee. Lass emol. Ich will nett. Mir gefallt meiner. Siehn irschendwie prima demit aus.”

“Im Gejedeel. Siehscht uralt demit aus. Willscht de werklich freiwillisch mit der Fratz de ganze Jakobswee lafe?“

„Mei Bart sieht gutt aus. Unn deiner eh wie e Eisebahnerbart“, ignoriert Bernd meine Frage.

„Was issen das?“

„Do wachst enn Hoor pro Schtation.“

Bernd deutet an, dass er den Reinheimer Berg, den wir in meiner Heimat, dem wunderschönen Bliesgau, zu Übungszwecken einmal gegangen sind, jetzt glatt hochrennen könnte.

„Heit simmer einische Reinheimer Bersche gelaf. Unn morje werrds noch schlimmer. Das Profil iss grausam.“

„Do müsse mer halt durch.“

„Duht eigentlich was weh?", spottet er provokant auf meine fatalistische Bemerkung, weil sie ihn offenbar in ihrer puren einfachen wie erzwungenen Logik tierisch nervt.

„Nee. Nix duht weh."

„Werklich?"

Er grinst mich an wie vor drei Jahren. Dieses viel beschriebene Grinsen. Ich muss wegsehen, um nicht aggressiv zu werden und loszupoltern. Das hätten er und ich nicht verdient. Schließlich möchte ich den Weg friedlich gehen. Wenn das überhaupt möglich ist. Die intellektuellen Sentenzen, *der Weg ist das Ziel* und *Innere Einkehr,* diese mittlerweile abgegriffenen Schlagworte sind meines Erachtens, zumindest was den Hauptweg anbelangt, leere Worthülsen. Ich kann sie nicht mehr hören.

Wir laufen in Deba steil bergab. Die Knie werden enorm belastet. Die Knochen und Sehnen quietschen fast in ihrer Verzahnung. Ein wenig Schmiere würde den Gelenken jetzt gut tun.

Dann endlich eine Herberge in Sicht. Aber ein Hindernis steht uns zuerst im Weg: 30 oder mehr Treppenstufen müssen wir hinauf. Diese Stufen wollte ich immer schon einmal erklimmen und freudig stürmen. Bei der Ankunft müssen wir die Rucksäcke in der Herberge ablegen und uns zur Touristen-Info begeben. Ich ärgere mich schwarz. Da bin ich fast dehydriert, kann und will mich nicht mehr weiter bewegen, weil ich den Rucksack über zehn Stunden auf dem Rücken getragen habe und dann dieser Mist. Das gibt es doch gar nicht. Um meine Demut ist es nicht gut bestellt. Ich schimpfe munter darauf los. Nehme weder Rücksicht auf mich noch auf Bernd, der diese zusätzliche Tortur tapfer, zumindest wortlos erträgt.
Aber alles Schimpfen nützt nichts. Jetzt marsch marsch die ganzen Stufen wieder hinunter, um sie dann nachher wieder hoch zu steigen. Und all dies nur, um einen Stempel abzuholen, einen Stadtplan zu erhalten und einen Schlüssel entgegen zu nehmen.
Die Übernachtung kostet fünf Euro. Das Gute an der Herberge: Wir müssen nicht um 22:00 Uhr im Bett liegen. Dieser Kelch geht an uns vorüber.
Zwei Aufzüge führen in der Nähe der Herberge hinunter in das Dorf.

Wenn man den einen verlässt, geht man mehrere Meter, um dann in den anderen zu gelangen, welcher noch einmal etliche Stockwerke nach unten fährt. Dieser Abstieg zu Fuß wurde uns also erspart.
Vielen Dank, lieber Aufzugshersteller.
Deba ist ein malerischer Ort mit einem engen Stadtkern und vielen langgezogenen gepflasterten Gässchen. Die große, schöne, vor allem beeindruckende Kirche, Santa Maria, mit reichlich geschmücktem gotischem Hauptportal und einem interessantem Kreuzgang im Inneren des Gotteshauses verziert den Gesamteindruck.
Wir erhalten nach kurzem Anstehen Herbergsschlüssel, Bettnummer, Stempel und sonstige Informationen. Jetzt geht es wieder in die Aufzüge, dann die steilen Treppen hinauf, ab zum Duschen.
Die sanitären Einrichtungen der Herberge sind eine einzige Katastrophe. Die Dusche ist mit einem Vorhang versehen, an dem der Dreck nur so klebt. Die Duschwanne sieht nicht viel einladender aus. Der Schimmel sitzt in allen Poren, in allen Ritzen. Zu meinem Erstaunen ist die Herberge fast voll. Wo wir doch auf dem Weg fast keine Pilger gesehen haben. Wie eine Fata Morgana sind sie plötzlich hier aufgetaucht und machen sich breit.
Die hygienischen Verhältnisse dieser Herberge sind in der Tat schlimm, die Waschbecken sehen verboten aus. Aber vielleicht bin ich zu etepetete geworden. Glaub ich aber eher nicht. Bis hierhin ging es ja einigermaßen. Mit geschlossenen Augen stelle ich mich in diese Kloake von Duschwannenvorhangschimmelkombination und kann meinen Ekel kaum unterdrücken. Anschließend nichts wie raus.
Rasch, eher hektisch angewidert, putze ich meine Zähne, schaue nirgends hin, berühre nichts, spüle mir mit dem warmen Rucksackflaschenwasser den Mund aus, fahre mit meinem Handtuch vorsichtig katzenpfotenartig darüber.
Nur nirgends genauer hinschauen. Das Ekelzentrum im Gehirn ausschalten. Nicht weiter darüber nachdenken.
Ein Bedürfnis meldet sich. Aber es gibt nirgends Toilettenpapier. Da muss ich eben nachher in einer Bar mein Geschäft verrichten. Ich muss annehmen, was mir geboten wird. Habe keine Alternative, weil es sie schlicht und ergreifend nicht gibt. Klagen bringen mich nicht weiter, werden nicht angenommen, werden schroff abgewiesen, nicht akzeptiert. Ich werde mich schon selbst diesbezüglich disziplinieren. Es gilt sich abzufinden mit dem, was man hat und ein ganzer Kerl zu sein, der sich jeder Situation stellt.

Pensionen haben wir keine gesehen. Das wäre die Alternative. Also keine unnötigen Gedanken diesbezüglich verschwenden.
Verliere nicht den Mut, Pilger! Basta und aus!
Ab zum Essen. Wir befinden uns wieder im Ortszentrum und sind soeben die bequemen Aufzüge gefahren. Es herrscht Fiesta im Dorf. Eine Arena wurde aufgebaut. Wir betreten sie und sehen plötzlich junge Leute, die vor einem Stier davon rennen, an der Bande hochspringen und ihm stets entkommen. Die Hörner des Stiers sind deutlich abgestumpft, wohl um größere Verletzungen zu vermeiden. Die Arena ist voll besetzt. Im Stehen schauen wir interessiert eine Weile zu. Was uns beruhigt: Der Stier wird nicht getötet.
Wir essen anschließend eine Pizza in einem kleinen Laden ganz in der Nähe, sie schmeckt erträglich. Dazu trinken wir Dosenbier. Die Spanier können keine Pizza herstellen. Zumindest nach Bernds Meinung, die inzwischen auch meine ist. Pizzerias werden in Spanien schlecht angenommen. Oft stehen sie leer. Ich möchte aber kein spanisches Fleisch mehr, das wie Schuhsohlen aussieht und genauso schmeckt, sich aber stolz *filete* oder *carne* nennt.

Die Tagebucheinträge zwischendurch nerven mittlerweile immens. Ich muss immer wieder den Rucksack ablegen, ihn öffnen, um ans Tagebuch zu gelangen und dann wieder verschließen, möchte jedoch keinen Eindruck vergessen.

Wir waren heute ganz lange unterwegs. Ein sogenannter Elf-Stunden-Marathon-Lauf.

Was mir auffällt: Ich bekomme wenige SMS. Zumindest empfinde ich es so. Starke Zurückhaltung diesbezüglich von allen.
Meine Kleider sind immer noch feucht. Sie riechen. Was soll ich dagegen unternehmen?

Heute Morgen habe ich zwei Bromelain eingenommen. Jeden Abend nehme ich Magnesium. Die Gelenke reibe ich mit Voltaren ein. Meine Füße versorge ich mit spezieller Fußsalbe, massiere sie. Bringe Blasenpflaster an. Jeden Abend schlucke ich inzwischen zwei Vitamintabletten. Ich bin eine wandernde Apotheke. In diesem Zusammenhang vielen Dank meiner lieben Arbeitskollegin Andrea L. für die Liste der meist benötigten und wichtigsten Medikamente.

Es herrscht eine angespannte, leicht nervöse Stimmung zwischen Bernd und mir. Jeder beschäftigt sich mit sich selbst. Die einfachsten Gedanken werden nicht nach außen getragen. Introvertiertheit ist zurzeit auf beiden Seiten angesagt. Seelenmüll wird luftdicht verschlossen. Alle wahrnehmbaren Belastungen systematisch ausgegrenzt. Wenigstens für den Augenblick. Konzentration auf den Punkt. Wir begeben uns in die Herberge und legen uns zu Bett. Wir sind, glaube ich, wieder einmal die Letzten. Um mich herum wird bereits geschnarcht und gehustet.

„Das do hat mer heit noch gefehlt."

„Mir a. E Traum werrd wedder wohr", bestätige ich Bernd genervt.

„Genau das wollt ich noh drei Johr noch ehnmol erlewe."

„Jetzt erlebschtes jo. Viel Schpass."

„Du mich a."

Unblutiger Stierkampf in Deba

Die Nacht ist lang. Ich finde kaum Schlaf, dann doch irgendwie der Morgen. Die ersten Gedanken. Geräusche um mich herum. Ich sammele mich, komme langsam zu mir, fühle mich verkatert, als hätte ich die Nacht durchgezecht. Sämtliche Knochen schmerzen. Ich bin hundemüde. Jetzt könnte ich schlafen. Ja, jetzt könnte ich schlafen. Aber überall Aktionen im Raum, Anziehen, Wunden versorgen, Packen, Flüstern.

Müssen wir heute Abend im Kloster *Convento de los Padres Carmelitas,* wo es 28 Betten gibt, übernachten?

Wir brechen gleich zur vierten Etappe auf. Die Königsetappe. Respekt, fast ein wenig Angst davor. Die Füße sind leidlich, das Knie geht, der Rücken zwickt ein wenig. Ursache hierfür dürfte der nicht ganz ausgeheilte Hexenschuss vor zwei Wochen sein.
Nutzt nichts. Raus aus dem Bett, Funktionshose anziehen, fast demütig und still angespannt in Richtung Waschraum mit Handtuch und Toilettentasche unter dem Arm lustlos bewegen, Zähne putzen, Gesicht und Oberkörper an einem Becken waschen, das ich aus hygienisch-pietätisch-human-soziologischen Gründen nicht näher beschreiben möchte, wieder zurück in den stinkenden, luftleeren, schnarchenden, von Husten und Kollerei die ganze Nacht erfüllten Schlafraum, übrige Funktionsklamotten anziehen, Handtuch, Kleider, Schlafsack und weitere Utensilien im Rucksack verstauen, Fußpflaster anbringen, verletzte Füße in Wanderschuhe zwängen, Tabletten nehmen, Rucksack überstülpen und dann ab.

Nichts wie ab. Und komme, was da mag.

21. August 2010

4. Etappe Deba – Markina-Xemein 24 Kilometer

Aufbruch um 08:00 Uhr. Frühstück in einer Bar. Das Übliche: *Café con leche grande* für mich, *café solo grande* für Bernd, zwei Croissants. Gegen 08:30 Uhr Aufbruch. Wolkenloser Himmel. Sehr heiß, zu heiß, über 30 Grad. Es geht ohne Schnörkel auf unsympathische Art und Weise sofort sieben bis acht Kilometer steil einen Hang hinauf. Wir folgen einem schmalen Pfad.
Hinter Olatz erreichen wir 500 Höhenmeter. Ein wildes Profil drängt sich uns entgegen. Ständig geht es auf und ab. Schwierige Wege. Selten Schatten. Nie Schatten.
Dann rasten wir auf einer Bank. Plötzlich springt ein Hund auf meinen Schoß. Ein Mischling. Ich erschrecke. Bernd, der vor mir steht, lacht. Den Hund bekommen wir nicht mehr los. Wir können tun und lassen, was wir wollen. Es interessiert ihn nicht. Keine unserer Finten hinterlässt auch nur den geringsten Eindruck auf ihn.
Wir müssen ihn schließlich mit einigen Drohgebärden verjagen.

Es bleibt dabei: Bis hierhin sind wir die ältesten Pilger des *Camino*. Noch haben wir niemanden in unserem Alter getroffen.
Bernd schwitzt sich quasi zu Tode. Er läuft fast aus und wechselt komplett seine Kleidung. Auch die Hose. Er dreht alles aus, als hätte er sie eben erst gewaschen.
Wir haben noch dreizehn, teils sehr schwierige Kilometer vor uns, machen uns wieder auf den Weg, müssen weiter. Sonst kommen wir nie an.
Ich resümiere still vor mich hin, dass ich nachts schon länger nicht gut schlafen kann. Die vorherige Nacht habe ich fast kein Auge zugetan. Das Schnarchen und Husten in den Herbergen, das nächtliche Aufstehen der Toilettenbesucher oder diese penetranten Frühaufsteher mit Stirnlampen und Rucksackgeräuschen waren zusammengenommen einfach eine Zumutung.

Ich denke über meine Entscheidung nach, diesen Weg zu gehen. Ja, warum gehe ich ihn eigentlich? Was hat er mir versprochen? Was erwartet er von mir? Warum brauche ich ihn? Was erwarte ich von ihm? Kann ich auf diese Opfer und Entbehrungen nicht verzichten? Wo liegt

der Knackpunkt dieser Wanderung? Laufe ich als Wanderer los und komme als Pilger an? Aber was ist ein Pilger? Nicht einmal darüber bin ich mir im Klaren. Welchem Grundsatz folge ich? In welchem Element bewege ich mich? Jedenfalls bin ich wütend auf mich selbst und stampfe angesäuert mit meinen wunden Füßen auf die nackte, unschuldige Erde.
Schritt für Schritt, mit kleinen Schritten, tasten wir uns voran. Lassen einen Weg hinter uns und laufen den nächsten. Es ist der Gleichmut des Wanderns, der uns jetzt prägt. Wir wissen, wir müssen von *A* nach *B* marschieren. Und wir wissen, wie wir dort hinkommen, vor allem, dass wir ankommen müssen. Dies geht nur mit unseren Füßen, unserer Körperkraft, unserem Verstand, unserem Geist, unserer Einstellung und unserem Gemüt.
An diesem Punkt sind wir jetzt angelangt. Weitergehen oder stehen bleiben. Wir entscheiden uns für das Weitergehen. Es hat eine zuweilen ekstatische Wirkung. Als hätte man Aufputschmittel genommen. Man läuft wie im Rausch. Alle Schmerzen sind besiegt. Es ist kein Weg zu mir selbst. Es ist ein Weg erst einmal von mir fort, dann zu mir hin. Ohne dass ich mich von mir entferne, kann ich mir nicht näher kommen. Ich bin eine Oase, eine wandernde Oase, ich komme an, wasche, verpflege und verarzte mich, relaxe, schlafe, stehe auf, gehe den Weg weiter, nehme ihn an als den, der er ist: Der Weg, der zum Ziel führt. Zu meinem Ziel? Ist es der Sinn dieses Weges, ein Ziel zu haben? Oder ist das Ziel der Weg, der Weg, den ich gehen muss, um dahin zu gelangen?
Ich weiß es nicht. Ich weiß es wirklich nicht. Mein Körper sagt mir, dass ich überziehe, dass ich es übertreibe mit diesem Weg. Aber mein Verstand, mein Geist, meine Seele nehmen ihn an, zwingen den Körper zu Höchstleistungen, ermahnen ihn, nicht zu verzagen. Ich bin stark genug, mich auch auf dem Jakobsweg zu ertragen. Außerdem muss ich niemandem etwas beweisen, nicht einmal mir.

Noch zehn Kilometer. Hoch und runter. Hoch und runter. Ich schreibe, als würde ich stottern. Ja, ich stottere, ich fühle so in diesem Abschnitt des Weges, empfinde so. Bin ausgelaugt und leer, verspüre bei dieser Hitze keine Lust mehr zum Wandern, nein, zum Pilgern.
Aber bin ich denn ein Pilger? Sind wir beide Pilger? Tatsache ist, wir sind auf einem Pilgerweg, wo man innere Einkehr sucht, den Weg zu sich selbst. Aber wessen innere Einkehr? Meine gewiss nicht. Wie soll

ich sie jetzt auch finden? Wo ich unter der unerträglichen Hitze leide, ständig schwitze, nein, förmlich im Schweiß ertrinke, dauerdurstig bin und mich einfach nicht mehr bewegen möchte.
Doch zurück zur inneren Oase. Durchhalten, den inneren Schweinehund besiegen, den letzten Rest Selbstdisziplin aktivieren, schließlich ankommen, nicht mehr weiter laufen. Ein zu Ende gehender Wandertag. Ganz schnörkellos ihn abhaken und sich auf den nächsten vorbereiten. Das ist innere Einkehr, der Weg zu mir selbst!
Der *Camino*, vor allem diese vier Etappen bisher sind recht schwierig gewesen. Die Wege waren Höhenfresser. Deswegen sieht man auch keine älteren Pilger. Sie ersparen sich dieses ständige Auf und Ab. Und mit gutem Recht. Selbst die meisten jungen Pilger tun sich das nicht an. Sie steigen erst hinter Bilbao ein oder gar noch eine Ecke weiter in Santander.
Die Höhenwege ab Irún sind zwar wunderschön. Man genießt fantastische Ausblicke. Aber immer wieder geht man auch vom Meer weg. Durch Wald, durch kleine verfallene Weiler, an Häuserruinen vorbei, auf engen Pfaden, über Asphalt und Teer auf teils stark befahrenen Straßen.
Noch acht Kilometer. Beklemmend. Der Takt der Schritte. Kleine Schritte, die uns trotzdem weiter bringen, die uns ans Ziel führen, wenn wir nur eisern genug sind. Unsere Schatten, die mit der Zeit kleiner werden. Gefährten, die treu und immer zugegen sind, die uns nie verlassen, selbst wenn wir uns verlassen fühlen.
Wir machen Zwischenstation in einer Bar. Trinken *dos cañas grandes.* Das hilft, gibt jetzt Kraft. Wir füllen unsere Wasserflaschen an einem Wasserhahn in der Toilette auf.
Und halten Krisensitzung.
Wir beschließen an dieser Stelle, den Weg nicht durchgehend zu bewältigen. Wir können diese 800 Kilometer auch mit dem größten Ehrgeiz nicht bewerkstelligen. Die Zeit reicht einfach nicht aus. Im Reiseführer sind fast 60 Etappen angegeben. Dabei auch Etappen von lediglich vier bis sieben Kilometern. Was sollen wir damit anfangen? Lohnt sich gar nicht erst zu laufen, diese Minimalentfernungen. Wir müssen Etappen kumulieren. Das hatten wir ohnehin vor. Aber wir können und wollen nicht irgendwo im Niemandsland stranden, wo es keine Pensionen gibt, wo es nichts gibt. Das bringt uns nicht weiter. Unser Kontingent an zur Verfügung stehenden Wandertagen reicht einfach nicht aus, den ganzen Plot zu bewältigen.

Wir waren im Vorfeld zu blauäugig, zu naiv, haben uns überschätzt oder die Wege unterschätzt. Wir erkennen reumütig den Fehler, bekennen uns dazu und stellen ihn ohne Allüren oder Duckmäusigkeit ab.
Wir verständigen uns darauf, „nur“ 600 Kilometer zu wandern. Legen einen groben Plan fest. Jetzt geht es uns schon besser.
Noch sechs Kilometer. Ich bin nun angestachelt aufgrund unserer Marsch- und Fahrplanänderung, sozusagen auf Betriebstemperatur aufgeheizt, hoch motiviert, ich laufe darauf los in dem sicheren Gefühl des Ankommens. Es war wie eine Befreiung, den Weg zu verkürzen, uns in den nächsten Wochen einzelne Ruhetage zu gönnen.
Erneut ein steiler Anstieg vor uns. Zuweilen glaubt man, in Bayern eine Almhütte zu erklimmen. Immer wieder diese schweren Steigungen und Abgänge.
Noch vier Kilometer, drei Kilometer…
Ich laufe weiter voll im Saft. Viel Adrenalin ist im Spiel. Schmerzen spüre ich keine mehr. Alles geht wie geschmiert, ich laufe wie über den Sternen, glaube zuweilen in der Ferne Fanfaren zu hören. Ein Loblied auf mich selbst. Ich richte mich daran auf.
Auch Bernd legt sich ins Zeug. Wir reden nicht. Jeder konzentriert sich auf sich, auf das Nächste. Und das ist das Etappenende.
Wir erreichen ein Zisterzienserkloster. Müde und ausgepumpt. Gegen 18:00 Uhr. Wir setzen uns auf eine Bank vor dem Kloster und ruhen uns zunächst einmal aus. Ich habe eine ganz trockene Kehle. Auch Bernd ist durstig, obwohl er vorhin erst meinen letzten Schluck Wasser getrunken hat. Er ist ganz rot im Gesicht, atmet schwer. Unsere Funktionskleider kleben penetrant an unseren Körpern. Wir bleiben eine Weile sitzen.
Dann unterhalten wir uns abgehakt, fast lustlos in Stenosätzen über den weiteren Fahrplan und die Etappenziele. Fakt ist: Wir schaffen pro Tag unter diesen Umständen keine 25 bis 30 Kilometer. Der Weg ist zu steil, zu schwierig. Das steht fest. Es ist zu heiß. Das steht auch fest. Wir dürfen uns nicht überschätzen, überfordern und ständig ans Limit gehen. Dann wären wir schnell am Ende. Und der Jakobsweg, dieser Küstenweg, eine verlorene Illusion.
Ist er das nicht ohnehin? Wozu tauge ich auf diesem Weg? Zum Lamentieren und Jammern? Bin ich ein Softie, ein Weichei, ein Übertreiber?
Aber zurück zum Ausgangspunkt. (Übrigens auch eine Möglichkeit, sich unbequemen Fragen zu entziehen). Bei 30 rein theoretisch zur Verfü-

gung stehenden Wandertagen müssen wir einige Etappen mit dem Bus oder dem Zug überbrücken. Das sehen wir jetzt ein.
Jeder falsche Ehrgeiz wäre hier fehl am Platz.
Bernd war in der zweiten Hälfte der heutigen Etappe absolut am Limit. Ihm stand auch kein Wasser mehr zur Verfügung, obwohl er über fünf Liter getrunken hatte. Ich gab ihm den Rest meines Wassers. Er drohte zu dehydrieren.

Wir wandern weiter in den Ort und entdecken die kuriose Kirche San Miguel de Aretxinaga, die um einen Altar herumgebaut ist, der aus drei gigantischen Felsblöcken besteht und, wie ich dem OUTDOOR entnehme, aus dem Mittelalter stammt.
Wir treffen eine vernünftige Entscheidung.
Wir sitzen vor einer Bar, trinken *dos cañas grandes* und lassen den lieben Gott einen guten Mann sein.
Wir beschließen, zwei Kurzetappen von insgesamt 25 Kilometer zu überbrücken und fahren mit dem Taxi nach Gernika.
Dies ist ein bekanntes Städtchen. Am 26.04.1937 wurde es bei einem dreieinhalbstündigen Bombenangriff durch die Legion Condor vernichtet. Die Deutschen griffen damals zur Unterstützung von General Franco in den spanischen Bürgerkrieg ein. Das gesamte Stadtzentrum wurde dem Erdboden gleichgemacht. Hunderte Menschen starben.
Von diesem Bombenangriff gibt es das weltberühmte übergroße Gemälde von Pablo Picasso. Das Original ist im Museo del Prado in Madrid zu sehen und zu bewundern.
Auch war in Gernika der ursprüngliche Autor des OUTDOOR-Reiseführers, Michael Kasper, zehn Jahre lang beheimatet. Er war freier Journalist, leitete die Pressestelle und pilgerte aus Leidenschaft. Er starb im Jahre 2005.
Der Barkeeper ruft nach längerer Diskussion das Taxi für uns. Es kostet satte 35 Euro. Aber weder Bahn noch Bus stehen zur Verfügung.
Wir brauchen einen Ruhetag. Gerade jetzt, in dieser Phase. Obwohl wir dies so früh nicht eingeplant hatten. Aber wir wollen die ersten Eindrücke dieser vier schweren Bergetappen einfach hinter uns lassen und erst einmal verdauen.
Der Taxifahrer erzählt und erzählt. Wir verstehen nur die Hälfte, schließlich können wir immer noch kein Spanisch. Und der Taxifahrer versteht weder Deutsch noch Englisch. Wir lachen ein wenig verlegen, wenn wir uns nicht verstehen, gestikulieren und verwenden auch gelegentlich

durchaus mühsam Zeichensprache.
Aber so sind die Spanier. Sie meinen, wenn sie darauf los reden wie ein Maschinengewehr feuert, müssten die Pilger das irgendwann kapieren.
Wir landen vor einem Hotel, das pro Nase 35 Euro kostet. Aber vortreffliches Doppelzimmer. Saubere Dusche. Endlich einmal keine Badewanne mit schmutzigem Duschvorhang. Eine richtige breite Duschkabine. Ich kann es kaum fassen. Bin wie benommen nach all dem Schmutz der letzten Tage.
Ich dusche eine geschlagene halbe Stunde. Das warme Nass tut meinem Körper ungeheuer gut, berieselt meine Seele. Alle Beklemmung fällt wie Schuppen von mir ab. Ich fühle mich wesentlich besser als noch vor ein paar Stunden. Die Oase in mir wird wiederbelebt. Treibt Blüten. Mein Rückzugsgebiet funktioniert. Mit Wenigem kann man mich schon zufrieden stellen, registriere ich überrascht und beglückt. Bernd ergeht es ebenso.
Wir reden darüber und überlegen, wie es morgen weitergeht.
Die zweite Hälfte der heutigen Wanderung war enorm schwierig. Ein permanentes Auf und Ab bei anspruchsvollen, teils rutschigen Lehmwegen.
An einem stark abschüssigen Weg hat es Bernd dann gebeutelt. Er ist gestürzt. Konnte sich aber Gott sei Dank noch einigermaßen abfangen. Die Hand schmerzte ihn eine Weile. Er steckte das weg. Ich hatte nur Angst um sein Knie, aber es ist nichts passiert.
Als wir heute Nachmittag auf der Bank vor dem Zisterzienserkloster saßen, ließ er aus Versehen seinen Hut liegen. Wir waren schon weit entfernt, ehe er es bemerkte, rot anlief, durchatmete und spontan wieder zurücklief. Ich bot ihm an, da er ziemlich fertig war, dies für ihn zu erledigen, er aber hatte seinen stolzen Tag.

„Das iss mei Hut. Um denne kümmer ich mich sellwer."

Okay, akzeptiert, verstanden, klar, logisch. Er sagte es mit solch einer beherzten Aussagekraft, Inbrunst und Leidenschaft, dass ich nicht mehr insistierte.

Der *Camino* hat mich heute genervt. Wir wanderten meistens vom Meer weg. Selten konnten wir den Anblick genießen, die Ruhe aufnehmen, die Ausgewogenheit, aber auch Widerspenstigkeit, die es in sich birgt.

Ich bin immer regelrecht traurig, wenn wir das Meer verlassen, um irgendeinen verzweigten Pfad im Landesinnern zu bewandern oder einen Wald zu durchforsten, der andererseits wohltuenden Schatten spendet.
Wenn wir das Meer bei unseren Wanderungen stets im Blick hätten, wäre es wesentlich einfacher diesen *Camino* zu gehen, denke ich grübelnd und auch ein wenig bedrückt.

Ich beklage mich wieder einmal darüber, dass ich zu wenige SMS bekomme. Irgendwie fehlt mir der Informationsfluss. Man ist ja von allen Nachrichten aus der Heimat fast gänzlich abgeschnitten, weiß nicht, was vorgeht. Im Grunde weiß man überhaupt nichts. Nichts von Entferntem und nichts von Naheliegendem.
Soeben habe ich eine SMS erhalten. Stolz verkünde ich es Bernd. Bin regelrecht aufgeregt. Was gibt es Neues? Wer ist es denn? Bernd grinst, fragt neugierig: „Unn? Wer isses dann?"

Die SMS lautet: *Weil dir kaum einer eine SMS schreibt, tue ich es eben hiermit. Bernd."*

Dieser Blödmann. Ich beschimpfe ihn. Er lacht nur. Ich schimpfe weiter. Er lacht immer noch. Ich möchte mich jetzt nicht anstecken lassen in meiner Verärgerung. Aber Bernd zieht komische Grimassen, als würde er mich bedauern oder als würde er bedauern, dass er mich gerade über den Tisch gezogen hat oder als würde er sich nur ungern auf meine Kosten amüsieren. Schließlich lache auch ich. Wir lachen gemeinsam. Was solls. Kein schlechter Gag. Musste eben mal sein.

Wir resümieren, dass wir bisher in vier schweren Etappen, den schwersten Etappen überhaupt, 98 Kilometer gelaufen sind.
Wir beschließen, morgen von Gernika mit dem Bus nach Bilbao zu fahren und überbrücken dabei fast 50 Kilometer. Wir wollen uns dort einen Ruhetag gönnen.

Beim Frühstück stelle ich zu meiner Überraschung und dann augenblicklich zu meiner Bestürzung fest, dass noch eine volle Wasserflasche an Bernds Rucksack festgeschnallt ist. Er hat sie gestern übersehen. Und ich musste Durst leiden, weil ich ihm in seiner Not meinen letzten Schluck abgegeben habe. Das kann nicht wahr sein. Das darf nicht wahr sein. Ich beschimpfe ihn. Bin wirklich verärgert. Kann mich kaum beruhigen. Bernd entschuldigt sich. Sieht alles ein. Zeigt sich beschämt. Kann es selbst nicht fassen, dass ihm so etwas geschehen ist.

„Duht mer leed. Werklich. Ich hanns jo nett extra gemacht. Wes a nett, wie mer das passiere konnt."

Auf dem Weg nach Markina-Xemein

„Schunn gutt. Awer reiß dich in Zukunft sesamme. Uns wärs besser gang, wemmer am Wasser zum Schluss, wo mers bitter notwennisch gehad hann, nett hätte schpare müsse."

In Bilbao finden wir sofort eine Pension für 20 Euro pro Mann. Im Altstadtzentrum. Nicht schlecht. Das Bad ist außerhalb des Zimmers, aber ganz okay, wenn man vom Duschvorhang einmal absieht.
Unsere Unterkunft ist allerdings noch nicht bezugsfertig. Wir warten unten in der Fußgängerzone neben der Pension in einer Bar. Ich schreibe ins Tagebuch. Bernd schaut sich die Fotos an.
Ich realisiere, dass wir bisher, in dieser kurzen Zeit, doch eigentlich recht ordentlich Glück hatten, als wir damals nach Bernds außerordentlichen Eskapaden noch rechtzeitig am Flughafen eintrafen, als wir von einem äußerst netten *Seňor*, nachdem wir uns verlaufen hatten, zum

Fährhafen gebracht wurden, als sich Bernd bei seinem Sturz nicht ernsthaft verletzte, als er gerade noch an seinen Hut dachte, ohne den man nicht wandern kann, als uns viele nette *Señoras* und *Señores* den richtigen Weg zeigten, ohne dass wir sie auch nur angesprochen hätten.

Heute ist Sonntag, Tag des Herrn, also Ruhetag. Gute Planung. Nächste Planung.
In Bilbao herrscht Fiesta. Tolle Atmosphäre, gut gelaunte, singende, schreiende, sich vergnügende Menschen. Ein Feierstrom, ein Menschenstrom, Feuerwerk. Wir mitten drin. *Hola*!
Bilbao ist eine Millionenmetropole mit großem Altstadtkern. Die Santiago-Kathedrale, ein gotischer Dom, steht mitten im Zentrum und ist neben der Kathedrale von Santiago de Compostela als einzige Hauptkirche Spaniens dem Apostel Santiago geweiht. Es herrscht ein unglaubliches Ambiente um dieses schmucke Bauwerk. Viele Gaukler, maskierte und uniformierte Menschen, auch Touristen sind unterwegs. Ständiges Treiben. Und Zigarettenbettler. Bernd verschenkt seine halbe Schachtel. An jeder Straßenecke Schwarze, die Waren anbieten. Aber sie sind nicht penetrant. Fügen sich in ihre schwachen Verkaufsgeschäfte.
In Bilbao sollte man sich übrigens unbedingt das Guggenheim-Museum anschauen, das oft als das „modernste Gebäude der Welt“ bezeichnet wird.
Nichtsdestotrotz, gestern haben wir gejammert, heute wird geruht. Morgen wieder gelaufen. Alle Ruhetage haben einmal ein Ende.
Ich nannte Bernd während der Wanderung am Berg einen „Berschluhser“, abgeleitet von dem englichen Wort „Loser“, was soviel wie Verlierer oder so ähnlich bedeutet.

„Schreib das jo nett ins Tagebuch.“

„Doch.“

„Dann sahn ich, was damals offem Hauptwee vor Leon passiert iss. Die werklich wohr Geschicht. Unn ich lass nix aus.“

„Dann bin ich jo schtigmatisiert“, rege ich mich künstlich auf.

Bernd grinst nur. Und er grinst immer noch. Herausfordernd schaut er mich an. Irgendwie unbeugsam. Als würde er in keinem Fall nachgeben. Ich erkenne sofort den Ernst der Situation. Auch er kann stur sein, beharrlich.

„Okay, ich überleh mers“, zeige ich mich leicht erpressbar.

„Geht doch.“

Ich erinnere mich an den damaligen *Camino*. Kurz hinter Leon. Starker Dauerregen. Mitten im Industriegelände. Magen- und Darmprobleme. Ich weiß kaum noch wie ich mich bewegen soll. Kneife meinen Po angestrengt zusammen.

„Ich muss“, sage ich zum wiederholten Mal trotzig wie ein kleines Kind Richtung Bernd.

„Do gibts nix. Wie oft soll ich dir das noch sahn? Odder siehscht du do ebbes wo de dich druff sitze kannscht, um dei Geschäft se erledische, ohne dass se dich gleich mit erledische unn hinner Gitter schtecke?“

„Ich muss awer“, lasse ich nicht locker.

„Jetzt rehscht de mich werklich off. Unn wenn du das noch fuchzeh Mol wiederholscht kannscht de das Problem im Moment trotzdem nett löse.“

„Ich muss awer. Basta!“

„Dann mach doch in die Hos!“

„Schunn passiert.“

Bernd beamte sich damals weg vor Lachen. Und ich hatte den Schaden. Und jetzt die Größe, darüber zu schreiben.
So etwas nennt man eine erfolgreiche Gegenattacke, mein lieber Caminobruder.

Ich schreibe eine leicht überspannt verklärte SMS an meinen Bruder Stefan. Er schreibt zurück: *Liest sich wie die Kurzfassung deines neuen Buches.*

Neues Buch? Ich weiß es nicht. Ich weiß es wirklich nicht.
Bernd und ich überlegen momentan Folgendes:
Pro Woche müssen wir 120 Kilometer zurücklegen, um auf die gewünschten 600 Kilometer zu kommen. Also müssen wir in den nächsten drei Tagen noch 22 Kilometer schaffen, da wir bisher in den vier Etappen 98 Kilometer gelaufen sind.
In drei Etappen 22 Kilometer zu bewältigen ist natürlich relativ leicht möglich. Wir stellen einen genauen Plan für den Rest der Woche auf. Die Routen werden akribisch festgelegt.
Wenn wir in den folgenden drei Tagen mehr als 22 Kilometer schaffen, haben wir ein Plus für die nächste Woche, in der wir es dann ruhiger angehen lassen können. Der Plan, den wir allerdings aufstellen, scheitert an der Realität des Weges. Wir wollen nicht im Niemandsland ankommen, wo sich Fuchs und Hase gute Nacht sagen. Wir müssen wieder umdenken und erneut unsere Etappenpläne ändern.
Es ist ein ständiger Kampf mit den Etappenzielen. Wie kommen wir wo hin, wenn wir überbrücken müssen?

Zwischenresümee nach den ersten vier Etappen

Flair und Ambiente des *Camino Francés, den wir vor drei Jahren gepilgert sind,* waren intensiver als bei den bisherigen Wegen, dem *Camino de la Costa* oder *dem Camino del Norte.*

Es herrschte eine lebendigere Atmosphäre, der Weg pulsierte, die Eindrücke verdichteten sich. Er war charismatischer.

Der Vorteil dieses Weges: Es sind wenig Pilger unterwegs.

Man läuft in Ruhe, abseits von jeder Menschenmasse. Wir wanderten oft mehre Stunden, ohne eines menschlichen Wesens gewahr zu werden. Die bekannte innere Einkehr, die immer gerne wieder angesprochen wird und Ausdruck des Lebensgefühls aller *Caminos* ist oder sein soll, scheint hier eher möglich, obwohl man wegen der Schwere des Weges allzu oft mit seinen körperlichen und seelischen Befindlichkeiten kämpft und sich nicht wirklich ernsthaft damit beschäftigt, bei sich selber anzukommen.

Wegen der starken, ständigen und ungewohnten Dauerkraftanstrengung kann man auch den Meeresblick nicht so recht genießen wie man es sich eigentlich wünscht. Man ist mit zunehmender Wanderzeit nicht mehr so aufnahmebereit, sondern nur noch froh, ans Ziel zu kommen.

Es fehlt nach all den gelaufenen Kilometern außerdem eine gewisse Entspanntheit, der Blick verstellt sich, verengt sich, trübt das Gesamtbild, eine die Kehle zuschnürende Befangenheit stellt sich ein, die seelische Enge wird Realität, das Etappenziel wird zum Maß aller Dinge. Der ersehnte Glücksmoment zur Verklärung.

Hinzu kommt, dass auf diesen ersten vier Etappen wenige Bänke standen, auf denen wir uns einmal hätten ausruhen und relaxen können. Dies ist meines Erachtens ein Defizit und durchaus ärgerlich. Denn wie oft haben wir uns in diesen Abschnitten, in diesen Phasen der körperlichen Müdigkeit und Kopfleere nach einer Bank gesehnt, um unseren geschundenen Körpern ein paar Minuten Ruhe und Abstand zu gönnen, die eigene Nähe wieder zuzulassen und unbeschwert einen Schluck Wasser zu uns zu nehmen.

Was nicht sein soll, soll eben nicht sein. Immer das Beste daraus machen, lautet die Devise.

Gehen wir es weiter möglichst unvoreingenommen an, mein lieber Wander- und Mitpilgerbruder.

Und lernen wir dazu.

Altstadt Bilbao

Parkanlage in Gernika

23. August 2010

5. Etappe Bilbao – Santurtzi 18 Kilometer

Morgens nach dem Frühstück hinaus aus Bilbao, das nett zu uns war. Wir laufen lange, eigentlich viel zu lange am alten Industriehafen an einer aussterbenden Welt vorbei. Riesige Anlagen, verfallene Werkshäuser, die schläfrig vor sich hindümpeln, denen die Wohlstandsgesellschaft den Stinkefinger zeigt und gewaltig in den Allerwertesten tritt. Man registriert wie von fern dicht aneinander gepresste, kümmerliche Bauten einstiger Wohnsiedlungen, die gerade noch stehen und von der Welt langsam vergessen werden. Ein Bezirk, der sein Verfallsdatum viel zu früh erreicht hat. Die einstigen Hochglanzzeiten sind lange vorbei und die Ruinen des ehemaligen stolzen Hafens nur noch ein Relikt der Vergangenheit.

Leicht betrübt marschieren wir an diesem Überbleibsel früherer Zeiten fast beschämt und einsilbig vorbei. Es ist, wie es ist. Die Gedanken formen sich. Kein Netz ist da, sie aufzufangen. Unbeugsam stoßen sie ans Eingemachte, grotesk und doch realistisch. Es ist eine Phase aufkommender, tief verborgener Angst in mir vor dem tatsächlichen biologischen Aus und ein Willensakt, überhaupt daran zu denken: Auch bei uns wird irgendwann der Lack ab sein. Dann werden wir nur noch vor uns hinstolpern, um in der Sprache des Wanderers zu bleiben, wir werden froh sein, einigermaßen über die Runden zu kommen und mit hoffentlich erträglichen Schmerzen und halbwegs nüchternem Verstand unserem Ende entgegen sehen. Duckmäuserisch werden wir uns dann verhalten, uns an jedem Strohhalm Leben festklammern, jede noch so geringe Hoffnung als Verheißung ansehen und doch jeder für sich alleine seinen unbestimmten Weg gehen.

Asphalt ist wieder einmal angesagt. Straßen, auf denen viel zu viele Autos fahren und rasen. Eine schlimme, fast unerträglich monotone Etappe mit null Kraftanstrengung. Ganz leicht, ganz flach. Ohne Höhepunkte, ohne Weitsicht, ohne Meer, ohne Inspiration, ohne das geringste Wander- oder Pilgergefühl. Ohne Glückshormone. Nur Gleichmäßigkeit, träges Fortbewegen, nicht einmal Verbissenheit, vom Punkt wegkommen. Einfach laufen, funktionieren, Tagesroutine abrufen, in diesem Schema weiter marschieren und ankommen.

Es ist wie immer heiß. Auf dem Asphalt kochen die Füße. Man müsste jetzt mit weiten Sätzen springend vorankommen wie Kängurus oder Armstrong auf dem Mond.

Landschaftlich ist diese Etappe mehr als öde. Viele Wege im Saarland sind wirklich angenehmer, abwechslungsreicher, interessanter und vor allem idyllischer zu wandern.

Kurz hinter Bilbao wird meine linke große Zehe plötzlich taub. Kein oder kaum noch Gefühl darin. Ich bin besorgt. Schreibe meiner Tochter eine SMS: *Linke große Zehe taub. Was könnte das sein? Bitte einen Arzt konsultieren!*

Mein lieber Nachbar Bernhard Scholly, anscheinend bestens informiert, schreibt darauf schlagfertig, wie es halt seine Art ist: *Sensation! Neues Buch entdeckt. Titel: Iss mei Zeeb noch do?* Bernd und ich lachen laut und schrill, klopfen uns gegenseitig ab. Wir stehen an einem Bushäuschen am Industriehafen und trinken gerade Wasser, als uns diese Nachricht erreicht. Scholly spielt natürlich auf mein erstes Jakobsbuch *„Iss mei Hut noch do?"* an. Großartige Spontaneität. Danke für dieses Highlight. *Stell schon mal das nächste Bierchen kalt, mein lieber Nachbar-Motorrad-Rocker-Lobo-Freund.*

Dann laufen wir weiter. Immer noch Asphalt. Keine wirklich einladende Strecke. Gegen Mittag sichten wir kurz vor Portugalete ein Restaurant. Wir machen unsere wohlverdiente Mittagspause, setzen uns ins Freie unter ein weit vorspringendes Dach direkt an der Hauswand. Das Essen schmeckt vorzüglich: Linsensuppe, *Carnes* mit Pommes und als Nachtisch Eis.

Gegen 16:00 Uhr kommen wir in Portugalete an und überqueren eine Hängebrücke, genannt Biskaya-Brücke, über den Nervión. Hier benutzt man eine Luftfähre, so etwas Ähnliches wie eine Gondel, eine Plattform, die wie ein Reisebus aussieht und ständig die Uferseiten wechselt. Man könnte alternativ auch mit einem Aufzug hochfahren und die Brücke zu Fuß überqueren. Mit dem seltsamen, aber sehr effizienten Gefährt ist es allerdings billiger. Es kostet 30 Cent.

Auf der anderen Seite schlagen wir zuerst die falsche Richtung ein, dann Kommando zurück, spontane Kehrtwende in die entgegengesetzte zum Touristeninformationsbüro. Aber es ist nicht besetzt. Keine Ahnung weshalb nicht. Alle Spatzen sind ausgeflogen.

Es ist 15:00 Uhr. Kurz entschlossen marschieren wir in den vor uns sich in die Breite und Tiefe erstreckenden höher gelegenen Stadtkern. Mehrere Rolltreppen bringen uns nach oben. Ziemlich bequem. Wir haben keine Lust mehr auf Steigungen. Und es geht tatsächlich steil hoch. Gut, dass wir uns das ersparen können. Ein Dankeschön dem Rolltreppenhersteller aus Deutschland.

Hängebrücke in Portugalete

Wir suchen nach einer Pension.
Portugalete ist eine Stadt mit 55.000 Einwohnern und nicht wirklich sehenswert. Alte aneinander gebaute Häuser entlang viel befahrener Straßen, dazwischen Läden, langgezogene Betonbauten, sie wirken kalt wie eine leergefegte Promenade im Dauerregen, Straßengeschäftigkeit, Hektik, Autohupen, Sirenengeheule, herumstampfende Fußgänger kreuz und quer, Lärm und Tristesse. Ein Eremitendasein als Kontrastpunkt wäre jetzt gut zu ertragen, denke ich, ganz Asket, in diesem Augenblick. Abseits von allen Bewegungen, Handlungen, Verstrickungen, Geschäftigkeiten, Abhängigkeiten, in der eigenen Einsamkeit ruhen, sich von nichts stören lassen, das wäre es, das ist es. Oder ist es das nicht?

Wir werden an einigen Pensionen abgewiesen: *Ocupado*. Wir laufen und laufen. Und werden nicht fündig. Ohne es zu wissen, ohne jeglichen Hinweis, ohne Übergang, sozusagen fließend haben wir Portugalete bereits verlassen und kommen in Santurtzi an.

Hier finden wir ein Hotel für 27 Euro pro Person. Wir checken ein, dann das Übliche. Später fahren wir mit dem Bus zum Hafen, halten uns aber nicht lange dort auf, weil es uns nicht sonderlich gefällt. Die immense Betriebsamkeit schreckt uns ein wenig ab. Wir wollen uns nur setzen, etwas essen, Bier trinken, reden, planen und dann schlafen gehen.

Zurück promenieren wir die fast zwei Kilometer zu Fuß. Welch eine ungeheure Erleichterung, keinen Rucksack auf dem Rücken zu tragen. Fast fallen wir nach vorne. Wie auf Flügeln kommen wir voran, als schwebten wir. Wir fühlen uns federleicht, wie erlöst.
In der Hotelbar trinken wir *dos caňas grandes.* Wir setzen uns vor das Hotel, wo in unmittelbarer Nähe ein bedeutender Busbahnhof die Aussicht „ziert". Busbahnhof statt Meer. Na gut, nicht klagen. Wir essen *tapas*, die uns mehrmals gereicht werden. Ein netter Zug der Barkeeper. *Tapas* mit Schinken, Käse, Salami. Nicht zu verachten.

Vier sehr alte Spanierinnen, Einheimische, wie wir zu erkennen glauben, setzen sich neben uns.

„Das do gibts doch jetzt nett. Guck dir die Alte an", beschwert sich Bernd.

„Junge, rehsch dich nett off. Pack dei Glück beim Schopf. Do geht heit was", amüsiere ich mich beim Anblick dieser reizenden, bezaubernden, greisen, spanischen, unaufhörlich plaudernden *Seňoras.*

„Jo, wenns laft do lafts", zeigt sich Bernd fatalistisch.

„Wenn de alles im Rahme deiner bescheidene Möglichkeede geppscht, werrscht de velleicht von enner *Senjora* erhört. Schtreng dich also an."

„Wenn Dummschwätze Blosmusik wär, könnscht du eleen e ganzes Orcheschter ersetze."

Ich schauspielere und laufe ihm, anscheinend verärgert, Tempo aufnehmend davon. Er hechelt mir mit kurzen Schritten hinterher.

„Bischt de jetzt beleidischt odder was?", fragt er launisch, schwer atmend, als er wieder aufschließt.

„...“

„Kenn Antwort iss a e Antwort. Simmer jetzt im Kinnergarde odder was?“

„...“

„Ei, sa mol. Hats dir die Schproch veschla? Willscht de mich leide siehn? Dann sa mers.“

„...“

„Wehscht de was, du kannscht mich mol. Bin doch nett dei Affezippel.“

Bernd atmet immer schwerer neben mir, regt sich auf, weil ich einfach zu schnell und außerdem viel zu schweigsam für ihn bin. Gut so.

Ich grinse zufrieden: „Hat sich echt rendiert, dei hochroter Kopp se siehn. Das geschieht dir Recht“, zeige ich mich wieder sprachlebendig.

Ich erhalte keine SMS. Den ganzen Tag nicht. Ich giere förmlich danach. Keine Ahnung warum. Aber alle Informationen sind mir jetzt wichtig. Ich würde sie aufsaugen wie ein Staubsauger den Dreck. Was geht in der Welt vor, in meinem Heimatort? Steht das „Schnapsheisje“ des Obst- und Gartenbauvereins noch? Serviert Werner, genannt „Onkel“, immer noch mit viel Liebe, Akribie und Geduld die beste Schinkenplatte der Welt? Wie spielte unsere erste Fußballmannschaft? Was treibt die Mittwochstechnikertruppe ohne mich? Haben sie aus lauter Verzweiflung über meine Abwesenheit ihren Spielbetrieb gar eingestellt? Wie war Anitas und Alberts Geburtstag? Was unternimmt gerade meine Tochter? Vermisst mich meine Frau? Gibt es sonst irgendwelche Neuigkeiten? Vielleicht sogar etwas Besonderes? Tratsch? Fragen, die ich mir nicht selbst beantworten kann.

Weil ich keine erhalte, schreibe ich mehrere SMS. Bernd schreibt auch. Wir gehen uns gegenseitig auf die Nerven damit und können es trotzdem nicht lassen. Tatsächlich antwortet mir meine liebe Arbeitskollegin Elke: *Wir sind in Gedanken bei euch. Haltet durch.*
Werden wir. Werden wir. Wiederum war es sehr heiß heute. So um die

30 Grad. Und schwül dazu. Kaum Wind. Mein Knie ist problematisch, linke große Zehe fast taub. Leichte Rückenprobleme. Muss da durch und werde das auch durchstehen. Keine Zeit zum Jammern und keine Lust. Schluss aus! Bernd geht es gut. Keine gesundheitlichen Probleme. Er fühlt sich jetzt auch körperlich und mental fit, nach den zurückgelegten Etappen. Diese Pilgerreise entwickelt sich seltsam. Wir sind von vielen Faktoren abhängig. Oft finden wir die gelben Pfeile nicht. Aber dies liegt nicht nur an uns, die Wege sind schlecht bis gar nicht markiert. Außerdem ändern wir die Routen fast jeden Tag. Wir improvisieren ständig, weil wir dazu gezwungen sind, wollen wir nicht in irgendeinem Nest landen, in dem es nicht einmal eine Bar gibt.
Wir halten bis jetzt unseren vorgegebenen Zeitplan ein. Wenn nichts dazwischen kommt, werden wir die 600 Kilometer wohl schaffen. Aber es darf auch wirklich nichts dazwischen kommen, keine Krankheit, keine Verletzung, nichts. Gar nichts.
Morgen steht eine Etappe von 14 Kilometern nach Poběna an. Wir aber marschieren 16 Kilometer, da wir von unserem Hotel in Santurtzi am Hafen entlang die Promenade zurück nach Portugalete müssen, dem Ausgangspunkt dieser Etappe.
Trotzdem, fast ein Ruhetag, diese läppischen 16 Kilometer…

24. August 2010

6. Etappe Santurtzi – Muskiz 20 Kilometer

Vor dem Abmarsch Ärger mit Bernd. Er hat gestern Abend den Reiseführer **OUTDOOR Küstenweg** in einer der zwei Bars, die wir besucht haben, dummerweise liegen lassen. Wir sind auf ihn angewiesen. Ohne diesen Führer kommen wir nicht weiter. Er enthält wichtige Informationen über den *Camino*, auf die wir nicht verzichten können. Er erklärt den Weg, wo die gelben Pfeile fehlen, gibt Hinweise auf Herbergen, Pensionen, Alternativrouten, medizinische Versorgung etc.
Wir werden ohne ihn nicht nach Santiago kommen, weil wir den Weg nicht kennen und daher auch nicht konkret wissen, wo wir am sinnvollsten wandern und wo wir eventuell überbrücken können, um unser gewünschtes Soll zu erfüllen.
Bernd packt seinen gesamten Rucksack aus, sucht verzweifelt, hektisch, wird nicht fündig.

„Das do kann doch jetzt nett wohr sinn", blaffe ich ihn an.

„Isses awer. Ich veschtehs jo a nett. Das Buch hat doch vor mer geleh. Die ganz Zeit. Ich schwöre."

„Heer off se schwöre. Es iss schunn mancher Richter doht vom Richterschtuhl gefall, weiler die viele Lüjereie nimmeh ertrahn konnt. Unn wo isses Buch jetzt, du Meineidischer?"

„Gleich setzts was. Ich unn e Meineid. Awer froh mich nett. Was wes dann ich. Schla mich doht. Unn do kommts a nett serück."

Wir betreten die beiden Bars von gestern Abend. Niemand versteht uns, obwohl wir das spanische Wort *libro* für Buch benutzen. Wir geben alles, zeigen uns massiv penetrant, aber es geschieht nichts. Keiner kann sich erinnern.
Stinksauer und genervt begeben wir uns wieder in das Hotelareal. Wir kommen so nicht weiter, wissen nicht, was nun geschehen soll. Bernd durchsucht erneut den Rucksack, seine Nervosität ist geradezu greifbar, er hampelt herum, schaut sogar in umstehenden Mülleimern nach. Vergeblich. Wir sind platt. Am Ende. Verlierer. Rückfahrer. Belächelte.

Blamierte. Nicht Angekommene. Pilger, die den Weg verloren haben, denen der *Camino,* quasi über Nacht, ausgegangen ist. Ich greife geistesgegenwärtig oder spontan oder intuitiv in meinen Rucksack und entnehme daraus ein Buch, das Bernd und ich von unserer verehrten, lieben Kollegin Heike im Verbund mit unserem stets zurückhaltenden, verschwiegenen und niemals lästernden Kollegen und Freund Kuckie geschenkt bekommen haben. Es ist ein lustiges spanisches Wörterbuch mit allem, was man zum Durchhalten in Spanien benötigt. Auf der Rückseite dieses Buches ist genau unser Buch OUTDOOR Küstenweg als Reklame abgedruckt.

Ich bleibe bei den Rucksäcken. Bernd begibt sich auf einen erneuten verzweifelten Tripp in die Bar. Nach einer gefühlten Stunde kommt er zurück. Freudestrahlend. Mit dem Buch. Er reißt es mit beiden Händen in die Höhe. Mir fällt ein Stein vom Herzen. Als hätten wir mit dem Wiederbesitz des Buches automatisch schon Santiago erreicht. Nicht zu fassen. Unglaublich. Fast schießen mir Tränen in die Augen.
Dankbarkeit hat zwei Namen: Klaus und Bernd.

„Jetzt hat mich de Barkeeper endlich veschtann“, bemerkt der Kleine bewegt, fast den Tränen nahe.

„Mei Idee.“

„Unn nett die schlechtescht, die de je gehad hascht.“

„E Dankescheen wär jetzt velleicht unbedingt emol angebracht.“

„Jo, das wärs. Do schtimm ich dir zu. Das wärs. Werklich. Das wärs.“

„Unn? Was iss? Wo bleibt die Vebeugung?“

„Hascht dus nett geheert? War velleicht nett so veschtändlich riwwerkomm.“

„Dir a danke, dasses Buch off Grund meiner Idee wedder brung hascht, du Berschluhser“, verspotte ich ihn, weil ich das jetzt einfach brauche, da nicht das kleinste Dankeschön seine Lippen, wenn auch nur angedeutet, verlässt.

„Rindvieh. Berschluhser? Lächerlich. Ich komm iwwerall hin.“

„Ei, wer schwächelt dann immer am Bersch?“

„Noch emol Rindvieh.“

„Nee, du bischt enns. Nett vewechsele. Du könnscht ohne Probleme off de Weide schtehn, Gras fresse unn muh mache.“

„Nee, das sinn schpanische Küh. Die mache muho.“

Die pure Erleichterung, ja, fast schon Ausgelassenheit erfasst uns. Wie Kinder, die ihr verlorenes Spielzeug wiedergefunden haben, lachen wir jetzt vor Freude wie die Verrückten darauf los. Wir können unser Glück nicht fassen und klatschen uns gegenseitig in die Hände. Dieses Buch, so nervig und strapazierend es manchmal auch ist, bleibt für uns doch wichtig.

„Mir sinn die Beschte“, schreit Bernd in den spanischen Morgenhimmel euphorisch.

„Unn die Schennschte“, stehe ich ihm nicht im Geringsten nach.

„Unn die Gröschte“, findet er einen weiteren Komparativ.

„Das simmer. Das ware mer unn das bleiwe mer“, schließe ich mit diesen Lobestiraden ab.

Wir laufen endlich so gegen 08:30 Uhr los. Aber zuerst Halt in einer Bar. Frühstück ist angesagt. Dann endgültiger Abmarsch.
Das Wetter ist heute nicht berauschend. So um die 20 Grad, bewölkt, ganz leichter Nieselregen. Kein Problem.
Wir marschieren lange auf einem Asphaltweg.
Noch etwa elf Kilometer. Es ist kurz nach 11:00 Uhr. Viele Gedanken beschäftigen mich während der Wanderung. Eindrücke, die ich unbedingt in diesem Tagebuch verewigen möchte. Dafür baue ich mir die eine oder andere Eselsbrücke, wenn ich nicht gleich schreiben kann oder möchte. So zum Beispiel beuge ich Erinnerungslücken mit Buchstabenkürzeln vor. Das heißt, wenn ich über eine Asphaltpiste etwas im Tagebuch vermerken

möchte, benutze ich das Kürzel *a* für Asphaltpiste, für den Rucksack benutze ich das Kürzel *r, c* steht für *Camino*, *p* für Pilger. Kurz: Alle Anfangsbuchstaben werden im Hinterkopf gespeichert. In diesem konkreten Fall merke ich mir die Buchstabenkombination: *arcp.*
Manchmal schreibe ich auf meinem Handy auch eine SMS und speichere die Mitteilung, die ich dann unter Entwürfe später wieder abrufen und ins Tagebuch übertragen kann.
Wir laufen immer noch auf asphaltiertem Weg neben einer Fahrradpiste auf La Arena zu, wo wir Mittagspause geplant haben. Bei der heutigen Etappe haben wir das Meer bisher noch nicht gesehen.
Wir führen besinnliche, nachdenkliche Gespräche, philosophieren über Gott und die Welt, die Evolution, die Entfernung der Sterne, die Realität der Farben. Wir reden und reden. Selten über Zuhause, noch seltener über den Job. Eigentlich gar nicht bei den bisherigen Etappen, wenn ich es jetzt so bedenke.
Wir werden in Zukunft versuchen, unsere Gedanken beisammen zu halten um unnötige Fehler zu vermeiden. Sie kosten nur Kraft und verursachen Ärger.
Wir kommen in La Arena an. 15 Kilometer sind wir bis hierhin marschiert. Endlich sind wir wieder am Meer, das wir schon aus der Ferne riechen können. Wie magisch zieht es uns zuerst zum Strand, wir halten uns aber nicht lange dort auf.
Wir haben Hunger und werden bezüglich eines Restaurants schnell fündig. Das Essen schmeckt wie immer, aber beide sind wir wenigstens satt geworden.

Was die Spanier nicht können, notiere ich auf süffisante Weise eher verspielt und neckisch in meinem Tagebuch:

> Gute Musik hören,
> Ordnung halten in Bars, vor allem in Toiletten,
> gut kochen (natürlich subjektiv gesehen!).

Was ich an den Spaniern mag:

> Sie sind sehr hilfsbereit,
> stets freundlich und lustig,
> nie penetrant,
> immer aufgeschlossen.

Nach dem Essen steuern wir den recht schmalen, daher gemütlichen, idyllischen Sandstrand an. Toll anzusehen. Das Herz kommt jetzt so richtig in die Sprünge, schlägt fast im Dreivierteltakt. Die Wellen nehmen etwas Kraft auf, schaumkronenartig werden sie immer wieder ans Land gespült, vom aufkommenden Wind begünstigt.
Eine Weile halten wir uns dort auf, dann fragen wir nach einem Bus in Richtung Pobeňa. Wir werden heute nicht bis zu unserem eigentlichen Etappenzielort laufen. Diese Kurzstrecke ersparen wir uns.
Von Pobeňa wollen wir mit einigen Pferdestärken gleich weiter nach Castro Urdiales gelangen, wo wir zu übernachten gedenken. Und am nächsten Tag in der Frühe nehmen wir den Autobus nach El Pontarrón del Guriezo.
Von dort werden wir frohgemut Laredo ansteuern.

El Pontarrón del Guriezo ist ein Ort, an dem wir uns nicht die Nacht um die Ohren schlagen wollen, weil er einfach zu klein und unattraktiv ist und man hier schwer was findet, außer einer Herberge.
Mehrere *Seňores* und *Seňoras*, die wir ansprechen, erklären uns, dass bis Pobeňa kein Bus fährt und wir deshalb nach Muskiz marschieren müssten, weil es nur von dort aus eine Busverbindung in die von uns gewünschte Richtung gibt.
Also laufen wir doch wieder. Rucksack überstreifen und Abmarsch. Motzen nützt nichts. Bis Muskiz sind es noch fünf Kilometer, die wir zu Fuß zurücklegen. Es geht eine viel befahrene Straße entlang, nicht gerade einladend zum Wandern. Aber notwendig und deswegen müßig, darüber zu klagen.

Wir sind jetzt abseits des Jakobsweges, aber nur von Muskiz kommen wir weiter, wie uns mehrmals erklärt wurde. Vorausgesetzt wir haben richtig verstanden.
Wir kommen in Muskiz an, laufen eine Weile durch den Ort und gelangen schließlich an eine Bushaltestelle. Bernd und ich diskutieren, ob wir hier richtig sind. Da wir keine Ahnung haben und zu keinem Ergebnis kommen, wenden wir uns nach einer Weile schließlich an eine auf einer Bank vor uns sitzende junge *Seňora* und werden von ihr mit entschiedener Stimme, aber mit durchaus charmantem musikalischem Unterton, weiter geschickt.
Wir trotten stereotyp los. Geradeaus, dann nach 100 Metern links abbiegen und noch einmal 200 Meter geradeaus. Dann müssten wir dort

sein. In der Tat, das Bushäuschen erscheint vor uns wie die lang ersehnte Wasserstelle in der Wüste. Wir setzen uns und warten.
Eine junge Spanierin nähert sich stolz erhobenen Hauptes und stellt sich neben uns. Wir fragen sie nach einiger Zeit vorsichtshalber nach dem Bus.

„Si, si", antwortet sie.

„*Aquí Autobus*?", insistiere ich nochmals. Wie oft haben wir schon falsch verstanden oder sind falsch verstanden worden.

„*Si, si, Seňor, aquí.*"

Wir wissen nicht was auf Spanisch *wohin fährt der Bus* heißt. Ich sage einfach *Castro Urdiales aquí* und zeige in die meiner Ansicht nach richtige Richtung. Aber stimmt das auch? Natürlich, wir wandern von Osten nach Westen, also fahren wir auch von Osten nach Westen.
Oder? Die *Seňora* oder *Seňorita* lächelt uns an. Sie sagt: „*Autobus blanco rojo*", was heißen soll, dass ein Autobus mit weißen und roten Farben für uns zuständig sei. Tatsächlich kommt ein Bus vorbei, in den wir aber nicht einsteigen, weil er grün und blau markiert ist.
Die *Seňora* oder *Seňorita* lächelt zufrieden. Ein hübsches Lächeln, denke ich versonnen. Was gewinnen Frauen nicht alles, wenn sie nur lächeln. Und es kostet nicht einmal einen müden Cent.
Der kommunikative Bernd zeigt auf sein grünes Hemd und sagt dann „grün", wobei die *Seňora* oder *Seňorita*, nicht auf den Kopf gefallen, das spanische Wort *verde* dafür benutzt. So geht es eine Weile. Bernd zeigt auf eine Farbe und die *Seňora* oder *Seňorita* spricht sie auf Spanisch aus. Bernd nennt synchron das deutsche Wort hierzu. Wir lachen. Zwischen Bernd und der *Seňora* oder *Seňorita* entwickelt sich ein leichtes, aber überschaubares Liebesgeflüster.
Ich halte mich heraus, da ich ja streng verheiratet bin.
Endlich kommt ein weiterer Bus und die *Seňora* steigt ein, nicht ohne uns vorher noch einmal ihr hübsches Lächeln zu zeigen. Sie ruft noch in unsere Richtung prophylaktisch „No, no", weil sie verhindern möchte, dass auch wir einsteigen. Nicht, weil sie uns nicht mag oder wir ihr unsympathisch wären, sondern weil es schlicht und ergreifend der falsche Bus ist mit den falschen Farben.
Wir winken ihr tapfer hinterher. Sie winkt ausgenommen freundlich zu-

rück. Schon ist sie unseren Blicken entschwunden.
Bernd schaut ein wenig traurig und trübsinnig, was ihm ja nicht sonderlich schwer fällt, wie ich unverschämter Weise klammheimlich denke, aber aus Besorgnis für meine Gesundheit jetzt nicht laut ausspreche.

„Velleicht siehn mer se jo noch emol."

„Deppo", entgegnet er, „ich bin glücklich liiert."

„Es arm Hilde a?"

Dann endlich kommt unser Gefährt. Wir öffnen die Außenladeklappe des Busses, quetschen unsere Rucksäcke in das Staufach und steigen zufrieden ein. Auch diese eher bescheidene Etappe haben wir glücklich zu Ende gebracht. Als ich in den Bus einsteige, sagt Bernd: „Fro noh Castro."

Er meint die Abkürzung für Castro Urdiales.

„Do saht de Busfahrer, der wohnt in Kuba unn do komme mer heit nimmeh hin. Unn dann fahrter ohne uns fort unn mir hänge do rum."

„Mann, rehsch mich nett off, doppelter Footzer."

„Ei, was issen das?"

„Enner wie du, der de gröschte Unsinn hoch Zwei bappelt, ohne dass ers merkt."

„Du mich a."

„Watt sinn mutt, datt mutt sinn."

Der Busfahrer lässt uns tatsächlich in Castro Urdiales heraus.
Jetzt sind wir in **Kantabrien.**
Wir schlagen wieder einmal die falsche Richtung ein, dort, wo es keinen Stadtkern, keine Idylle am Hafen, keinen Sandstrand, keine Pension gibt.
Aber so ist es nun mal. Wie oft verliert man seine Fährte, geht den fal-

schen Weg, findet kein Zurück mehr, vergaloppiert sich zusehends, ohnmächtig, etwas dagegen zu tun. Man ist blockiert, zerstört, geht weiter diese Sackgasse, die ins Nirgendwohin führt, einsam und verlassen, nicht mehr aufnahmebereit. Man rennt dem Glück direkt vor der eigenen Haustür davon und bemerkt es nicht einmal. Zielsicher steuert man ins Ungewisse, ohne einen Ausweg zu finden. Einmal auf dieser Einbahnstraße angelangt, läuft man mit Scheuklappen ständig im Kreis, als würde man im Heuhaufen die berühmte Stecknadel suchen.

Aber ich mache mir jetzt keine weiteren Gedanken darüber. Umkehren ist wieder einmal angesagt, die andere Richtung nehmen durch die Avenida Riomar. Schon sind wir am Stadtkern angelangt.
Noch ein paar Schritte, und wir sehen das Meer. Es sprudelt uns freudig entgegen, leuchtet in seiner schönsten Farbenpracht, präsentiert stolz seinen Wellengang an diesem kleinen, gemütlichen, überschaubaren, wenig besuchten Sandstrand.
Eine Weile bleiben wir stehen, schauen dem Wellenspiel zu, den wenigen glücklichen Menschen, die hier schwimmen, den Kindern, die ihre Sandburgen bauen. Dann suchen wir eine Pension und werden schließlich fündig für 27,50 Euro pro Person. Mitten im Zentrum. Dafür aber äußerst bescheiden. Und das Bad ist auch ziemlich dreckig. Der Vorhang duftet zudem aus allen Poren. Augen zu und durch, lautet die Devise, mein lieber Pilgerbruder. Denn du suchst ja die Entbehrung, die Enthaltsamkeit, die Sterilität des Lebens. Du wünschst dir ja nichts anderes. Und was du dir wünschst, das bekommst du auch geschenkt. Und da alles seinen Preis hat, musst du dich damit abfinden.
Ja, das tue ich auch. Wer sagt das? Der Pilger in mir?

Castro Urdiales hat einen kleinen, aber sehenswerten Hafen mit viel Ambiente. Enge Gässchen, teils mit Arkaden, umschließen den Stadtkern. Es ist gemütlich hier und urig.
Das Wetter hat gehalten. Kaum Sonne heute. Nicht einmal so schlecht, im Schatten zu laufen.
Eine Etappe zum Ausruhen.
Wir sitzen gemütlich im Freien bei angenehmen Temperaturen, trinken und sehen uns um. Einige Pilger sind unterwegs, aber überschaubar. Wir essen in einer Pizzeria, durchweg schlecht.

„Sahn ich doch immer. Die Schpanier wolle unn könne nett italienisch.“

„Iss jo gutt“, wehre ich mich stur und uneinsichtig, „velleicht hammer jo mol e Volltreffer unn es schmeckt.“

„Glabscht du noch an de Weihnachtsmann?“

„Ei, warum escht de dann immer e Pizza?“

„Aus reiner Solidarität. Du benutscht dei Schtock jo a nett beim Wannere, weil meiner dummerweis off de Fahrt no Hahn abhann komm iss. Deshalb. So bin ich ewe. Immer ferr die Annere do.“

„So kenn ich dich gar nett.“

„Do siehscht de mol. Ich bin ehnfach e Gutter. Mit de Beschte.“

„Wer behaupt das? Wo isser? Wo lafter rum? Wer so was saht müsst nämlich ingewies werre. Der iss e Gefahr ferr die Menschheet.“

Castro Urdiales mit Hafen und Festungsturm Santa Ana

Abends dann unterwegs. Bis 01:30 Uhr Streifzüge durch das Nachtleben dieses schönen Ortes. Wir waren gut drauf. Zum Schluss haben wir eine wirklich tolle Bar entdeckt.
Und *una caňa grande,* nur zwei Euro. Ich wende mich an Bernd: „Wie mei Oma schunn immer gesaht hat, Bub wenns nix koscht odder nett so viel, dann schla zu."

Oma, ich habe nur getan, wie du mir geraten hast.

Das Baskenland haben wir nun hinter uns gelassen. Landschaft und Leute waren nett zu uns. Meinem Knie ging es heute gut, die Füße waren gut, wir waren gut. Bisher sind wir 136 Kilometer gelaufen.

Gestern haben wir Pelotaspieler gesehen, die in einem langen, überdachten, zum Marktplatz offen zugänglichen öffentlichen Gebäude ihrem geliebten Nationalsport nachgingen.

Aus dem Internet folgende Beschreibung: Pelota (auch Pelota Vasca) ist ein Rückschlagspiel baskischen Ursprungs.
Bei Pelota schlagen zwei Spieler bzw. zwei Zweierteams abwechselnd einen Ball gegen eine Wand. Das Spielfeld wird Frontón genannt und ist zwischen 30 und 54 Meter lang und zehn bis elf Meter breit. Pelotaspieler werden auch als Pelotari bezeichnet.
Pelota existiert hauptsächlich in den Varianten Pelota a Mano, Pelota a Pala und Cesta Punta. Bei Pelota a Mano wird der Ball mit der bloßen Hand geschlagen. Dies ist heute in Nordspanien die weitestverbreitete und vor allem populärste Spielweise.
Die Spieler der Pelota a Pala verwenden einen einfachen Holzschläger, der als Pala oder Paleta bezeichnet wird. Die Spielvariante Cesta Punta wird am häufigsten in den Vereinigten Staaten gespielt, wo sie auch Jai Alai (baskisch für fröhliches Spiel) genannt wird. Als Schläger dient hier ein Handschuh, der mit einem länglichen Korb verbunden ist, daher der Name Cesta Punta, spanisch für „Spitzkorb" (baskisch xistera).

Soviel dazu. Morgen ab zur nächsten Etappe.
Wir freuen uns darauf, Kantabrien näher kennen zu lernen.

Durch Kantabrien...

Aus dem OUTDOOR Reiseführer:

Bei der römischen Besetzung der Iberischen Halbinsel waren die Kantabrier das Volk, welches am hartnäckigsten Widerstand leistete. In einem erbitterten Krieg wurden sie im Jahr 19 v.Chr. endgültig geschlagen.
Während andere Völker ihre kulturellen Eigenheiten und die Basken ihre Sprache beibehielten, wurden die Kantabrier völlig romanisiert. Kantabrien weist am wenigsten einen vom Rest Spaniens differenzierten Charakter aus.

Informationen aus dem Internet:

Kantabrien (spanisch Cantabria) ist eine am kantabrischen Meer (Golf von Biscaya) gelegene Autonome Gemeinschaft im Norden Spaniens. Sie wird von den Regionen Asturien, Kastilien-León und dem Baskenland umschlossen. Die Autonome Gemeinschaft besteht lediglich aus der gleichnamigen Provinz (früher Provinz Santander). Hauptstadt Kantabriens ist die Hafen- und Industriestadt Santander.

Kantabrien ist hügelig bis bergig. Die höchsten Erhebungen befinden sich in den Picos de Europa mit Gipfeln von über 2.000 m.

Das Klima in Kantabrien ist im Küstenbereich maritim und feucht mit kühlen Sommern und milden Wintern. Im Landesinneren herrscht zum Teil Gebirgsklima vor.

Hafenpromenade in Santurtzi

25. August 2010

7. Etappe El Pontarrón del Guriezo – Santoňa 27 Kilometer

Gegen 08:30 Uhr Frühstück in einer Bar. Um 09:00 Uhr Abmarsch zur Bushaltestelle in Castro Urdiales. Wir fragen zwei uralte Menschen, einen *Seňor* und eine *Seňora*, nach der Verbindung. Man sieht ihnen ihr hartes Dasein an. Ein Leben am Meer, am Hafen, die Haut von der Sonne gegerbt. Sie sind nett und freundlich und lachen mit vielen Lücken in ihren Mündern, aus denen sich wahre Wortschwälle herausschälen. Sie geben alles, beratschlagen sich, fragen neben ihnen sitzende *Seňoras*, schütteln die weisen Köpfe, kommen schließlich zu einem Ergebnis. Wir sitzen am richtigen Platz. Zur richtigen Zeit. Der Bus kommt. Wir steigen ein. Bald sind wir am gewünschten Etappenziel angelangt und schon haben wir es erreicht. Wir setzen uns in Bewegung.

Auf dem Weg nach Laredo. Klingt wie ein Westerntitel. Ich denke darüber nach. *Auf dem Weg nach Laredo.* Jetzt muss ich schmunzeln. Welche Assoziation. Zwei Stetsonträger mit Sonnenbrille und Rucksack mitten durch die Wildnis. Zwei Typen, die sich dem Laufen verschworen haben, dem Kampf gegen die Sonne, den Schweiß, die zuweilen erdrückende Kraftlosigkeit, gegen die Müdigkeit schlechthin. Zwei Kerle, Hedonisten wie wir, auf dem Weg nach Laredo. Man kommt auf die abwegigsten Gedanken, wenn man den ganzen Tag läuft, hat unendlich Zeit für sich, drückt sich zuweilen mit an den Haaren herbeigezogenen Metaphern aus.

Zwei Cowboys auf dem Weg nach Laredo. Es fehlen nur die Pferde. Ich könnte jetzt so weitermachen, mich in diesen Inspirationen ergießen. Wann habe ich eigentlich das letzte Mal einen guten Western gesehen? Muss ewig her sein. Kann mich gar nicht mehr daran erinnern. War es *Zwöf Uhr mittags* oder *Spiel mir das Lied vom Tod* oder *Man nannte ihn Hombre* oder *Chatos Land?* Ein Western mit John Wayne oder James Stewart? Keine Ahnung, ein Loch in der Birne. Apropos, wann habe ich..., wann habe ich eigentlich zum letzten Mal gut gegessen? Muss auch schon eine Weile her sein. Eine ganze Weile. Aber es liegt wohl auch an mir. Ich sollte in der Tat einmal Fisch probieren, wie Bernd mir stets rät, ihn wenigstens versuchen. Fisch können die Spanier. Vor allem in dieser Region. Mal sehen.

Ein steiler Berg ragt plötzlich vor uns auf. Wir nehmen ihn ohne Murren

und laufen viel Asphalt. Die sengende Sonne setzt uns unerbittlich zu. Sie reflektiert auf dem Belag, Schatten flimmern vor meinen Augen. Alles an mir klebt, auch meine Gedanken, die mit keinem Wort mehr nach außen dringen. Schweigen ist angesagt. Sich auf den Weg konzentrieren. Voran machen.
Den steilen Anstieg habe ich hinter mich gebracht. Auf einem Baumstamm sitzend, warte ich auf meinen Pilgerbruder und verarzte inmitten der heißen Hölle meine Füße mit Bernds Blasenpflaster. Meines ist ausgegangen. Und Bernd braucht keins. Er hat offensichtlich keine Weicheierfüße wie ich. Bin auf meinen Körper sauer. Warum tut er mir das an? Warum muss ich ständig mit Beschwerden laufen, während Bernd stoisch vor sich hinbläht: „Mir duht nix weh."

Bernd kommt sichtlich erschöpft mit hochroter Birne an. Die nassen Haare kleben förmlich an seiner Kopfhaut. Er setzt sich ohne ein Wort auf den Stamm, greift zu seiner Flasche und stillt gierig Schluck für Schluck seinen großen Durst. Er sitzt da und schüttelt nur ungläubig den Kopf. Es ist ein schwieriger Weg bei extremen Temperaturen.
Und wir tun uns das alles freiwillig an, scheint er zu denken, ohne es allerdings laut nach außen zu posaunen. Er möchte seine Ruhe.
Wir suchen verzweifelt eine Bar. Eine eiskalte Cola würde jetzt nicht schaden, gibt Kraft, spendet Kohlenhydrate, versorgt uns mit Zucker.
Wir laufen nun durch Eukalyptuswald, schließlich einen schwer zu gehenden Schotterweg entlang. Äußerste Sturzgefahr. Vorsicht ist geboten.

Auf dem höchsten Punkt dieser Etappe bietet sich uns ein prachtvolles Alm- und Bergpanorama. Das Meer sehen wir nicht. Die Markierungen lassen wiederum zu wünschen übrig, der Pfad ist überdies nur teilweise schön. Wenig später gelangen wir auf einen Teerweg, dann laufen wir unter einer Autobahn hindurch immer noch auf dieser geteerten Straße an einem kleinen, idyllischen Spielplatz vorbei.
Zehn Kilometer vor Laredo plötzlich eine Tränkestelle wie aus dem Nichts. Sie schickt uns der Himmel. Wir steigen nicht von unseren Pferden, schnallen stattdessen die Rucksäcke ab und legen sie neben den Tresen der Bar. Pause jetzt. Rast. Halt. Geschäft verrichten, sitzen, den Atem beruhigen, durchatmen, abreagieren, Cola trinken. Dann *dos cañas grandes, por favor.*
Ich sage zu Bernd, während wir prosten, im gehobenen Spanisch:

„Fieso kaputto weho brenno platto.“

Er grinst mich an: „Du kannscht jo perfekt die Landesschproch. Was hehscht dann das?“

„Ei, die Fies sinn kaputt, sie duhn weh, brenne unn sinn platt.“

„Perfekto“, erwidert Bernd, wir klatschen uns ab und lachen wieder einmal wie zwei alberne unbeschwerte Kinder, denen alle Tücken der Welt fremd und deswegen völlig gleichgültig sind.
Aber natürlich haben wir unsere Unschuld diesbezüglich lange verloren. Wir wissen wie die Welt funktioniert, wie sie gestrickt ist, welche Marotten, welche verrückten Spezies mit Namen Mensch sie hervorgebracht hat.
Und trotzdem, wir haben uns bisher unseren Frohmut auf dem *Camino* erhalten. Immer wieder steigern wir uns in solche Lachattacken hinein. Menschenfreunde wie wir. Wir brauchen das. Es tut uns ungeheuer gut. Und lässt mich meine Schmerzen, gelegentliche Ängste und Frustrationen vergessen, lässt mich alles vergessen, sogar, dass Bernd keine Beschwerden hat.
Wir überlegen, wohin wir morgen laufen. Der Weg führt nach Güemes.

„E Kaff das Gemüs“, sagt Bernd.

„Das hehscht doch Güemes odder nett?“

„Nee, Gemüs, du Schwachschtecker. Ich hanns nur e bissje abgewannelt. Do kann ich mirs leichter merke.“

Wir trotten die restlichen zehn Kilometer gleichmütig und meist schweigsam nebeneinander her. Der Schall der Schritte. Das Aufkommen der Füße. Das Tasten und wieder Abheben. Die Vorwärtsbewegung des Fußes. Der nächste Schritt, der nächste Fuß. Der Kreislauf der Bewegung. Jeder Meter wird abgewandert, die Schuhe berühren im Sekundentakt den Boden, ganz langsam kommt man voran und doch nicht so langsam wie man denkt. Kilometer um Kilometer ringen wir dem Weg ab. Unerbittlich, immer vorwärts, immer vorwärts, kein Schmerz hindert uns daran, keine Unlust, keine Verzagtheit, kein Berg, keine Senke, kein Asphalt, kein Felsen noch Schotter. Wir sind darauf getrimmt diesen Weg zu gehen, ihn weiter zu gehen, darauf abgerichtet, nicht Halt zu machen, immer weiter zu laufen bis ans Ziel. Und der Weg wird uns dorthin führen, wenn wir ihm artig folgen, weiter unsere Füße anheben, sie nach vorne bewegen im rhythmischen Takt, unseren Geist bezwingen, unsere Trägheit und Laufmüdigkeit. Dann werden wir dort ankommen, wo wir ankommen wollen. Ja, das werden wir.

Wir erreichen Laredo, sehen auf seine markanten Dächer herab. Alles sieht einzigartig aus von hier oben. Noch sind wir nicht ganz da, müssen wir weiter gehen.

Aber wir bleiben zunächst einmal auf dieser Anhöhe stehen. Verneigen uns vor diesem unübertrefflichen, nicht zu beschreibenden Naturschauspiel von Panorama. Dieser ausschweifende, uferlose, geradezu fantastische Ausblick. Fast sieht diese Welt irreal aus. Als würde man auf ein überdimensional großes Kunstgemälde schauen. Vom größten Künstler seiner Zeit in jahrelanger mühevoller Kleinarbeit kreiert und gemalt. Ein Unikat im ganz besonderen Sinne. In der Ferne sieht man Santoňa, das Meer, überall das Meer, azurblaues Meer mit grünlichen Lichtreflexen, graue Felsen, dazwischen Land, Inselstreifen, die wuchtigen Berge auf der anderen Seite. Die Krone der Schöpfung diese Landschaft. Niemand kann sich so etwas ausdenken. *Es ist vollbracht*, würde Gott jetzt sagen.

Blick auf Laredo

Wir sind völlig beeindruckt, absolut begeistert. Bernd schießt Fotos um Fotos. Eine wirklich traumhafte, nein, atemberaubende, bezaubernde Impression von hier oben. Diese Etappe hat sich gelohnt. All die bisherigen Mühen. So etwas sieht man nicht alle Tage. Ich wiederhole mich gerne: Dieses tolle grünliche Blau des Meeres, eine Farbe, wie man sie nicht erfinden kann, seine beruhigenden Schaumkronenwellen, dies Ambiente einer verlockenden Landschaft, die Ausstrahlung, ihre alles überdauernde Anziehungskraft. Ohne jegliches Verfallsdatum. Schon wird man ruhiger, gelassener, freundlicher, entgegenkommender, geduldiger, glücklicher, entspannter.
Dieser Landschaftstypus verändert das Wesen nachhaltig positiv. Alle Gereiztheit verfliegt urplötzlich. Was gibt es zu klagen? Nichts gibt es zu jammern. Lebensfreude ist angesagt. Meer und Berge, Berge und Meer. Mein Gott, wie im Paradies.
Und genau dort sind wir jetzt angelangt.
Nur schwer können wir uns von unserem Beobachtungsposten trennen. Wir lassen uns Zeit. Stehen, schauen, nehmen auf, erkennen. Losgelöst von allem, stehen wir zu zweit. Wir schauen uns an und verstehen. Aber es ist schon spät. Wir müssen weiter, wir müssen ankommen, Quartier finden, dann das Übliche, bevor wir essen gehen.
Wir laufen durch die Altstadt, enge Gassen mit Kopfsteinpflaster wechseln sich ab, ziehen sich wie ein langer Schlauch hindurch. Dann gelangen wir in die etwas kältere, betonhafte Vorstadt, und der Blick trübt sich ein wenig.
Laredo erweckt bei näherer Sicht den Eindruck einer Satellitenstadt. Häuserblocks stehen neben Häuserblocks. Alles ist schnurgerade angeordnet. Wie an einem Faden gezogen. Eine fast künstlich anmutende Stadt mit geraden Straßen, Querstraßen, dann wieder geraden Straßen und Querstraßen baut sich vor unseren Augen auf, wie auf dem Schachbrett entworfen.
Wir laufen zur Promenade Richtung Meer. Hinter ihr das blühende Treiben des Strandlebens. Menschen neben Menschen. Ein toller, langgezogener Strand.
Hier finden wir nichts. Keine Pension. Wir gehen wieder zwei Straßen zurück. Suchen weiter nach Hotels, Hostals, Pensionen. Immer noch keine Pension in Sicht. Also Hotel oder Hostal. Wir finden zwei Hotels. Aber viel zu teuer für unsere bescheidenen Geldbeutel. Das sehen wir nicht ein. Wir werden nicht fündig. Auf zur nächsten strandnäheren Straße. Hier das gleiche Szenario. Wir suchen und suchen. Erfolglos.

Verärgert, müde und ausgezehrt trotten wir dahin.
Schließlich fragen wir einen Taxifahrer. Er schüttelt den Kopf. *Santoña* hören wir ihn nur sagen. Und er zeigt in die Richtung immer nach Westen.
Bernd und ich sind hungrig und durstig. Unser kümmerlicher Rest von Wasser fast heiß, also ungenießbar. Wir waren den ganzen Tag unterwegs. Es ist spät. Unsere Füße sind platt, die Köpfe auch.
Wir entschließen uns kurz entschlossen, auf der Promenade in die uns angegebene Richtung zu laufen und dem Zufall wieder Tür und Tor zu öffnen.
Auf der Promenade herrscht reges Treiben. Wir laufen und laufen und laufen. Bestimmt zwei bis drei Kilometer. Aber gefühlte zehn. Wir sind schon viel zu lange unterwegs. Unser Intellekt kann keinen Ballast mehr abwerfen, unwirsche Gedanken, die uns schaden, uns belasten, wir können uns nicht mehr abreagieren, uns nicht aus dieser unseligen Quarantäne befreien, wir bleiben Laufgefangene, deren Beine und Füße inzwischen von einem unbekannten Wesen gesteuert werden. Wir selbst sind es jedenfalls nicht. Jegliches Ventil in uns ist verstopft. Alles bläht sich, nichts dringt mehr in die Außenwelt, um sich aufzubröseln, aufzulösen, diesem Spuk ein Ende zu bereiten. Der innerliche Druck ist immens.

„Mei Füß sinn all."

„Unn meine erscht", entgegne ich phlegmatisch. Es ist eine Replik des Körpers, nicht des Geistes. Mein Denken hat sich verkapselt. Ich laufe durch die Hitze des Spätsommerabends fast apathisch wie über den Sternen.

„Mir gehn zu de Fähre."

„Was ferr ne Fähre?", frage ich. Okay, war nicht besonders klug diese Frage. Zugegeben. Aber ich habe mich mit dem Reiseführer, generell mit dem Weg nicht so beschäftigt oder auseinander gesetzt. Das ist dieses Mal Bernds Part. Und das macht er bis jetzt auch ganz ordentlich, wie ich respektvoll finde.

„Was ferr ne Fähre", spöttelt Bernd mir nach, „du bischt werklich e Schwachschtecker. Mir müsse doch iwwersetze. Wehscht de das nett?"
„Iss jo schunn gutt mei mittelgroßer Wannerführer."

Das letzte Mal war ich sein *großer Wannerführer*. Nun ist er mein *mittelgroßer Wannerführer*. Alles andere wäre gelogen, grinse ich ihn amüsierter als frech, schelmisch auf seine Größe zielend, an.

„Komm endlich, Labersack."

„Das duht jetzt awer richdisch weh."

„Es muss emol weh duhn", eilt er mit hochrotem Kopf voraus. Auch er ist müde und fix und alle. Der Lauffrust, die Laufunlust schlägt auch bei ihm jetzt voll durch. Ankommen ist dringend angesagt. Und zwar möglichst bald. Bevor wir uns weiter verbal attackieren oder gar verprügeln. Wir wissen nicht, bis zu welchem Zeitpunkt die Fähre abends übersetzt. Es ist schon fast 19:00 Uhr. Diesbezüglich machen wir uns ernsthafte Sorgen. Aber wir haben wie immer Glück. Die Fähre kommt an, als wäre sie extra für uns bestellt und wir setzen unproblematisch über. Vielleicht 200 Meter bis zum anderen Ufer. Vielleicht auch ein wenig mehr oder weniger. Schwer abzuschätzen. Hauptsache, wir sind da.

Ich lese im Reiseführer, das Karl V. nach seiner fast vierzigjährigen Herrschaft am 28.September 1556 im Hafen von Laredo anlegte, um sich zu seiner letzten Reise ins Kloster Yuste in Zentralspanien zu begeben, wo er sich zur Ruhe setzte und zwei Jahre später verstarb.

Santoña ist ein herrliches Städtchen mit langgezogener Promenade und einer schönen, engen, kuscheligen Altstadt. Viele kleine Gässchen schlängeln sich durch die Kopfsteinpflasterfußgängerfiestazone, alles sehr lebendig. Himmel, Menschen und Lärm.

Wir laufen unserem Instinkt nach und gelangen direkt in eine Bar. Bevor wir jedoch eintreten, bemerken wir, dass diese Bar auch *Habitaciónes dobles* anbietet. Das heißt, hier werden auch Doppelzimmer vermietet.

Wir gehen hinein und stehen vor einem Barkeeper, der uns hinter seiner breiten Brille anmaßend geringschätzt. Na gut, wir wirken irgendwie gerädert, wie zwei verschwitzte Halunken, die dem Scharfrichter und dessen Beil gerade noch mit knapper Mühe entkommen sind.

Mit Hut, Bart und Sonnenbrille sehen wir bestimmt weder attraktiv noch

Überfahrt nach Santoña

appetitlich, noch gewinnend aus. Eher wie zwei Clochards, die um Geld betteln, um ihr Überleben zu sichern; in diesem Falle weniger dramatisch um eine kostengünstige Unterkunft. Wir müssen kleinere Brötchen backen und fragen tapfer, fast devot, diebisch nach einem Doppelzimmer.

„Si, si", kommt die launische Antwort des Barkeepers, der uns immer noch von Kopf bis Fuß skeptisch mustert.
Aber wir sind doch Pilger, höre ich mich fast erbärmlich im Stillen verteidigen. Wir können doch nicht im Festanzug hier erscheinen. Das können wir doch nicht. Außerdem wäre es unpraktisch. Und den Rucksack brauchen wir doch auch. Und die stinkenden Wanderschuhe und den Hut, der wie eine zerknitterte Tüte aussieht, und den Stock und...

Der Barkeeper lächelt jetzt verständnisvoll, als hätte er meine Gedanken erraten. Er hat ein Einsehen. Meine innere Kraft war wohl überzeugend, geradezu ausschlaggebend. Er verlangt unsere Pässe. Wir geben sie ihm konziliant. Schauen ein wenig unter uns. Er soll sich ruhig überlegen fühlen. Macht gibt den allermeisten Menschen größeren Spielraum. Großmut und Großzügigkeit werden in diesen Fällen sensibilisiert. Aus einer erhöhten Position, aus einem Gefühl der Stärke

heraus kann man sich Menschlichkeit gegenüber vermeintlich Geringeren durchaus einmal leisten.
Das gönnt er uns. In seiner Hochtrabenheit. Und das gönnen wir ihm, in unserer Cleverness und selbstsüchtigen Angepasstheit. Unser Opportunismus ist durch nichts zu überbieten. Soll er uns ruhig kraftstrotzend in eine Schublade stecken, uns meiden, als hätten wir die Pest oder andere ansteckende Krankheiten. Hauptsache, wir haben heute Nacht ein Dach über dem Kopf.
Wir überreichen ihm auch die Pilgerpässe. Er teilt uns jetzt immer noch geringschätzend mit, bevor er sich für längere Zeit in ein kleines Büro neben der Bar zurückzieht, dass wir im Voraus zahlen müssen.
Wir trinken beide eine Cola, während er verschwunden ist. Wir sind durstig, verschwitzt, dreckig und müde. Es dauert in der Tat eine kleine Ewigkeit, ehe der Barkeeper sich wieder aus seinem Hinterzimmer traut und uns zwei Halunken die Pässe reicht.
War er zwischenzeitlich am Meer schwimmen? Oder hat er sich von den Einwohnermeldeämtern unserer saarländischen Heimatgemeinden die Identität und die Adressen der vor ihm stehenden Pilger bestätigen lassen? Jedenfalls haben wir schon gar nicht mehr daran geglaubt, dass er sich noch einmal zu uns bequemt. Wir dachten, der hat sein Heil in der Flucht gesucht, um Verstärkung zu holen und uns aus der Bar heraus zu komplimentieren.
30 Euro zahlen wir für die Unterkunft. Einverstanden. Uns mittlerweile völlig gleichgültig. Keine Lust mehr zum Suchen noch Kraft zum Feilschen. Wir sind in der Tat ausgelaugt, wollen endlich aus den dreckigen Klamotten, die irgendwie nach Mottengift riechen. Der Barkeeper drückt erst jetzt, in unserem Dabeisein, die Stempel auf die Pilgerpässe, versieht sie mit Datum, wir stecken sie ein, ich trinke noch eine Cola, bezahle für uns beide, dann gibt er ein kurzes, brummiges, stilles, aber keinen Widerspruch zulassendes Zeichen zum Mitkommen.

„Bin emol geschpannt, in weller Reiwerbud der do Gängschter uns jetzt unnerbringt."

„Ich hann gemennt, mir schlofe do irschendwo in demm Gebäude iwwer de Bar."

„Wenne intressiert schunn, was du mennscht", grinst Bernd mich an, „du wehscht jo, menne hehscht nett wisse. Klaro?"

Wir folgen dem *Seňor*, der seine Bar hinter uns abschließt, laufen einige Meter. Er geht schnell voraus. Nicht allzu weit betritt er dann ein Eckhaus im Altstadtbereich, öffnet die Tür, wir gehen eine Etage nach oben, er öffnet eine weitere Tür, wir durchqueren einen kleinen Flur, dann erst stehen wir vor unserer Wohnungstür. Alles prima. Das Zimmer ist völlig sauber. Das Bad auch. Macht einen guten Eindruck. Vielleicht etwas zu klein, aber Quatsch mit Soße, es ist groß genug für uns. Wir sind zufrieden. Nur keinen Verdruss aufkommen lassen. Nicht aus jeder Mücke einen Elefanten machen. Ein sauberes Bad ist mir das Geld heute allemal wert. Und Bernd bestimmt auch.
Dann das übliche Ritual: Zähne putzen, duschen (ich dusche immer zuerst, weil Bernd aus alter Gewohnheit, kurz: Gewohnheitsrecht, stets ein Bett am Fenster für sich beansprucht), während dessen meine verschwitzten Funktionssachen im mit Seifenwasser vollgefüllten Waschbecken einweichen, schließlich Dusche verlassen, abtrocknen, mit den Händen wegen fehlender Bürste gefühlvoll durch die Haare streichen, sie so richtig in Schwung bringen, damit sich die Locken für den späteren Ausgang cool legen, dann Unterhose an, Wäsche gründlich mit den Händen im Becken schrubben, gegeneinander reiben, mehrmals ausdrehen, irgendwo aufhängen, wo sie eine Chance haben, über Nacht zu trocknen, mit dem müden Körper sich aufs Bett bequemen, Füße einreiben, Tabletten nehmen, Tagebuch schreiben, ein wenig ruhen und ankleiden.
Dann ist Bernd mit derselben Vorgehensweise an der Reihe. Das ist mittlerweile gründlich einstudiert und höhere Mathematik. Er schreibt kein Tagebuch, das ist alles, was ihn von dem Üblichen unterscheidet, dafür steckt er sich in dieser Zeit genüsslich seine Zigarette an und plant die Etappe für den nächsten Tag.
Unsere Funktionsklamotten hängen jetzt irgendwie an Kleiderhaken ums Fenster herum, teils an der Vorhangstange, teils über der Heizung, ein Stuhl steht davor mit nasser Unterwäsche und Strümpfen.
Wir sind ausgehbereit. Es zieht uns in die Altstadt, uns ist zum Feiern zu Mute nach den bisherigen Strapazen von sieben Etappen.
Bis hierhin haben wir 163 Kilometer hinter uns.
Gar nicht mal so schlecht, Herr Specht.
In der Stadt wieder starkes Treiben. Ein Menschenmeer. *Seňoras, Seňoritas, Seňores*. Fiesta. Sternenmeerstimmung. All dies im Zusammenspiel kommt mir wie Geburtstag, Kirmes, Hochzeit und Taufe an einem Tag vor.

Wir essen Lasagne und Pizza. Die Lasagne ist nicht schlecht, habe aber schon bessere gegessen. Bin wenigstens satt.

Dann die halbe Nacht unterwegs. Wir beobachten fasziniert die Geselligkeit der Leute, ihre Umtriebigkeit, ihre Geschäftigkeit, Väter, Mütter und Kinder, Omas und Opas, Hund und Katze, alle sind sie unterwegs, aber es gibt keine Hektik, keinen Stress, nicht die geringste Aggressivität ist zu spüren. Auch die Jugendlichen verhalten sich absolut moderat und angepasst. Niemand schießt über das Ziel hinaus. Es herrscht eine allgemein friedliche, lustig beseelte Stimmung, wie man sie nicht immer in deutschen Städten antrifft.
Bisher, das fällt mir jetzt gerade auf, habe ich noch keinen einzigen schreienden, besoffenen, ausgeflippten, aggressiven Jugendlichen gesehen.
Nach dem Essen besprechen wir die Lage.

„Mir könne iwwermorje schlecht nur dreizeh Kilometer gehn", sagt Bernd.

„Wieso dreizeh Kilometer?"

„Ei, wemmer morje in Gemüs ankomme sinns bis Santander genau dreizeh Kilometer. Das bringts nett ferr e ganzie Etappe. Glab mers."

„Du mennscht Güemes", versuche ich ihn zu unterminieren.

„Nee, Gemüs", grinst Bernd, „unn wemmer iwwermorje die unneetisch Schtreck lafe, komme mer nie off unsere sechshunnert Kilometer."

„Pro Woch müsse mer hunnertzwanzisch schaffe. Do simmer sogar bis jetzt im Plus."

„Willscht de in irschend ennem Rattenescht schlofe? Mir wolle a emol dort hin, wo was los iss."

„Ei, iwwerall wo mer ware, war was los. Mir ware mitte drin. Hammer uns bis heit jemols gelangweilt?"

„Nee, awer ich hann morje trotzdem kenn Luscht off e Nescht."

„Du hascht nie Luscht off e Nescht."

„Du dann, du Doofkopp?"

„Kenn Beleidischunge."

„Was ferr Beleidischunge? Hann ich was Falsches gesaht?"

„Do müsse mer halt noch emol fahre", ignoriere ich tapfer die Spitze.

„Ich guck emol."

„Oh je."

„Do mach doch du das, wennsches besser kannscht. Du kümmerscht dich doch um gar nix. Lascht dich de ganze Da bediene. Wie dehemm."

„Du bischt jo a immer debei. Du muschts jo wisse."

„Ich weses doch vom Moni."

„Lass mich emol hemmkomme. Do kriets Salz, das kannscht de glawe."

„Ehr fließt die Saar durch Biesinge."

„Schunn gutt, mei mittelgroßer Wannerführer, wenn de Balawer suchscht, bei mir finscht ne nett."

„Unn bei mir nett gleich. Mir sinn ewe friedliche Leit. Do hammer jo nochmol Glück gehad", lacht Bernd in sich hinein.

Und schon steckt er sich wieder eine Kippe in den Mund.

Ja, ja, das Wandern macht manchmal durchaus nervös. Vor allem die stete Suche nach Schlafmöglichkeiten am Ende einer anstrengenden Etappe. Innere Einkehr jedenfalls haben wir bisher noch nicht gefunden.

Später fassen wir folgenden Entschluss: Wir fahren morgen mit dem

Bus nach Santander und legen einen Ruhetag ein. Schadet uns nicht. Schadet uns wirklich nicht. Nachdem wir diese liberale und weltoffene Entscheidung getroffen haben, gibt es für uns kein Halten mehr. Wir trinken und feiern und feiern und trinken. Genau in dieser Reihenfolge. In der Tat, wir sind in dieser Beziehung ganz und gar Spanier geworden. Wir sind zwei von ihnen. Dies stellen wir bewegt fest und reihen uns munter in die Massen ein.
Alle Spanier lächeln uns zu. Ja, sie lächeln uns zu. Und später schließen wir die Tür ab, und es ist Ruh.

Gute Nacht, *Camino*.

Müder Pilger

26. August 2010

Um 12:00 Uhr fahren wir mit dem Bus nach Santander. Eine Stunde später kommen wir dort an. Wir sind kaum ausgestiegen, spricht uns ein älterer *Seňor* an.

„Habitacióne doble?“

„Hola!“, grüßen wir ihn, *„Si, si. Pension.“*

„Aquí“, zeigt er uns den Weg. Wir folgen ihm brav wie die Gänschen der Mutter. Er führt uns durch die halbe Stadt, immer voran schreitend. Allmählich werde ich ungeduldig. Und sage dies auch Bernd. Vielmehr flüstere ich es ihm zu.

„Der führt uns in sei Villa unn das koscht beschtimmt e Schweinegeld“, oute ich mich als Bedenkenträger.

Bernd weist mich ab, schüttelt den Kopf. Abwarten und Tee trinken, soll das wohl heißen. Wir verstehen uns mittlerweile nach den vielen Etappen, die wir in mehreren Jahren schon gemeinsam absolviert haben, durch Gestik und Mimik. Wir brauchen uns nur anzusehen, und schon wissen wir, was der Andere denkt oder die Stunde geschlagen hat.
Na gut, mein mittelgroßer Wanderführer, ich folge dir, aber du trägst die Verantwortung, und wenn es in die Hose geht, bist du leicht als Schuldiger auszumachen, amüsiere ich mich im Stillen ein wenig albern und spielerisch.
Aber es geht nicht in die Hose.
Wusste ich doch!
Der *Seňor* führt uns in seine Privatgemächer. Alles sehr ordentlich. Er vermietet ein leerstehendes Doppelzimmer für 25 Euro. Daneben dürfen wir sein Privatbad benutzen, auch sauber und gepflegt. Zudem liegt seine Wohnung ganz in der Nähe der Fußgängerzone. Wunderbar zentral.

„Siehscht de. Alles iss gutt. Die Wohnung passt. Unn du wollscht wedder e Schnellschuss mache“, tadelt mich Bernd.

„Rehsch dich ab. Jeder kann emol Glück hann.“

Das Wetter zeigt sich heute von seiner bedeckten Seite. Ab und zu Sonne. 26 Grad. Jetzt ab zum Essen. *Menü del dia*. Linsensuppe, Hackfleisch, Eis. Erträglich.
Santander ist angenehm, aber keine typische spanische Stadt. Sie ist recht neu, weil sie 1941 von einem Tornado fast vollständig zerstört und wieder neu aufgebaut wurde.
Wenn ich manche spanische Stadt sehe, die wir durchwandern, denke ich, wenn es vielleicht auch etwas grob überzogen und anachronistisch klingt, Deutschland wurde im zweiten Weltkrieg fast vollständig zerstört, Spanien kaum. Deshalb hat Deutschland auch schlicht und ergreifend ein neueres Gesicht. Deutschland wurde wiederaufgebaut. Spanien ist hier und da ein altes, kastriertes Land, was seine Bausubstanz betrifft. Komisch, was einem für Gedanken kommen, wenn man den ganzen Tag zu Fuß unterwegs ist und sich nur mit sich selbst und dem Naheliegenden beschäftigt.

Jetzt aber ab zum Hafen. Wir unternehmen spontan eine Hafenrundfahrt. Toll das Meer, dieses Ambiente, das Großstadtflair. Wir sehen die Sandstrände Santanders, der Halbinsel Magdalenas, fahren eine Stunde auf See. Es geht uns gut, wir fühlen uns wohl.
Beschwingt wieder zurück in die Innenstadt. Eine Bar. Dann eine andere Bar. In der Toilette putze ich mir meine nassen Hände an meiner Hose ab zwecks Ermangelung von Papier oder Fön. Ein Spanier sieht das und lacht mich aus.
Bin ich nun kreativ, weil ich etwas Fantasie entwickelt habe oder nur ein abgestumpfter wüster Wanderknabe, der sich an keine Sitten und Regeln mehr hält?
Wir schlendern durch die Fußgängerzone. Mein Rücken schmerzt seit der letzten Etappe enorm. Ich überlege, in ein Hospital zu gehen zwecks Spritze, komme aber wieder von dem Gedanken ab. Ich versuche, so weiter zu machen und durchzukommen.
Auf der Straße begegnet uns ein laut singender *Seňor*, der offensichtlich nicht betrunken ist, sondern seine Lieder nur voller Lebensfreude und Übermut vor sich hin trällert. Er lässt sich durch nichts aus dem Konzept bringen, wird aber auch, so weit ich es verfolgen kann, von niemandem angemacht noch ermahnt. Er ist ein glücklicher, zufriedener Mann, der laut vor sich hin singen kann.
Wann bin ich eigentlich das letzte Mal singend und glücklich durch die Straßen einer Stadt flaniert? Dies war schon der Fall, ich weiß es.

Aber es ist lange her. Sehr lange. Zu lange. Die Grenzen in mir haben sich verschoben. Sie sind fließend geworden, verschwimmen manchmal vor meinen Augen. Und ich fühle mich wie gefesselt.

Tabus und Skrupel nehmen eine zu starke Position meiner manchmal dann nur noch schwer wahrnehmbaren Persönlichkeit ein. Rücksichten und Verzichte tun ihr Übriges. Es sind diese Verknotungen, die man kaum lösen kann. In meinem Alter schon gar nicht. Da hört vieles plötzlich auf. Und wenig Neues beginnt. Man läuft mit immer weniger Energie dem Lebensabend entgegen. Die Höhepunkte, das gewisse Kribbeln der Jugend gehen nach und nach verloren, ein schleichender, trotzdem schmerzhafter Prozess, als ob die Haustür verschlossen worden wäre und der Schlüssel abhanden gekommen ist.

Segelschiff im Hafen von Santander

Hör auf zu jammern, meldet sich meine innere Stimme, *sei froh, dass es dir so gut geht. Du hast eine gesunde Familie, ein Haus, Arbeit und Brot. Was willst du mehr? Schau dich in der Welt um. Schweig also und sei zufrieden.*

Eine Bettlerin bittet um eine kleine Gabe. Sie kommt mit großer Würde daher, schmeichelt sich nicht ein, setzt nicht diesen säuerlichen,

kummervollen, Mitleid erregenden Blick auf, der einen manchmal abstößt und das Gegenteil bewirkt. Sie trägt kein handgeschriebenes Manifest bei sich, das sie wie angewachsen in ihren Händen hält, sie ist einfach nur arm, was man auch an ihren abgegriffenen, allerdings sauberen Kleidern erkennt, die stolz getragen werden.
Bernd und ich geben Geld.
Und wenn sie uns über den Tisch gezogen hat, dann geht es eben mit ihr heim. Wir beide werden von der kleinen Spende gewiss nicht ärmer. So ist eben der *Camino*. Kontrastreich, verwunderlich, irreführend, nie langweilig, auch in der größten Einöde nicht und manchmal wüst, makaber und sonderbar.

Heute ist Ruhetag. Ein angenehmer Tag. Ein Tag des Herumgammelns. Zwar nicht der Tag des Herrn. Aber wir haben ihn bitter nötig. Und machen ihn gerade deswegen zum Tag des Herrn. Wir haben schließlich Urlaub und den machen wir jetzt auch.

Habe übrigens eine SMS von einem lieben Fußballkollegen der Mittwochstechnikertruppe erhalten. Otmar schreibt: „Du fehlst zum Kicken in der Halle und in der Woche beim Boulen."

Danke, das tut gut.

„Ich hann ewe noch Kolleesche", fotzele ich Richtung Bernd.

„Der wollt dich nur vearsche."

„Im Lewe nett. Der war Polizischt in de Palz. Der wes von wasser schwätzt."

„Das do häscht de besser nett gesaht. E Saarlänner, der freiwillisch in de Palz Polizischt iss. Jetzt veschteh ich alles."

Das Tagebuch ist immer dabei

Ehrendenkmal des Pedro Velarde in Santander

27. August 2010

8. Etappe Santander – Barreda 30 Kilometer

Der Himmel ist bewölkt. 26 Grad. Sehr windig. Erfrischend.
In einer Bar Frühstück. Dann los.
Wir laufen lange nur Asphalt. Eine wenig attraktive Strecke. Wir kommen an Häusern vorbei, die alle gleich aussehen. Ein Satellitenort. Häuser mit roten Fassaden, dunklen Dächern. Eigentümlich. Unisono. Schrill. Bizarr. Einer willkürlichen Ordnung gehorchend. In die Landschaft platziert. Synchronismus und Akkuratesse, die da einfach nicht hingehören.

„Do derf mer awer nett besoff sinn."

„Warum?", frage ich, obwohl ich es im selben Moment weiß. Es war ein Reflex, der zu einem Fragewort mutierte, das ich nicht mehr rechtzeitig zurücknehmen konnte.

„Do finscht de doch dei eichenes Haus nimmeh."

Was wahr ist, ist wahr.
Wir trotten monoton, fast lethargisch vor uns hin. Jeder hängt seinen Gedanken nach. Wir schweigen jetzt. Innere Einkehr? Wohl kaum. Jedenfalls nicht bei mir. Der Rücken meldet sich immer wieder. Der nicht verheilte Hexenschuss. Mein Problem. Nicht gerade angenehm mit solchen Beschwerden zu laufen. Wirklich nicht. Gehe mit gesenktem Haupt, meistens vor Bernd. Wenn ich neben ihm gehe, fange ich wohl zu jammern an. Das erspare ich ihm und mir. Also voraus. Immer voraus. Den Blick nach vorne gerichtet. Ihn durch nichts verstellen oder in Schieflage geraten lassen. Nichts denken, nichts fühlen, ignorieren, immer den nächsten Schritt im Visier, daran glauben, fest daran glauben anzukommen, ganz gleich wo, Hauptsache ankommen.
Der Weg verläuft zeitweise entlang einer Bahnlinie in Richtung Mogro. In der Ferne das Geräusch eines Zuges.

„Hall dich fescht!", schreit Bernd.

Der Zug rauscht polternd mit ungeheurem Luftdruck an uns vorüber. Wir stehen auf einer Brücke, halten uns verkrampft am Geländer fest.

Dieser ungeheure Sog, der uns fast auf die bedenklich nahen Schienen zieht. Ich spüre die grobe, wuchtige, ausufernde, erschütternde, omnipotente Kraft dieser Gleismaschine. Benommenheit steigt in mir hoch, Beklemmung und Respekt vor dieser strotzenden Macht und Energie. Wie kann man sich nur vor solch einen schlangenhaften, laut schreienden, rasenden Unhold schmeißen? Was geht in solchen Menschen vor? Und gerade Enke, dieser Erfolgsmensch, beliebter Torhüter der Nationalmannschaft. Mich überkommt das kalte Grausen, meine Nerven liegen blank, ich muss weg hier, weg von diesen Gleisen.
Es ist eine Abkürzung, eine Empfehlung des Autors unseres oftmals ungerühmten Reiseführers.
Wenn noch ein Zug kommt, drehe ich am Rad. Also ab durch die Mitte, schneller werden, nicht stolpern, ja nicht stolpern.
Es kommt kein Zug mehr.

„War das e Schtück Vieh“, beschwert sich Bernd.

„Der hätt uns beinah umgemacht.“

„Do kriecht de kenn Luft meh.“

„Der iss ganz knapp an deim dicke Bierbauch vorbei gefahr. Ich hann schunn Angscht gehad, de Sog reißt dich mit.“

„Doppelter Footzer.“

Da ich ja nun weiß, was er darunter versteht, frage ich nicht nach.
Wir haben die Gleise überquert und sitzen jetzt am Bahnhof von Mogro. Er ist leer und verlassen. Das Haus seit Jahren nicht mehr belebt. So sieht es auch aus. Es wurde einfach der Zeit geopfert wie so viele Bahnhöfe in Spanien.
Ich sitze auf einer Bank. Trinke Wasser, welches um diese Tageszeit bereits warm ist. Aber warmes Wasser ist immer noch tausendmal besser als gar kein Wasser. Wasser hat gerade auf einem Pilgerweg eine außerordentliche, unverzichtbare, herausragende Bedeutung. Ohne Wasser bist du schnell am Ende, wenn du stundenlang völlig allein gelassen einen Pfad entlangläufst, ohne einer Menschenseele gewahr zu werden, geschweige denn ein Haus oder ein kleines Dörfchen zu sehen. Warmes Wasser kann besser schmecken als kaltes Bier oder

eisgekühlter Sekt. Warmes Wasser bedeutet Leben auf den täglichen Wanderungen. Warmes Wasser sorgt für Energie, Belebung des Körpers, man dehydriert, hyperventiliert nicht, behält seine Sinne zusammen. Warmes Wasser ist Gold wert. Warmes Wasser ist das reine Gold. Ich habe es in den Bergen erfahren. Ich trank und trank. Und ich wäre durchgedreht, wenn ich kein warmes Wasser dabei gehabt hätte.

Was auffällt: Auch bei dieser Wanderung sieht man an jeder Häuserecke Hunde, manchmal mehrere, die an kurzen Leinen gehalten werden und sich wohl deshalb so aggressiv verhalten. Es sind pure Wachhunde, und sie führen in der Tat ein Hundeleben ohne jede Beachtung und Zuneigung ihrer Besitzer.
Immer wieder sehen wir kleine Eidechsen, die mit schnellen Reflexen die Straße überqueren.
Und Kühe, welche gelbe Markierungen an den Ohren tragen, die mit etwas Fantasie wie gelbe Pfeile aussehen.
Die Markierung einer Kuh, die ganz nah am Zaun steht und uns gleichmütig beobachtet, zeigt zufällig in die richtige Richtung.

Ich sage zu Bernd: „Wenn die Kuh sich jetzt umdreht, lafe alle Pilscher in die falsch Richdung.“

Daraufhin herzhaftes Gelächter. Wir können uns so schnell nicht mehr beruhigen. Tut gut, ungeheuer gut.
In der zweiten Hälfte dieser Etappe genießen wir auf einem wunderschönen Höhenweg einen malerischen Meeresblick. Ein stiller, sanfter Ozean bis zum fernen Horizont. Wie eine Blumenwiese so zahm. Farbenspiele der Sonne. Wir sind verzückt von diesen Eindrücken, der Wirklichkeit momentan ganz und gar entrückt. Das Meer – eine Oase des Glücks inmitten der kleinen Erde als Teil eines übermächtigen Universums. Bernd schießt wie betäubt einige Bilder. Fasziniert bleiben wir eine Weile stehen, beobachten und sehen und hören in uns hinein.

Aber wir müssen weiter. Wir müssen ankommen. Wir sind Marionetten, werden geschoben, geleitet, von wem auch immer.
Schließlich finden wir ein Restaurant. Vorne ist eine Bar, dahinter ein kleiner Nebenraum. Es gibt *menú del día* für 8,50 Euro. Recht gut. Die hübsche *Seňora*, welche uns bedient, hat Charme, eine gute Figur und wenig Zähne im Mund, weshalb ihr ständiges Lachen mit den Gästen

ihrem angenehmen Gesicht bei näherem Hinsehen doch ein wenig den Reiz nimmt.
Wir laufen jetzt einen langgezogenen, nicht mehr enden wollenden Weg, der teils an einer Gaspipeline entlang führt. Der Boden ist hart, aber wir laufen und laufen. Ein schneller Trab. Wir sind jetzt ganz in unserem Element. Auf einem sportlichen Höhenflug. Ein Schritt nach vorne, dann folgt der nächste. Und so weiter. Automatisierung ist angesagt. Ja nicht mürbe machen lassen.
Schritt nach vorne, dann der nächste.
Zwang, Besessenheit, Wahn, Wille?
Aber es ist mir keine Überlegung wert. Wir müssen voran. Stück für Stück, Meter um Meter, Kilometer um Kilometer. Verrückte, die in ihr Verderben rennen, Wanderer, die ihre Form suchen oder Pilger, die ihr Glück finden?
Wer weiß es? Ich weiß es nicht.
Bernds Teint ist vollkommen braun, sein Bart weiß, der Schweiß rinnt ihm den Nacken hinunter, läuft über seine Wangen, die Brille schlägt an, er sieht nichts mehr. Zieht die Brille aus, trocknet sie an meinem Hemd, weil sein Hemd zu nass ist. Alles ist ganz selbstverständlich, geschieht ohne große Worte. Wir passen aufeinander auf, hören in uns hinein, sind wachsam, aufmerksam, geben Kommandos. *In den Schatten! Straßenseite wechseln! Hut ab zum Lüften! Achtung rutschiger Boden!* Und so weiter. Je nach Beschaffenheit der Örtlichkeit und des Weges.
Der Weg zieht sich kerzengerade, hört nicht mehr auf. Wir gehen jetzt ein noch schnelleres Tempo. Irgendwie werden wir getrieben, angetrieben von wem auch immer. Wir funktionieren wie ein Uhrwerk, verfolgen den Weg, sind ihm auf den Fersen, ohne ihn allerdings je überholen zu können. Aber wir bieten ihm Paroli. Bleiben auf seiner Spur. Wir lassen uns nicht mehr abhängen. Wir sind seine dauerhaften Begleiter bis Santiago.
Schließlich kommen wir in Barreda an, wollen aber gleich weiter bis nach Santillana del Mar.
Also, mein lieber Wanderfreund, 30 Kilometer haben wir bis hierhin ja erst hinter uns gebracht, sei also tapfer, nur noch sieben Kilometer und schon sind wir am Ziel unserer Wünsche. Das schaffen wir. Heute ist ein guter Wandertag. Und wir sind spitze. Wir packen das. Wir sind stolze Wanderer. Pilger sind wir nicht und vielleicht wollen wir es auch gar nicht sein. Denn wir sind keine Herbergspilgerbrüder. Nein, das werden wir

uns nicht mehr antun. Außerdem würden wir dann den jungen Pilgern, die sich wirklich keine Pension leisten können, die Plätze wegnehmen. Gut, vielleicht ist dieses Argument auch nur eine billige Ausrede, ein Beruhigungsmittel, eine Valiumtablette für das leicht lädierte Nervenkostüm. Trotzdem, ich bleibe dabei. Wir brauchen das wirklich nicht mehr, müssen auch nicht wie die meisten Pilger in den Herbergen speisen. Sie kommen an, begeben sich dann mit letzter Kraft, schweren Füßen und gebeugtem Rücken in den Supermarkt, falls vorhanden, laufen tapfer wieder zurück zur Herberge, essen *pan* mit Schinken, Salami oder Käse, trinken lauwarmes *aqua* und legen sich früh wieder in ihr sauberes Herbergsbettchen, husten und schnarchen und furzen, um am nächsten Tag noch bei Dunkelheit wieder aufzubrechen. Dabei packen sie mit Stirnlicht ihren Rucksack und wecken alle anderen Pilger auf.
Was braucht der Mensch mehr zum Glücklichsein?
Nein, danke, lieber Pilger, ich verzeihe dir alles, ich verzeihe dir auch, dass du dir nichts gönnst, nicht einmal eine warme Speise am Abend oder gepflegten Gerstensaft, verzeih du uns bitte aber auch, dass wir mittlerweile anders denken.
Pilgerurlaub ist für uns beide auch ein wenig Urlaub neben all den Strapazen des Wanderns, und wir lassen, was uns gefällt, generell nicht aus. So sind wir eben, und so werden wir immer sein. Weil wir so sein wollen.
Unsere Einstellung taugt wohl nicht für eine Pilgerbestnote.
Ich schreibe einer Kollegin im Überdruss (oder war es Verdruss?) folgende SMS: „Wir sind die Besten, die Schönsten und die Größten!"

Eva schreibt kurz und schmerzlos zurück: „Stimmt!"

Ach, wie schön ist doch das Pilgerleben!

Der Himmel ist plötzlich stark bedeckt. Bernd äußert Bedenken bezüglich des Weiterlaufens. Ein Taxi steht zufällig ganz in der Nähe.

„Nee, komm die siwwe Kilometer schaffe mer jetzt a noch. Do wisse mer wennischtens, was mer geleischt hann."

„Off dei Verantwortung", gibt er lakonisch zurück.

Nach ungefähr einem knappen Kilometer sieht der Himmel bedrohlich

aus. Er zieht sich immer mehr zu. Dunkle graue Wolken zeigen ihre Dominanz. Und sie ziehen verdächtig langsam.
Wieder kommt uns der Zufall zu Hilfe. Wir sichten ein weiteres Taxi am Wegesrand und beschließen, uns die rechtlichen sieben Kilometer nach Santillana del Mar doch fahren zu lassen. Das Taxi kostet uns zusammen etwa acht Euro.
Wir durchqueren dieses alte, sehenswerte Städtchen mit seinem mittelalterlichen Ortsbild und seinen zahlreichen wappengeschmückten Adelspalästen. Und finden mitten im Zentrum eine Pension für 18 Euro pro Person. Alles okay soweit. Nur die Dusche ist zu klein. Als mir das Haarshampoo zu Boden fällt, muss ich in der Tat die Duschtür öffnen und einen Schritt hinaustreten, um es aufzuheben.
Na ja, solange es nichts Schlimmeres in einem Pilger- oder Wanderleben gibt.
Natürlich ist dies ein Aufhänger für mich. Als ich aus dem Bad komme, sage ich zu Bernd: „Dusche kannscht de heit leider nett."

Santillana del Mar das „spanische Rothenburg ob der Tauber"

„Wieso? Isses Wasser kalt? Do mach ich e Riesebalawer. Do hau ich jetzt grad mit de Sauboll erin. Mir scheißegal."

„Nee, es Wasser iss warm. Rehsch dich ab."

„Ei, woran hängts dann?“

„Die Dusch iss so eng, do pascht du mit deim dicke Wambe nett enin.“

„Schisser, raulicher, dreckischer, gefährlicher.“

„Was kann ich dann devor? Iss doch dei vebauter Körper. Unn nett meiner. Könnscht jo a so e tollie Figur hann wie ich.“

„Von was treemscht du dann nachts? Hascht wohl e Macke. Wo issen do was vebaut? Guck mich emol an. E Adonis iss nix degeje.“

Er wirft sich bei diesen Worten in Positur, reißt seine Arme wichtigtuerisch, formvollendet hoch. Ein grinsender Possenreißer.

„Besser guck ich nett“, zeige ich mich unbeeindruckt, „do kammer nämlich jeder Geschmacksnerv veliere.“

„Geschmack iss ewe nett jedermanns Sach.“

„Das sahn ich im Moni, dass ich kenn Geschmack hann. Do hascht de de letschte geloss.“

„Okay, ich nemms serück unn behaupt es Gejedeel.“

Was mich wirklich wundert: Bisher habe ich den Rucksack ziemlich gut im Griff. Vor drei Jahren wühlte ich ständig darin herum, habe gesucht und gesucht und selten etwas gefunden. Was ich benötigte, war immer so rucksacktief, dass ich alle Klamotten wieder herausnehmen musste. Dieses Mal geschieht das eher selten. Bin einigermaßen stolz auf mich. Meine Rucksackorganisation scheint zu funktionieren.
Gut gemacht, Wanderer. Mach so weiter! Und ignoriere deine Schmerzen! Werde ein Held und komme im Triumphzug in Santiago an! Aber für wen und warum? Und wer wird dort ankommen? Der Wanderer oder der Pilger? Und hat der Pilger nicht wenigstens eine weitere Chance verdient?
Bis hierher sind wir 193 Kilometer gewandert.

Nach Barreda

28. August 2010

9. Etappe Santillana del Mar – Comillas 25 Kilometer

Der Himmel ist stark bewölkt heute Morgen. 28 Grad. Im Laufe des Tages wird er blau und wolkenlos.
Wir haben immer wieder das Meer im Blick. Es ist einfach berauschend, genial. Ein guter Tag, ein angenehmer, anregender Weg zum Wandern. Seit drei Stunden sind wir unterwegs.

An einer alten Kirche irgendwo im Nirgendwo treffen wir einen Kölner, der hier Urlaub macht. Er spricht uns an. Seine Frau stammt aus diesem Ort mit Namen Cigveenza. Wir unterhalten uns lange. Die Beiden begleiten uns ein Stück des Weges. Dann biegen sie links ab zu ihrem Haus, und wir bleiben auf dem *Camino*.
Wir begegnen mehreren Pilgern, die alle jünger sind als wir. Was sage ich jünger, ich meine wesentlich jünger.
Später treffen wir polnische Pilgerinnen, die fließend Deutsch sprechen. Nett, die beiden Damen. Wir plaudern über die Etappe. Sie erklären uns, dass sie bis nach Portugal wollen. Sie hätten Zeit, sehr viel Zeit. Aber sie sind zu langsam für uns, besichtigen da, besichtigen dort. Nicht unsere Sache. Trennung ist angesagt. Wir wünschen ihnen einen *buen camino* und ziehen weiter.
Plötzlich spricht mich jemand an. Eine männliche Stimme. Ich höre sie laut und deutlich. Wer spricht da? Ich sehe niemanden. Außer Bernd läuft keiner neben mir. Und doch höre ich diese Stimme, die tatsächlich wie meine klingt.

„Siehst du die beiden Damen? Sie machen dir etwas vor. Sie lassen sich Zeit, hetzen nicht auf dem Jakobsweg. Und kommen doch irgendwann an. Sie haben ihre innere Ruhe bereits gefunden, die du noch suchst."

„Wer bist du? Was willst du von mir?", wehrt sich meine innere Stimme. Der Wanderer in mir erwacht. *„Ich laufe doch und klage nicht."*

„Hüte deine Zunge, bleib bei der Wahrheit und belüge dich nicht selbst! Das bringt dich nicht weiter. Und schon gar nicht bis nach Santiago."

„Was soll ich denn tun?“, fragt der Wanderer. *„Was muss ich unternehmen, um auf diesem Weg zu mir zu finden?“*

„Wenn du das jetzt noch nicht begriffen hast, gehst du den Camino umsonst. Du musst dich ernsthafter mit dir auseinandersetzen. Viele Fragen kannst du dir nur selbst beantworten. Stehl dich nicht aus der Verantwortung! Und erhebe dich nicht über andere Menschen. Geh demütig deines Weges.“

Der Pilger in mir redet Tacheles. Er schont mich nicht. Warum meldet er sich erst jetzt zu Wort? Nach so vielen Etappen. Und nicht schon vorher? Warum hat er mich nicht gewarnt und zur Besinnung ermahnt, wenn ich wieder einmal unzufrieden mit Gott und der Welt und mit mir selbst am Allermeisten war?

„Ich werde mich bemühen, deinen Weg zu gehen“, zeigt sich der Wanderer kleinlaut und devot.

„Du sollst nicht meinen Weg gehen. Wer verlangt das von dir? Finde deinen eigenen!“

Ich werde mich nun ernsthaft anstrengen. Der Pilger hat Recht. Er muss sich durchsetzen, und der Wanderer sollte irgendwann auf der Strecke bleiben.

Wir marschieren jetzt an einer breiten, langgezogenen mannshohen Mauer vorbei. Wenn ich auf Zehenspitzen laufe, sehe ich das Meer rechts. Immer wieder beruhigend dieser Anblick. Bernd, der ein ganzes Stück kleiner ist als ich, sieht leider nichts.

„Ich siehns Meer“, lästere ich, ihm nicht unbedingt Trost zusprechend. Ein kleiner verbaler Rundumschlag, ein moderater Angriffskrieg, damit wir nicht einschlafen und Langeweile uns dahinrafft.

„Wo dann? Wo isses? Ich riechs nett unn ich siehns nett.“

„Do hinner der chinesisch Mauer, mei mittelgroßer Wannerführer. Müscht ewe mei Mannsgröß hann, do würdscht de es Meer a siehn. Bischt awer leider e Schrumpfgermane.“

„Weichei-Hosescheißer-Jammer-Füßler.“

„Berschluhser.“

„Doppelter Footzer.“

Sticheleien sind jetzt angesagt. Tut ungeheuer gut. So geht es eine Weile, belebt uns, motiviert uns. Schließlich brechen wir wieder in Gelächter aus.
Ach, wie schön ist doch das Pilgerleben, und wie schön ist es, hier entlang zu gehen und von dieser erhöhten Position hinunter zu schauen auf das Meer. Das hat was. Man muss diesen Eindruck tief einsaugen, diesen einzigartigen Ausblick regelrecht inhalieren, damit man ihn nie vergisst.
Um 14:30 Uhr sitzen wir in einer Bar. *Dos cañas grandes, por favor.* Ach, tut das gut. Gibt Kraft, lindert die Schmerzen, macht gleichgültiger und gelassener.
Eine Melancholie ergreift mich jetzt, die ich nicht in Worte kleiden kann. Ausschweifende Ideen, eine Kombination von angenehmen, teils bedrückenden und lästigen Gedanken, eine Dosierung von Erfahrungswerten, Eindrücken und Abgesängen auf mich selbst erfassen mich. Noch hat meine Seele sich nicht runderneuert, was ich im Vorfeld auch nicht erwartete. Ich bin kein gutes Medium und besaß immer die Fähigkeit, mit dem Schutz reiner Selbstheilkräfte zu genesen. Ich stehe jetzt zwar etwas neben mir wegen dieser Fülle von Konstrukten, aber ich bin ganz und gar ich selbst. Jeder Atemzug ist der meine, jeder Schritt, jedes Wort, ich bin nun ganz ich, ganz nahe bei mir, bei meinen Stärken und Schwächen, die ich annehme, akzeptiere, und keine Macht der Welt kann und wird dies jetzt so schnell ändern.
Es geht frisch, fromm, fröhlich weiter. Tempo wieder aufnehmen. Immer mit frischem Mut voran. Das schaffen wir. Aus diesem Holz sind wir geschnitzt. Was sind wir doch für Kerle. Und wir sagen es uns, reden es uns ein, sind überzeugt davon, es hat nie eine größere Wahrheit gegeben. Stolz gehen wir des Weges.
Bernd und ich.
Vor Comillas.
Herrlicher Höhenblick aufs Meer. Langer, breiter Sandstrand. Traumhafte Kulisse. Unvergesslicher Moment. Ein Panoramablick über den Ozean. So weit das Auge reicht. Bizarre Farbenspiele auf und über dem

Meer. Am Horizont große Containerschiffe, näher viele Segelschiffe. Und Surfer am Strand. Wir harren eine Weile auf einer Bank aus. Warten, was da auf uns zukommen möge. Ein Wunder liegt in der Luft, so schön, ja geradezu bezaubernd ist es hier. Jeder Komparativ ist ein Minimalist. Kein menschlicher Laut kann ausdrücken, was wir vor uns sehen. Und wenn jetzt irgendjemand auf dem Meer wandeln würde, aufrecht und stolz inmitten der Wellen, wir würden es glauben.
Wir würden es glauben.
Aber es geschieht nichts. Jedes Wunder bleibt aus. Wir sind eben nicht Pilger, denen die Wunder, wie man schon mal hört oder liest, auf der Straße begegnen, sondern nur einfache, beeindruckte und zuweilen einsame, auch etwas ausgeflippte, manchmal lustige Wanderer.
Wir finden eine Pension für 20 Euro. Das Bad ist gleich nebenan. Erträglich. Dann das Übliche. Jetzt ab zum Strand. Wir verweilen. Dann treibt uns der Hunger in ein Restaurant Richtung Altstadt.

Comillas hat ein historisches Zentrum mit Parkanlagen, in denen einige herausragende Bauwerke, zum Beispiel die Kirchliche Universität und der Palast des Grafen von Comillas stehen. Es herrscht Fiestastim-

Wo ist der Pfeil?

mung. Wir laufen offensichtlich von Fest zu Fest, erleben Blaskapellen, Trachten, Böllerschüsse, bellende Hunde, singende, grölende Menschen die ganze Nacht.

Gegen 22:00 Uhr gehen wir müde und geschafft zu Bett. Starke Rückenschmerzen plagen mich. Dieser blöde Rucksack. Kann ihn heute Abend nicht mehr sehen noch riechen noch in meiner Nähe ertragen. Gereizte Stimmung. Leicht depressive Phase. Die Welt kann mich mal.

Und Bernd auch. Ja, der auch. Möchte ihn nach dem *Camino* ein Jahr nicht mehr zu Gesicht bekommen.
Warum? Ich weiß es selbst nicht. Trotzdem.
Basta!
In neun Etappen haben wir bisher 218 Kilometer gemeistert. Wir sind noch weit von unserem Ziel Santiago entfernt. Vieles kann noch schief gehen. Eigentlich sind wir erst am Anfang. Das wird mir schmerzlich bewusst.

Bernd sagt am nächsten Morgen beim Aufstehen mies gelaunt und aggressiv geladen: „Man müsst jetzt durch die Schtrose lafe unn schreie wie am Schpieß, dass all die ausgeflippte Schpinner, die de ganze Morje Balawer gemacht hann unn jetzt im Koma leije, wach werre unn nimmeh schlofe könne so wie mir."

Da hast du Recht, mein lieber kleiner Wanderbruder. Das war dein klügster Satz in den letzten zehn Jahren. Denn wir haben wirklich kaum ein Auge zugetan.

„Unn ich würd jedem noch in de Hinnere trete."

„Mit deiner daab Zeeb werrd das awer nix."

„Unn wenn se mer abfalle würd. Die hättes vedient, die Krawallmacher."

„Schtimmt! Mer müsst ne jeder enzelne Zahn ziehe unn enner schtehn lasse. Unn der müsst voller Eiter sinn."

„Aweil schteigerscht de dich jo zumme Masochist."

„Kenn Wunner, wemmer kenn Au zuduht unn dann a noch de ganze Da lafe muss. Ich glab, ich müsst mei fromme Wünsch noch nett emol beichte.“

Wir lachen und beschließen nach einem klärenden Gespräch, zukünftig demütiger zu sein, schonender miteinander umzugehen. Wir haben nur uns und unseren Rucksack. Niemand anderes steht uns zur Verfügung. Das dürfen wir nicht vergessen. Wir müssen beweisen, dass wir ganze Kerle sind, die sich in jeder Situation mit ihrem eigenen Schopf aus dem Sumpf ziehen.
Wir geben uns versöhnlich die Hand: *Brüder.* Mehr als nur eine Geste. Jetzt möchte ich Bernd nach erfolgreicher Beendigung dieser Reise nur noch vier Wochen nicht mehr sehen.
Haha. *Buen camino. Hola*!

29. August 2010

10. Etappe Comillas – San Vicente de la Barquera 15 Kilometer

Eine Kurzetappe. Wir können es gemütlich angehen lassen. Das Wetter zeigt sich wieder von seiner besten Seite. Blauer Himmel, keine Wolken, keine einzige, sehr heiß, zu heiß.
Gegen 08:30 Uhr wecken. Dann waschen, Zähne putzen, Tabletten nehmen, Füße einreiben, Sonnencreme auftragen, Pflaster anbringen, Wanderklamotten anziehen, Rucksack packen, schließen, überstülpen, ein letztes Mal im Zimmer nachschauen, ob wir nichts vergessen haben, und schon geht es los.
Wieder ein Höhenweg mit Blick aufs Meer. Wir rasten. Die Fährte führt zu einem Damm, den wir bei Ebbe passieren. Wir befinden uns am Strand von La Rabia. Viele Menschen. So weit das Auge reicht. Meist Spanier. Kaum Pilger. Das Meer mit prächtigem Wellengang. Es riecht nach Salz. Köstlich. Urlaubsstimmung pur. Unsere Rucksäcke können uns mal. Wir schnallen sie ab und setzen uns in die Außenanlage eines Restaurants. *Dos cañas grandes.* Wir bekommen es prompt. *Salut* prosten wir uns neckisch wohlgelaunt zu.

„So jung komme mer nimmeh sesamme."

Unser Standardsatz. Er fällt immer wieder. Wir sind glücklich, haben Zeit. Alle Zeit der Welt. Erst zehn Etappen. Und schon so weit. Heute dazu ein Kurztrip. Was soll´s. Bleib sitzen, Wanderer, gönn dir etwas Gutes, bestelle noch *dos cañas grandes.* Was wir auch tun. Das Bier schmeckt köstlich, hat die richtige Betriebstemperatur, die Kellner sputen sich, das Wetter spielt mit, wir sitzen im Schatten, sehen dem regen Strandtreiben zu und betätigen uns ein wenig als Voyeure bei all den tollen Frauen, die, auf dem Weg zum Baden, stolz erhobenen Hauptes an uns vorbei defilieren. Bernd mimt den Witzigen, gefällt sich in Sprüchen, was sonst meine Art ist. Ich überlasse ihm das Feld, freue mich ebenfalls, hier zu sitzen. Nur wenige Schritte trennen uns vom Strand. Ich mag das Meer, seine Strömungen, dieses tiefe unverkennbare Blau, seine Unabhängigkeit, Unbezwingbarkeit, seine dämonische Kraft, seine Willkür und die damit verbundenen Grenzen, die es uns auferlegt, den Wind, der durch unsere nassen Haare weht und mit den Wellen spielt.

Wir sitzen lange. Denn wir sind glücklich dort, wo wir sitzen, weil es schön ist, dort wo wir sitzen. Wir wollen nirgendwo sonst sitzen. Warum auch? Hier ist man selig und zufrieden, keine Menschenseele stört die Ruhe, niemand möchte uns an den Kragen, jeder zeigt sich friedlich, wir interessieren niemanden. Spanien weiß gar nicht, dass wir da sind, keiner fordert etwas von uns oder bittet uns um einen Gefallen, den man nicht abschlagen könnte. Man muss keinen weiteren Aufwand betreiben, der einen einschränkt, gefangen hält oder Kraft raubt.
Aber alles Schöne geht auch einmal zu Ende. Es ist der Lauf der Zeit, der Kreis, der sich schließt, in dem wir leben, unser Lebensmittelpunkt, den wir uns warm halten müssen, weil wir ansonsten erfrieren würden.

Bernd ist dabei zu bezahlen. Er ruft den Kellner. Der kommt auch prompt. Bernd gibt ihm 50 Euro. Wir warten auf das Wechselgeld und warten. Der Kellner kommt nicht zurück. Bernd ist ganz nervös und sichtlich verärgert.

„Der will mich bescheiße."

„Der denkt, mit de Kleene kammers mache", kontere ich ungnädig.

„Deppo."

Bernd winkt einen anderen Kellner heran. Erklärt ihm seine Not. Diskussion, Lamentation, ein Hin und Her, Gerede, Gezappel, Sprachmischmasch aus Deutsch, Spanisch und Englisch, *Hola*. Der angesprochene Kellner kommt schließlich wieder und übergibt Bernd kommentarlos das ihm zustehende Geld.

„Och", sage ich beim Aufstehen, „enner könnt mer noch trinke."

„Du bezahlscht. Soller dich emol bescheiße", stimmt mir Bernd erleichtert verzückt, fast euphorisch im Vorgefühl auf den trefflichen Geschmack des wirklich guten *San Miguel* zu. Er lächelt, als hätte er einen Sechser im Lotto gewonnen. Typisches Freibiergesichtlächeln.

„Mich bescheißt der nett, mei mittelgroßer Wannerführer."

Tatsächlich, alles funktioniert wie geschmiert. Wir sitzen und genießen

und schauen den schönen Frauen in ihren knappen Bikinis weiter nach, erheben uns dann tapfer und nehmen ohne jegliche Beschwerden unser gewohntes Wanderleben wieder auf.
Nur eine Weile. Dann das Kommando: Schuhe aus!
Wir befinden uns am Sandstrand von San Vicente. Die ganze Breite des Strandes waten wir mit den Füßen im Meer. Die Wanderschuhe haben wir an den Rucksäcken festgezurrt. Den Füßen tut es gut. Ich höre die meinen laut jubilieren. Endlich frisches, massierendes Meerwasser. Beruhigend und anregend zugleich. Sand zwischen den Zehen. Es kribbelt überall. Vom Wasser weg, ins Wasser hinein. Wanderer, was willst du mehr?
Dieser Strand. Das Meer. So einladend. Und kaum Menschen und schon gar keine Touristen. Köstlich. Ein solches Ambiente und nicht überlaufen. Wann und wo erlebt man das schon einmal in den europäischen Touristenhochburgen, die ständig ausgebucht sind und von braungebrannten Körpern, die sich den gefährlichen Strahlen der Sonne aussetzen, nur so überquellen?
Wir gehen immer weiter am Meer entlang. Die richtige Fährte. Kein Umweg. Bernd macht Fotos. Sieht glücklich dabei aus, zufrieden, er ist mit sich im Reinen nach einer schweren Zeit. Kann er auch. Ich fühle mich ebenfalls wohl und relaxed.

Bernd am Strand von San Vicente de la Barquera

Es war heute ein Spitzenweg. Der Beste bisher. Keine Frage. Nicht wegen seiner Kürze. Nein, weil es gute, gehbare Wege waren, immer am Meer entlang, kaum Asphalt.

Wir sind dankbar für diese angenehme, abwechslungsreiche Strecke. Eine Zeit lang sprechen wir über Gott. Wir führen diese Gespräche nicht so oft. Jetzt aber schon. Am Rand des Meeres, in seine Tiefe blickend, sie uns vorstellend, analog der Tiefe des Universums, der Tiefe der Zeit. Die Evolution. Wo führt sie uns hin? Und wenn es einen Urknall gab vor fünf bis sechs Milliarden Jahren, wer hat ihn eigentlich bewirkt, wer ausgelöst? Alles hat seinen Ursprung, seinen Anfang, seinen Grund, seine Berechtigung. Und wenn es einen Schöpfer gibt, wer erschuf dann ihn?
Ich weiß es nicht, manchmal glaube ich und manchmal nicht, und wie immer kommen wir bei diesem Thema nicht weiter. So verzweifelt wir auch nach Antworten suchen in der Fülle der Zeit. Ein ungeheurer Luxus, der einem selten zuteil wird.
Aber wir sind nur Wanderer, wollen jetzt nicht weiter philosophieren, weil wir weder einen Anfang noch ein Ende finden. Wir müssen uns an das Nächste halten, darüber nachdenken. Und das Nächste ist: eine Pension zu finden. Ob wir nun wollen oder nicht. Niemand macht sich für uns auf den Weg. Keiner nimmt uns diese Arbeit ab. Halleluja, das wäre schön.
Ich rufe Moni zweimal kurz hintereinander an. Euphorisch versuche ich, ihr den Blick aufs Meer zu beschreiben. Dabei stoße ich allerdings an meine Grenzen, wie ich bitter enttäuscht sogleich feststelle. Meine Seele hüpft gerade im Dreivierteltakt, und ich bin nicht in der Lage, in Worte zu fassen, was ich jetzt sehe und meinen Gefühlen dabei den richtigen Ausdruck zu verleihen. Verbal kastriert stehe ich schweigsam und dumm in der Landschaft. Das Meer zur Rechten. Die Berge gegenüber. Ein Kontrast zum Verlieben. Und ich kann nicht darüber sprechen. Ich bekomme keine Silbe mehr über die Lippen. Meine Frau versteht mich. Sie versteht mich nicht immer, weil ich manchmal wohl auch nicht zu verstehen bin. Aber jetzt versteht sie mich. Ohne ein weiteres Wort lege ich auf.

Wir ziehen unsere Wanderschuhe wieder an, verlassen den Strand und verhalten uns nun etwas demütiger nach dieser kurzen, ernsthaften und angeregten Unterhaltung.

Ich bemerke erst nach einer Weile, dass uns die Autofahrer zuhupen, zuwinken und uns auch fast alle Radfahrer entlang des Weges einen *buen camino* wünschen. Viele spanische *Seňores, Seňoras* und *Seňoritas* wünschen uns ebenfalls einen *buen camino.*
Nachdenklich gehen wir weiter. Wir führen dabei einen offenen Dialog über Pilger, über das Pilgertum schlechthin, über ihre Beweggründe und was uns eigentlich von ihnen unterscheidet.

Wir wissen, wer wir sind. Wir sündigen auf diesem Weg, weil wir nichts auslassen, die Feste feiern, wie sie kommen, wir berauschen uns zuweilen nicht nur an den Landschaften. Das ist uns bewusst. Wir wollen keine Herbergen und abends nicht um 22:00 Uhr im Bett liegen. Und wir wollen uns nicht dort aufhalten, wo die Welt am Ende ist. Wir wollen dort sein, wo das Leben pulsiert. Dort wollen wir sein und ganz genau mitten drin. Wir wollen in Bars gehen und *caňas* trinken und lustig sein, überhaupt dabei sein und vergessen, wie es morgen wird, ob es überhaupt ein Morgen gibt. Es ist reine Überlebenskunst. Unser Weg, den wir genauso gehen wollen. Kein Sakrileg. Wir sind keine bösen Buben. Und wir helfen jedem, dem wir helfen können und lassen alle in Frieden, die uns in Frieden lassen. Und wir geben jedem Bettler Geld und lassen jeden Menschen nach seiner Fasson leben.

Wir finden eine Pension, nahe am Zentrum für 22,50 Euro pro Mann. San Vicente ist ein Ort mit mittelalterlicher Befestigung und einer Burg sowie der gotischen Kirche. Er liegt auf einer Halbinsel, und vom hoch gelegenen Monumentalteil der Stadt würde sich ganz bestimmt ein tolles Panorama auf die Berge und die beiden Meeresarme eröffnen. Aber diese Sicht können wir jetzt nicht genießen. Denn so weit kommen wir nicht. Wir wollen zum Essen. Der Hunger treibt uns. Recht gutes Essen. Wir sitzen in einer Bar. Bernd stürzt. Er wollte den Stuhl sitzend verschieben, bemerkt dabei den Absatz nicht, das Stuhlbein sackt ins Leere, Bernd kippt nach hinten und wäre beinahe mit dem Kopf an einen Feuerlöscher neben der Theke geschlagen.

Gott sei Dank. Er hatte unglaubliches Glück. Ist mit dem Schrecken davon gekommen. Später dann noch einige Bars, um den Schock des Sturzes zu kompensieren. Wieder *tapas*, das sind kleine Brötchen mit verschiedenen Belägen wie Schinken, Salami, Käse, manchmal sogar kleine Schälchen mit diversen Suppen.

Hin und wieder esse ich auch mal *bocadillas,* also große Brote mit verschiedenen Belägen, auch schon mal Wurst und Käse kombiniert. Immer recht billig und gut.

Wir sind bisher bei zwei Ruhetagen in zehn Etappen 233 Kilometer gelaufen. Ganz zufrieden damit. Bei der Schwere der Etappen und meinen Rückenproblemen, die sich nicht gebessert haben. Im Gegenteil. Ich versuche, sie so gut wie möglich zu verdrängen, locker damit umzugehen, gar nicht erst daran zu denken. Aber es wird zunehmend schwieriger. Meine linke große Zehe ist immer noch taub. Seltsamerweise nur auf der Außenseite. Ein komisches Gefühl, sich so fort zu bewegen. Es schmerzt zwar nicht, aber es ist irgendwie unangenehm.
Bernd dagegen hat keinerlei Probleme. Er ist, was die körperliche Fitness anbelangt, zunehmend auf einem guten Weg.
Ich ärgere ihn hier und da immer noch mit dem Kosebegriff „Berschluhser", weil er am Berg immer weit hinterher hinkt, da der Berg eben nicht sein Freund ist und auch in diesem Wanderleben nicht mehr sein wird. Er nennt mich dann stets einen „Plattfüßler", was ja auch, bei Tag gesehen, irgendwie stimmt.

Natürlich meinen wir es nicht ernst. Es ist eine spielerische Auseinandersetzung. Etwas gekünstelt verschroben und an den Haaren herbeigezogen. Um uns abzulenken, weil wir zu nahe bei uns selbst sind, weil wir uns viel zu nahe sind. Uns regelrecht auf der Pelle sitzen, dies mit der Zeit immer schwerer aushalten können. Die Nähe zu einem selbst, diese Nähe, die man im gewöhnlichen Alltag so gar nicht gewohnt ist, man deshalb keine Erfahrungswerte besitzt, stimmt zuweilen aggressiv. Man kann das eigene Wesen dann nicht mehr riechen, noch ertragen, neigt in dieser außergewöhnlichen Phase leicht dazu, sich nicht mehr zu mögen, sich abzulehnen, weil man sich schonungslos und ungeschönt genau so sieht, wie man nun mal ist. Und das gefällt nicht immer. Es gilt hier Situationen zu bewältigen, denen man im normalen Alltag nicht ausgesetzt ist. Auf dem *Camino* improvisiert man ständig. Und die eigene Nähe ist nicht immer beruhigend oder förderlich.
Dann höre ich zuweilen noch diese Stimme des Pilgers, die mir energisch ins Gewissen redet, mich beileibe nicht schont.
Und dann ist da auch noch jemand, der ständig neben einem herläuft. Der einem zuweilen fürchterlich auf die Nerven geht und dem man selbst fürchterlich auf die Nerven geht.

„Aweil gehscht de mer tierisch off de Sack."

„Weil de dich selbscht wedder nett leide kannscht", erwidert Bernd knapp und cool.

„Du hascht doch nimmeh alle Tasse im Schrank."

„Do simmer schunn se zwett."

„Du muscht immer es letschte Wort hann."

„..."

Schweigen und Grinsen ist nun angesagt. Ein breites verräterisches Grinsen. Bernds Wangen plustern sich gewaltig auf, sein Gesicht erinnert jetzt an einen Mond, so rund wie es aussieht. Mir aber egal. Ich komme damit klar, wir kommen generell mit solchen Sticheleien klar. Und was gesagt werden muss, das muss nun einmal gesagt werden. Bernd und ich halten zueinander. Wir sind und bleiben Freunde. Und bisher hatten wir keine Probleme, die so bemerkenswert wären, darüber zu berichten. Und so soll es auch bleiben.

Idyllisches Dorf am Wegesrand

Fragen an die Zeit

Das Problem war die Zeit. Die in Fülle vorhandene, überschüssige Zeit. Was sollte ich plötzlich damit anfangen, den lieben langen Tag? Einen ganzen Wandertag. Und vor allem mit mir selbst? Und mit Bernd? Morgens, mittags und abends. Viel Zeit übrig. Länger als vier Wochen. An einem Stück. Immerfort, immerzu.

Er war schwer zu erklären, dieser Druck. Schwer zu verarbeiten, diese Zeit. Schwer zu erfassen diese Schwerelosigkeit, dieses plötzliche Zur-Ruhe-kommen, ohne die gewöhnlichen Alltagssorgen zu leben, sie vor sich her zu schieben.

Langsam tastete ich mich voran. Ich wuchs mit der Zeit, ging in ihr auf. Diese zwingende wie logische Frage stellte sich von ganz allein: Kann ich mit mir überhaupt etwas anfangen? Mit dem, der ich jetzt bin und den ich vorher nie so gekannt habe?

Keine Ausreden durften mehr angenommen werden. Ich musste mich jetzt mit mir selbst beschäftigen, mir ins Auge blicken mit offenem Visier. Ich war infiziert von diesem Bestreben: auf einem unsicheren Weg sicher zu gehen. Schritt für Schritt. Allem zu trotzen, was sich mir in den Weg stellte.

Jede noch so kleine Verunsicherung strafte ich mit meiner Beharrlichkeit ab, wischte sie wie lästigen Staub einfach weg.

Ich war allgegenwärtig, ein Privilegierter, der über sich selbst nachdenken konnte. Und wenn ich wollte sogar den lieben langen Tag. Ich war mein eigener Herr. Es gab niemanden, von dem ich abhängig war, der über mich bestimmen konnte.

Und das war es. Ich gehörte mir. Mir ganz allein.

Wer war ich eigentlich? Warum hatte ich mich vorher nie so intensiv mit mir auseinander gesetzt?

Nur in meiner Seele waren Wahrheit und Zweifel begründet, konnte die Suche beginnen. Nur in meinem Wesen erfuhr ich etwas über mich. Ich hatte den Blickwinkel nach vorne gerichtet, dies hier getan und mich auf den Weg gebracht.

Auf diesen Küstencamino.

Was konnte und was sollte schief gehen? Ich wollte diese Zeit genießen, sie mit Leben füllen. Ganz gleich, was kam. Und ganz gleich, was sie von mir forderte. Denn es war meine Zeit. Meine ureigene Zeit. Ich würde sie nicht hergeben. Und nicht wiederbekommen. Nie mehr würde ich mir so nahe sein. Sie war mein ganz persönliches Geschenk. Ein

unbezahlbares dazu.
Ich war mit mir unterwegs, konnte mich auf mich selbst besinnen. Es gab keine Rückmeldungen, Erklärungen, Termine, Entschuldigungen, Abhängigkeiten, die Zeit irgendwie auszufüllen. Ich musste mich vor niemandem rechtfertigen, war mein eigener Weg, mein eigener Gedanke, meine eigene Fährte, mein eigenes Ziel.
Nach vorne schauen, lautete die Devise. Ich war ein Gefährte meiner Zeitmaschine, ständig unterwegs und doch kam ich nie an, weil dieser Ort nur in meiner Vorstellung existierte, ich ihn gar nicht kannte.
Gegen Mitte des Weges wurde ich vom ständigen Wechsel meiner Emotionswelten regelrecht drangsaliert, ohne dass ich spürte, dass die Zeit, die dies initiierte, tatsächlich verrann.
Die Zeit ist eine Sanduhr, die man immer wieder umdrehen kann. Sie vermehrte sich, wie sich Kontraste vermehren im Laufe eines Weges, wie sich Eindrücke ansammeln beim Lesen eines Buches. Sie war sich selbst der beste Gastgeber, ruhte in sich und nahm von meiner Randerscheinung keine rechte Notiz.
Der Faktor Zeit umkreiste mich, deckte mich zu wie der Schlafsack jede Nacht meinen Körper. Die Zeit war ein Umstand, welcher dem Jakobsweg Visionen verlieh.
Auf dem täglichen Weg von A nach B.
Und genau dies war das Ziel.
An irgendeinem Punkt des Caminos war ich dann angekommen. Endlich angekommen.
Wir waren angekommen. Endlich angekommen.

Die Wanderer gingen den Weg. Die Pilger am Ende der Reise auch?

Wegweiser nach Comillas

30. August 2010

11. Etappe San Vicente de la Barquera – El Peral 21 Kilometer

Um 08:00 Uhr Frühstück. 08:30 Uhr Aufbruch. Keine Wolken am Himmel. Es ist jetzt schon warm. Wir quälen uns eine geschlagene Stunde durch San Vicente, finden die gelben Pfeile nicht. Jeder schickt uns in eine andere Richtung. Wir suchen und suchen, gehen in eine Apotheke, fragen nach, auch hier bekommen wir keine vernünftige Wegbeschreibung. Die gelben Pfeile sind irgendwie ausgegangen. Wir treffen andere Pilger, auch sie irren herum, sind ratlos.

Langsam werden wir nervös, sind gefrustet. Keinen Bock mehr auf diese ewige Sucherei, auf dieses ständige Improvisieren und nervige Neuorientieren.

Wir beschließen, Jakobsweg Jakobsweg sein zu lassen und laufen in Richtung Oviédo. Diese Richtung muss stimmen, sie führt nach Westen. Wir haben die Sonne im Rücken, das Meer sehen wir nicht, aber die Bergkette der Picos baut sich links stolz in ihrer ganzen Pracht vor uns auf, allerdings einige Kilometer entfernt.

Es geht jetzt längere Zeit eine vielbefahrene Asphaltstraße hinauf. Die Hüte sitzen auf unseren Köpfen, die Sonne knallt unerbittlich. Die Sonnenbrille auf meiner Nase bietet meinen Augen Schutz. Ich möchte mir jetzt mit meinem grimmigen Gesichtsausdruck nicht unbedingt in die Augen schauen, denke ich spontan ein wenig angefressen. Wir laufen die Straße wie an der Schnur gezogen entlang, links von uns immer die Picos im Blick, diese majestätisch anmutenden Berge, die mir etwas Trost spenden. Autos, Lastkraftwagen, Busse sausen ganz nah an uns vorüber. Eine vielbefahrene Straße eben, ein Höllentrip hier entlang zu gehen.

Dies ist nicht der offizielle Jakobsweg, den haben wir nicht gefunden. Eine Stunde sind wir ohne jedes Vorankommen kreuz und quer gelaufen, schließlich haben wir die Nerven verloren. Und jetzt zahlen wir den Preis.

Genervt und konsterniert rasten wir nach einiger Zeit an einem Bushäuschen. Ich bin äußerst laufunlustig, habe die Schnauze gestrichen voll. Aber kein Wunder. Neben so einer Hauptverkehrsstraße. Und die Spanier können Gas geben. Nicht nur beim Feiern. In Vicente war diese Nacht auch wieder Fiesta. Sie dauerte bis in den frühen Morgen hinein. Überall, wo wir hinkommen, herrscht Geschrei und ausgelassene

Stimmung. Man könnte meinen, alle Ureinwohner Kantabriens haben sich darauf verschworen, uns zu zeigen, wie gut und laut man in Spanien feiert.

Wir müssen weiter auf dieser viel befahrenen Straße, die sich mehr und mehr als Rennstrecke entpuppt. Immer begleitet von den Picos und unserer Gereiztheit und Nichtdemut, aber wir laufen wenigstens. Wem nützt es, hier stehen zu bleiben und auf der Stelle zu treten? Also bewegen wir uns. Wieder diese berühmten kleinen Schritte. Wir gewinnen Boden, verkürzen die Strecke damit. Dies tut unserem Gehirn gut, es ist besser so, als in Starre und Stagnation zu verfallen. Der Bewegungsdrang bekämpft die Lauffaulheit und die gewachsene Unlust in unserem Kopf, der Rucksack möchte noch eine Weile getragen werden.
Jetzt sitzen wir in Unquera und beratschlagen den weiteren Weg. Wir befinden uns neben einer Tankstelle in einem dubiosen Kiosk und trinken beide eine Cola. Bernd nimmt wieder den Reiseführer zur Hand. Eine schlimme Etappe bisher. Kaum zu glauben. Jede Wanderung im Bliesgau, meiner Heimat, wäre tausendmal schöner gewesen.
Wir wollen nach Llanes weiter zum Strand.
Dies sind noch gut 20 Kilometer.

Es ist jetzt 13:00 Uhr. Weit wollen wir nicht mehr laufen. Eigentlich soll der Weg von Unquera nach Llanes laut unserem Reiseführer ein toller Küstenweg sein. Ja, das Pilgerleben ist kein leichtes Leben. Vor allem kein Wunschkonzert. Man kann eben nicht alles haben.
Ich sehne mich schon seit längerem nach guter Musik, gutem Essen, meinem Bett, meiner Tochter und meiner Frau. Und wenn sie mich nur kurz in die Arme nähmen und trösteten. Ich bemerke es immer öfters: Hier auf dem Weg bin ich starken Gefühlsschwankungen ausgesetzt. Mal bin ich oben, mal ganz unten. Mal fühle ich mich gut, mal fühle ich mich schlecht. Selten halte ich mich in der Mitte auf. Was ist nur mit mir los?
Meine Enttäuschung, dass wir wieder einmal während der gesamten Etappe das Meer nicht ein einziges Mal zu Gesicht bekommen, ist groß. Die Picos sind unsere ständigen Begleiter, aber das Meer bleibt zu oft verborgen, entzieht sich uns, als wolle es uns nicht sehen und bestrafen für unser Pilgerundemutsdasein.

Wir verlassen nun Kantabrien und kommen nach Asturien.

Die Autofahrer hupen wieder oder winken uns zu. Ich registriere aufmerksam, die Spanier haben Respekt vor Jakobspilgern, und sie helfen, wo sie nur können. Hut ab und danke.
Ein paar Meter weiter in einer Bäckerei kaufen wir uns *pan* und Salami. Wir setzen uns in einen Park und essen, beschließen, nicht hier zu bleiben. Die Strecke war zu kurz, es ist außerdem noch früh am Tag. Wir wollen weiter nach Colombres und uns dort eine Pension suchen. Am nächsten Tag dann mit dem Bus nach Llanes, um endlich wieder am Meer zu sein.
Nachdem wir satt sind, gehen wir mit neuem Mut den Weg an. Wir passieren eine Brücke und biegen dann scharf links ab. Wieder Landstraße, viel befahren, dampfende Asphaltpiste. Es geht steil den Berg hoch. Fast zwei Kilometer. Immer wieder wechseln wir die Straßenseite, springen an den Rand, müssen höllisch aufpassen, konzentriert bleiben, um den schnell fahrenden, Kurven schneidenden Autos auszuweichen.
Schließlich kommen wir heil in Colombres an. Rast auf einer Bank. Wir beratschlagen und begeben uns auf die Suche nach einer Pension. Klappt nicht, keine gesichtet. Es ist außerdem ein Nest, nichts los, absolut tote Hose, ein fast steriles Dorf, keine Menschen und keine Lust auf hier, keinen Bock, eine Pension zu suchen, die es ohnehin nicht gibt. Wir sichten ein Hotel, das nicht sehr einladend aussieht, gehen links daran vorbei immer weiter, so weit die Füße tragen.
Wir lassen Colombres zurück, wie man einen wertlosen Sack achtlos in eine Ecke stellt und quälen uns einen Steilhang hinunter. Das sind Wege, die ich so liebe, die überall schmerzen. Man drückt die Beine gegen den Weg, rollt gleichmäßig ab, Vorsicht ist angesagt, äußerste Sturzgefahr, ohne Stock ist es wirklich gefährlich. Die Oberschenkel bekommen den vollen Druck des Rucksacks mit, stemmen sich dagegen. Die wilde Anspannung der Muskeln.
Ich bin irgendwie verrückt. Obwohl ich einen Stock am Rucksack habe, benutze ich ihn nicht. Wie gesagt aus Solidarität. Bernd hat keinen. Also benutze ich meinen auch nicht.
Wir sitzen jetzt in El Peral vor einer Bar. *Dos cañas grandes, por favor.* Schräg gegenüber, etwa 400 Meter entfernt, hält ein Bus. Ich mache Bernd darauf aufmerksam. Wir fragen die junge hübsche *Señora*, die uns bedient, sprechen sie auch mit *Señora* an. Sie antwortet smart, mit einem gekonnten Augenaufschlag und einem einzigartigen Lächeln: *„Señorita, por favor!“*

Wir schäkern mit ihr, geben alles, sind hin und weg, sie fühlt sich durchaus geschmeichelt, was unschwer an ihren Gesten zu erkennen ist. Die nette *Señorita* erklärt uns dann, dass der Bus an der *estación de autobuses* weiter oben vor einer Bar in Richtung Llanes abfährt.
Gracias Señorita. Bitte noch einmal lächeln. Gracias. Und alles ganz umsonst.
Nach einem schweren Herz-Schmerz-Abschied geht es weiter. Wir betreten die besagte Bar, fragen die etwas ältere Bardame (welch ein Kontrast!), nach einem möglichen Busfahrplan. Wir sind die einzigen Gäste. Es ist eine schlichte, langgezogene, ideenlose, unkreative, unspektakuläre, nicht unbedingt inspirative Bar ohne jegliches Flair. Sauber, aber steril, darüber eine Wohnung, vermutlich ihre Wohnung. *Privato* steht auf dem Schild neben der Toilette. Es ist eine Wohnhausbar, direkt an der viel befahrenen Nationalstraße in einem fürchterlichen Kaff. Wenige Häuser, keine wirklich ansehnlichen individuellen Häuser mit Grünanlagen und sonstigem Schnickschack, nein, alles erscheint Grau in Grau. Es handelt sich dabei um öde Plattenbaufassaden, die ohne die gewinnende Idee eines Architekten in die Welt gestampft wurden, einfach mal zwischendurch und nebenbei, so hat es zumindest den Anschein, eine fast tote, leere Masse, die zu nichts einlädt und an der dieser ununterbrochene, viel zu laute zyklische Motorenlärm auf der viel befahrenen Nationalstraße abprallt wie Regenschauer an einer Fensterscheibe.
Wie kann man hier leben?
Aber was maße ich mir an? *Wie kann man hier leben?* Schon die Frage sollte verpönt sein. Die Menschen sind hier zur Welt gekommen. Sie haben ihr ganzes Leben hier verbracht. Und sie haben sich ihr Schicksal nicht ausgesucht. Sie haben es angenommen. Das ist ein entscheidender Unterschied.
Fehlgeleitete Ansichten und Beurteilungen schleichen sich in den Vordergrund. Was ist nur mit mir los? Fehlt es mir mittlerweile an jeglichem Einfühlungsvermögen? Es tut mir leid, dass ich jetzt so engstirnig und auch ein bisschen überheblich bin. In diesem, mir selbst unnahbaren Augenblick, in dem ich darüber nachdenke, was mich eigentlich leitet, was mein Wesen bestimmt. Im Grunde bin ich ein sozial eingestellter Mensch. Manchmal wirke ich vielleicht ein wenig vorlaut, unsensibel. Aber das bin ich nicht. Das ist nicht meine Art. Manche werfen mir vor, mich gelegentlich auf Kosten anderer zu amüsieren. Aber das tue ich nicht. Ich messe mich durchaus gerne mit jenen, die mir ebenbürtig, die mir vielleicht überlegen sind. An Schwächeren oder Schwachen

lasse ich mich nicht aus. Jedenfalls nicht bewusst. Ich frage mich auch, warum ich manchmal mit geradezu aufgesetzter Manie den Kasper spiele. Muss ich immer die Lacher auf meiner Seite haben? Kann ich mich nicht auch einmal zurückhalten, wenn ich in Gesellschaft bin? Muss ich immer im Vordergrund stehen? Die Leitfigur der Dialoge sein? Der Oberwortführer? Wieso komme ich überhaupt auf die Idee, über Menschen zu urteilen, deren Befindlichkeiten ich gar nicht kenne? Wer bin ich eigentlich?
Ich geißele mich selbst. Ich sitze an diesem Ort, in dieser Bar, ein Wanderer, ein Urlaubsreisender, dem es ganz und gar gut geht in dieser Welt, dessen Leben in normalen, ich denke sogar in meist vernünftigen, geordneten Bahnen verläuft und urteile mal einfach so über Menschen, die es mit Sicherheit weit schwerer haben als ich.
Diese ältere Frau in der Bar zum Beispiel. Hat sie sich ihr Leben in diesem verlassenen, nicht wirklich schönen Ort denn ausgesucht? Blieb ihr eine Wahl? Vielleicht fühlt sie sich hier sogar wohl und nicht nur zuhause. Sie hat das Beste aus ihrem Leben gemacht, dieses Leben in diesem Ort hier angenommen, sich damit weiter gebracht und vor allem – sie hat überlebt.

Wie viele vergrämte Gesichter haben wir während unserer bisherigen Wanderungen gesehen?, schießt es mir schlagartig durch den Kopf. Durch wie viele verlassene Orte sind wir gegangen? Wie vielen alten Bauern und Bäuerinnen, die oftmals in verfallenen Häusern hüttenähnlich leben und auf sich allein gestellt mühsam ihr Vieh versorgen, sind wir begegnet? Menschen, die wenig besitzen, eine kleine Habe, nicht sehr viel mehr, aber ausharren in ihren Dörfern, trotz der ausgeprägten Landflucht.
Wir sind an einer Bäuerin vorbeigekommen, die trug ein verschlissenes Kleid, an dem hätte ich mir nicht einmal meine Hände abgeputzt.
Aber kann ich das kritisieren, geschweige denn bewerten? Nein, es steht mir nicht zu. In diesem Kleid verrichtet diese dicke *Seňora* von Bäuerin ganz autonom ihre schweren Arbeiten, ist des Lebens nicht überdrüssig, kein Gram liegt in ihren Augen, keine Unzufriedenheit, Lebensunlust oder Müdigkeit. Keck winkt sie uns höflich zu, um sich dann wieder auf ihre Arbeit zu konzentrieren.
Respekt vor solchen Menschen, von denen ich durchaus noch lernen kann. Allerdings möchte ich die Räumlichkeiten ihres von außen sehr bescheidenen Hauses nicht wirklich in Augenschein nehmen.

Bernd fragt die Barfrau nach der Abfahrtszeit des Busses. Er benutzt hierzu ein kluges Hilfsmittel, da auch er der spanischen Sprache erstaunlicher Weise noch immer nicht mächtig ist. Er zeigt der *Seňora* seine Uhr, nimmt sie vom Arm, sie darf jetzt die richtige Uhrzeit einstellen. Alles klar. Wir wissen Bescheid. Prima gemacht, Kumpel. Könnte glatt meine Idee gewesen sein. War sie dies nicht auch?
Wir haben noch mehr als eine halbe Stunde Zeit. Es ist 16:00 Uhr. *Dos caňas grandes, por favor.*
Die *Seňora* lächelt uns dankbar an. Wir trinken. Es schmeckt. Wir sind ausgezehrt, die Sonne, die Hitze, die Reflektion des Asphalts, die dampfenden Füße, das Rinnsal des Schweißes, mein schmerzender Rücken.
Wir bleiben sitzen, bestellen noch eine Runde, wir haben Zeit, alle Zeit der Welt.
Nein, wir müssen uns jetzt sputen. Der Bus kommt gleich, und er ist nicht immer pünktlich. Oft fährt er früher oder kommt später an. Keinen interessiert es wirklich. Hauptsache, er kommt und hält auch noch, was manchmal durchaus reine Glückssache ist.
Wir zahlen und stellen uns an die besagte Stelle neben eine Mülltonne. Ich ziehe meinen Rucksack aus, um ein paar Notizen vorzunehmen.

„Mennsch, lass de Rucksack an, de Bus kommt gleich."

„Rehsch mich nett off. Ich muss jo nett noch mei Sonndaskleeder anziehe, wenner kommt. Bin doch sofort fertisch."

„Du bischt länger schunn fertisch."

Der Bus kommt tatsächlich. Fast pünktlich um 16:40 Uhr. Tolle Leistung. Die Rucksäcke nehmen wir diesmal mit in den Bus.
Wir machen uns einen Spaß daraus, bei unseren Dialogen an einige Wörter den Buchstaben „o" anzuhängen. So zum Beispiel für kommen *kommo,* für egal *egalo,* für Schisser *schissero,* für Respekt *respekto, für* Ende *endo,* für Depp *deppo* etc.
Wir sind irre, reden irre, eine Wortschöpfung löst die andere ab.
Das brauchen wir, das brauchen wir jetzt. Wir lachen wieder einmal über uns selbst, freuen uns. Sind glückliche Pilger im Bus, müssen nicht mehr laufen und werden ans Meer gefahren, ohne unsere Füße zu bewegen, die dankbar dafür sind.

Heute Morgen waren sie noch Bettler, und jetzt sind sie Könige. Was will der Mensch mehr. Fast sind wir euphorisch, diesem einsamen Ort, diesen vielen einsamen Orten den Rücken zu kehren.
Ich erinnere mich gerade daran, wie ich vorhin in der Bar meine rechte, kleine Zehe mit Blasenpflaster versorgte und mein Hut plötzlich zu Boden fiel. Ich dachte im ersten Augenblick, jetzt springt mich ein Hund an und beißt mich. Bin vor Schreck fast vom Stuhl gefallen. Bernd lachte mich aus.
Ich sagte zu ihm: *„Du bischt kaputto."*
Wenn wir uns zuprosten sagen wir *prosto.* Dies haben wir uns seit unserer spanischen Zeit so angewöhnt. Jeder findet das völlig normal. *Normalo* eben.
Der Bus hält in Llanes. Wir orientieren uns kurz, dann ab ins *Centrum urbano.* Nach einer kurzen Strecke, wir sind fast in der Dorfmitte, spricht uns plötzlich und unverhofft eine ältere Dame an. Sie zeigt in eine Richtung und sagt: *„Aquí."*
Wir sehen uns erstaunt an. Grinsen. Wir sind doch viel zu jung für sie. Und sie zu alt für uns. Sie bemerkt das.

„Habitaciónes dobles?", fragt sie. Wir nicken stumm. Mit der eindeutigen Geste, dass wir ihr folgen sollen, trotten wir brav, fast gefügig hinter ihrer kräftigen, watschelnden, kleinen Gestalt her. Sie läuft für ihr Alter recht rasant. Wir bemühen uns, zu folgen. Es geht durch einige enge Gässchen, dann gelangen wir an ein 3-Sterne-Hotel.

„Das do könne mer nett bezahle", seufzt Bernd leise in mein Tinnitusohr.

„Abwarte, die Alt iss off Zack. Die wes, dass mer nett soviel zahle könne unn wolle. Die greift uns unner die Arme unn krawwelt uns in de Arsch. Nur dass mer do bleiwe. Weil mer so gutt aussiehn."

Und tatsächlich. Wir bekommen ein super Doppelzimmer mit exklusiver Dusche für den Preis von 27,50 Euro pro Mann. Es ist ein Pilger- und Sympathiepreis, wie sich herausstellt. Normalerweise kostet dieser ehrbare Schuppen das Doppelte. Wir sind begeistert. Ein tolles Hotel, tolle alte Dame. Aber jede Medaille hat auch ihre zwei Seiten. Die *Seňora* erweist sich nämlich als ziemlich zutraulich. Sie verwickelt uns in Gespräche, hört kaum noch auf, maschinengewehrartige Salven

schleudert sie uns entgegen, lacht, kreischt, wird penetrant. Wir wimmeln sie so höflich es gerade noch geht schließlich entnervt ab.
Abends vor dem Weggehen ist Bernd dann unten. Holt die Stempel und bezahlt unseren Aufenthalt. Er kommt gar nicht mehr zurück. Ich gehe ins Treppenhaus, lausche. Natürlich, ich höre es, die Alte umlagert ihn, erzählt ihm von König Carlos, der hier einmal genächtigt hat und vieles mehr, sie zeigt ihm ihre Bildergalerie, dann Fotos, kommt dann erneut auf Carlos und andere Prominente zu sprechen. Sie redet sich in Wallung. Bernd bluten schon die Ohren, er kann nicht mehr, sie quakt ihm ein Ohr ab und quakt es ihm gleich wieder an. Ziemlich gewöhnungsbedürftig, obwohl sie nett ist und es zweifelsohne gut mit ihm, mit uns meint. Schließlich sind wir die ältesten Pilger dieses Weges, wie wir bis hierhin fest glauben, ja, nach unseren bisherigen Erfahrungen einfach annehmen müssen und deshalb auch prominent, wie wir uns gerne einreden.
Bernd kommt, dem körperlichen Zusammenbruch nahe, geschlagen zurück. Ein gealteter, zitternder Mann, wie ich gerne zu erkennen glaube.

„Im Moment hann ich a Tinnitus. Mir klingele die Ohre. Ich kann dir sahn. Jetzt wes ich erscht so richdisch wie du leidescht."

„Du hättscht Telefonseelsorscher werre könne, wie du der so offmerksam zugeheert hascht."

„Die hat mir die Ohre abgebiss unn wedder dran genäht."

Nach einem Lachanfall erledigen wir das Übrige. Wir lassen uns viel Zeit. Jeder duscht eine geschlagene halbe Stunde oder länger. Die Dusche ist eine ungefähr 1,50 m lange Badewanne mit blitzsauberen verschiebbaren Glaselementen. Einzigartig. Zwei neue Menschen werden geboren. Ich liebe diese schweigsame, zurückhaltende, dezente Alte, dieses Hotel, ganz Spanien und natürlich, wie sollte es anders sein – mich selbst.
Bevor wir gehen, sage ich zu Bernd: „Riech emol an meine Schtrümp. Mennscht de, die könnt ich noch anziehe?"

Besagter Wanderkumpel zeigt mir entrüstet spontan den Mittelfinger: „Hascht wohl e Macke. Willscht de mich umbringe?"

„Soviel Glück hann ich nett."

Heute waschen wir nicht. Nein, wir haben null *bocko*.

Dann gehen wir durch Llanes. Eine sehenswerte Stadt. Direkt am Meer mit drei wunderschönen Buchten, einer mittelalterlich ummauerten Altstadt und einer großen, anschaulichen Marienkirche, die wir allerdings von innen nicht bewundern können, weil sie geschlossen ist. Die Hauptsehenswürdigkeit aber sind die „Erinnerungswürfel" eines bedeutenden baskischen Malers, der im Jahr 2001 am Ende der Hafenmole, 600 Meter von der zentralen Brücke am Fluss entlang zum Hafen, die dort befindlichen großen Steinblöcke wunderbar farbig bemalt hat.
Das Meer verpassen wir allerdings an diesem Abend. Wir lernen es wohl nie, einmal wenigstens in die richtige Richtung zu laufen. Wir sind aber auch bescheuert. Zugegeben. Frustriert telefonieren wir nach Hause. Dann fassen wir den Entschluss, nicht die andere Richtung zum Meer einzuschlagen, da wir einfach zu faul und zu müde sind und gewaltigen Hunger verspüren.
Wir kommen spät zurück.
Bis jetzt haben wir 254 Kilometer hinter uns.

Morgens bedeutet mir Bernd, dass ich beim Runtergehen ganz leise sein soll.

„Velleicht heert se uns dann nett."

Ich grinse ihn an: „Alter, gepp dir Müh. Bei der geht ebbes. Die Alt steht off dich. Die Chance kommt so schnell nett wedder."

Bernd führt grinsend den Zeigefinger an die Stirn und betätigt dann seine Hand als Scheibenwischer.

„Du muscht nur dran glawe", setze ich noch einen obendrauf.

„Lass mich jo in Ruh. Ich hanns an all Nerve."

„Do hascht de a all Grund dezu. Gleich muscht de dei Mann schtehn."

„Wenn das do es Hilde wisst, wie du mich unner Druck setzscht."

Okay, Kumpel, *du* hast dich eingelassen. Nicht ich. Ich halte mich lieber an jüngere *Seňoras*. Du musst die Suppe hier selbst auslöffeln.

„Wenn de demm Druck nett gewachs bischt, schick ich dir de Rückholdienscht vom Rote Kreiz.“

„Jo, bei denne machscht de jo a immer de Scheene.“

Voller Panik, ich glaube, er hatte die Hosen wirklich gestrichen voll, schleicht Bernd die Treppe hinunter. Dann schaut er konspirativ nach links und rechts. Wie ein Einbrecher, der sich versichern will, dass sich auch niemand in der Wohnung aufhält. Mit der Hand kommt dann die unzweifelhafte Geste in Richtung Treppe, auf der ich hinter ihm stehe: *schnell abhauen.* Das tun wir dann auch.
Es ist das erste und letzte Mal, dass wir auf dem Jakobsweg gerannt sind.

„Immer de Pfeile noh“ nach Asturien

Durch Asturien...

Aus dem OUTDOOR Reiseführer:

Im Jahr 722 konnte ein christliches Heer bei Covadonga *in den asturischen Bergen erstmals die Araber besiegen.*
Der siegreiche Heerführer Pelayo *begründete damit das Königreich Asturien.*
Die Region hat sich bis heute viele Eigenarten bewahrt.
Dies liegt besonders an der Randlage auf der Iberischen Halbinsel und am gebirgigen Charakter der Landschaft.
Es wird ein stark von der Staatssprache differenzierter Dialekt gesprochen, das sogenannte bable.
Besonders im Westen Asturiens ist es sehr verbreitet und geht allmählich ins Galicische über.

Informationen aus dem Internet:

Asturien (spanisch *Asturias* bzw. offiziell *Principado de Asturias*, d. h. *Fürstentum Asturien*, asturisch *Asturies* bzw. *Principáu d'Asturies*) ist eine Autonome Gemeinschaft im Nordwesten Spaniens. Das Territorium der Autonomen Gemeinschaft ist identisch mit dem der Provinz Asturien (früher *Provinz Oviedo*). Die Hauptstadt ist Oviedo mit über 225.000 Einwohnern.

Asturien erstreckt sich zwischen dem Kantabrischen Meer im Norden und dem Kantabrischen Gebirge im Süden. Politisch grenzt es im Westen an Galicien, im Süden an Kastilien-León und im Osten an Kantabrien. Die Küste nennt sich Costa Verde; hier befinden sich einige der schönsten Strände Spaniens. In der ganzen Region herrscht ozeanisches Klima, das sich stark vom heißen und trockenen Klima in Zentral- und Südspanien unterscheidet. Das Landschaftsbild Asturiens ist daher von wesentlich mehr Grün bestimmt (*España Verde*, das „grüne Spanien").

Naturschutzgebiet

31. August 2010

12. Etappe **Llanes – Nueva** **20 Kilometer**

Um 09.00 Uhr marschieren wir los. Bilderbuchwetter, nicht zu heiß, nicht zu kalt, genau richtig.
Wie aus heiterem Himmel dann die erste wirklich kritische Phase dieser Reise. Wir finden keine Bar zum Frühstücken. So angestrengt wir auch suchen. Übelgelaunt gehe ich des Weges. Ich stehe plötzlich vollkommen neben mir. Bin konsterniert, mit der Welt und mir unzufrieden. Könnte jetzt glatt jemanden erschlagen. Bin äußerst aggressiv, meine Nerven zum Zerreißen gespannt. Kenne mich nicht so, warte regelrecht darauf, dass ich explodiere, dass mich einer provoziert, Bernd ausgenommen.
Bald sind wir am hoch gelegenen Aussichtspunkt von Llanes angelangt. Rechts das Meer, links die Berge. Eine einzigartige Symphonie. Dieses weite Meer. Es beruhigt mich immer wieder. Schon geht es mir besser. Ich befinde mich jetzt im Schlepptau einer sich langsam einstellenden Gelassenheit. Und der kleine, sympathische, fast familiär anmutende Sandstrand tut sein Übriges hierzu. In dieser kleinen Stadt Llanes hat man alles, was man zum Leben braucht, was das Herz begehrt. Hier könnte ich es eine Weile aushalten. Ich sage zu Bernd: „Guck dir mol das an. Rechts die Bersche, links es Meer. Ehnfach doll, odder etwa nett?"

„Schpinner. Grad umgekehrt werrd e Schuh draus. Rechts es Meer, links die Bersche. Bischt wie immer voll denewe."

„Ach jo, ich hann nur falsch erum geschtann."

„Kannscht de dich an die Kuh erinnere mit denne Markierunge am Ohr, die wie gellwe Pfeile ausgesiehn hann? Wenn die sich in die anner Richdung gedreht hätt, wärscht de wedder noh Biarritz serück gelaf, du weißhorischie Schlofmütz?"

Eine Möwe gleitet keine zwei Meter über uns laut schreiend hinweg. Ein würdiger Anblick, dieser Vogel mit seiner unglaublichen Gleittechnik. Ja, Vögel haben es leichter als wir Menschen. Sie erreichen schnell ihr angestrebtes Ziel. Und mit wesentlich geringerem Aufwand. Könnte

man doch nur wie sie, von der Thermik getrieben, mit ausgebreiteten Flügeln über die belebte Erde durch die Lüfte schweben. Wie viel würde ich dafür geben, dieses Panorama des Meeres und der Berge jetzt mit den Augen der Vögel zu sehen.
Wir passieren eine Parkanlage, welche den Charakter eines Höhenweges hat. Immer wieder bleiben wir stehen, erfreuen uns am Anblick, der sich uns bietet. Meine Stimmung wird zunehmend besser, meine sich angesammelte, offenbar angestaute, nicht zu erklärende Aggressivität verliert mehr und mehr an Kraft. Ich werde ganz langsam wieder normal oder der Alte. Wie man das auch deuten mag.
Wir gehen jetzt einige Stufen hinunter, gelangen auf einen asphaltierten Weg, sehen den Pfeil und folgen ihm wie Kinder ihrer Mutter. Wir sind brave Wanderer, die sich orientieren und den Weg annehmen, der vorgegeben und den zu gehen man gezwungen ist, möchte man am gewünschten Ziel ankommen.
Natürlich verlaufen wir uns. Ich möchte niemandem zu nahe treten, muss es aber an dieser Stelle unbedingt loswerden: Der Reiseführer ist manchmal einfach nur unklar. Er gibt Pfeile an wo gar keine Pfeile sind, Kreuzungen, die nicht existieren. Oder haben wir beide das Lesen inzwischen verlernt? Und noch dazu zum gleichen Zeitpunkt? Wohl eher unwahrscheinlich.
Wir rasten auf einer Bank, beratschlagen. Und lernen Florian kennen, einen Aachener Informatikstudenten. Er ist ein ruhiger, bescheidener, intelligenter, junger Mann mit Brille und dünnen Haaren. Äußerst cool. Er läuft nicht ganz rund, ist nicht fitt, Knieprobleme bereiten ihm Pein, er zieht das Bein etwas nach. In Santander ist er eingestiegen und jetzt schon ziemlich fertig. Was soll das werden? Ich biete ihm Magnesium an, eine Vitamintablette. Er nimmt sie dankbar entgegen.
Heute sind wir zwei Wochen in Spanien unterwegs. Hört, hört.
Immer noch auf der Bank beratschlagen wir nun zu dritt über der Karte. Wir blicken nicht ganz durch, laufen dann auf Verdacht los. Der Verdacht erweist sich Gott sei Dank als richtige Fährte, wir werden fündig, um uns nach einer Weile dummerweise erneut zu verlaufen. Verflixt noch mal. Wieder suchen wir den richtigen Weg, fragen uns durch, finden schließlich seinen Einstieg.
Mit Florian sind wir den ganzen Tag unterwegs. Er ist ein angenehmer, zurückhaltender, ruhiger Begleiter. Und wenn er etwas sagt, dann macht es Sinn.
In einer Bar trinkt jeder drei große *cañas,* die uns ein wenig den Kopf

benebeln, da wir den ganzen Tag noch nichts gegessen haben.
Florian ist selbstverständlich eingeladen. Er ist ein *armer* Student, der nur ein gewisses Tagesbudget zur Verfügung hat. Er bedankt sich artig.

„Hör auf!“, sage ich auf Hochdeutsch zu ihm, weil er mich ansonsten nur schwer versteht. „Das machen wir gerne, aber denk daran, wenn du einmal Geld verdienst und bei einer deiner Pilgerreisen einen armen Studenten triffst, dass du genauso handelst.“

„Das mache ich. Versprochen.“

Florian hält erstaunlich gut mit. Er genießt unsere Gesellschaft. Das merkt man ihm an. Er lacht viel über unsere Dialoge, geht aus sich heraus. Braver, junger Pilger.
Einige Kilometer später rasten wir am Strand. Wieder trinken wir. Es ist urgemütlich. Wir fühlen uns wohl. Kein Wunder. Nur gut gelaunte braungebrannte Menschen in Badekleidung schwirren um uns herum. Keine Hektik ist zu spüren, nichts, was unsere Lebensfreude beeinträchtigen könnte. Schließlich erreichen wir Nueva.

Die heutige Etappe ist bis hierhin ganz okay. Wir sind oft am Meer, aber auch an stark befahrenen Straßen entlang gelaufen. Im Biergarten einer Bar setzen wir uns in den Schatten und trinken etwas.
Gegen 17:50 Uhr fahren wir mit dem Bus nach Ribadesella. Das Stadtzentrum und der Hafen befinden sich am östlichen Ufer des Sella. Der touristische Stadtteil mit Ferienwohnungen, Hotels und Pensionen am westlichen Ufer, wo sich auch der Strand ausbreitet.
Wir finden nach kurzem Suchen eine Pension für 27,50 Euro pro Person.
Florian begibt sich schnurstracks in die Jugendherberge. Werden wir ihn wiedersehen?
Bisher sind wir 274 Kilometer gelaufen.
Die Kondition ist gut. Der Kopf ist gut. Oberschenkel und Rücken angeschlagen. Ignoranz diesbezüglich ganz im Sinne eines heroischen Kämpfers ist dringend angesagt, geradezu geboten. Einfach den Schmerz vergessen. Nicht daran denken. Es muss weiter gehen. Immer weiter.

Bis nach Santiago.

Blick auf Llanes

1. September 2010

13. Etappe Ribadesella – Colunga 24 Kilometer

Gegen 10:00 Uhr Abmarsch. Der Himmel zeigt sich bewölkt. Ein gutes Wanderwetter. Endlich einmal nicht diese, mit der Zeit doch zunehmend unerträgliche Hitze.
Wir laufen an einem Maisspeicher, *hórreos* genannt, vorbei. Man trifft sie oft an. Waagerechte Steinplatten verhindern, dass Mäuse hochklettern. Die *Hórreos* sind quadratisch und oft so groß, dass sie sogar, sollten sie ihren Verwendungszweck verlieren, als Wohnräume dienen könnten.
Die Etappe ist sehr angenehm. Sie verläuft oft auf schmalen Höhenpfaden. Eine *Seňora* mittleren Alters umarmt uns spontan längs des Weges.

„Buenos días, buen camino!“, wünscht sie uns euphorisch. Nette Geste. Ich bin mit Bernd wieder allein unterwegs. Wir laufen dicht am Meer entlang. Es beruhigt, belebt die Wanderlust, stachelt die Anschauungen an.

Mein linker Oberschenkel brennt. Kaum kann ich das Bein hochheben. Ich schleife es eine Weile nach. Nehme es einfach als gegeben hin. Was kann ich jetzt auch daran ändern? Der Rücken wird sich schon wieder beruhigen.
Stoisch laufe ich weiter. Auf jeden Schritt folgt der nächste. Und mit dieser selbstverständlichen automatisierten Schrittfolge komme ich dem Ziel immer näher.
Der Schmerz in meinem Oberschenkel bessert sich schlagartig. Ich kann mich fast wieder normal bewegen. Eine Wunderheilung? Ich glaube nicht an solche Kräfte. Aber ich tröste mich jetzt auch gerne damit, dass es sie unter Umständen doch geben könnte. Schließlich befinden wir uns auf dem Jakobsweg. Noch dazu im Heiligen Jahr. Da haben schon ganz andere Persönlichkeiten Übersinnliches erfahren.
Nichts ist unmöglich, Toyota.
Neckischer Gedanke. Diese Metapher musste jetzt sein.
Wir beschließen nach Colunga zu laufen. Ursprünglich wollten wir die Nacht in La Isla verbringen, aber wir haben uns nun anders entschlossen.

Mein kleiner Wanderführer Bernd ändert ständig die Etappen. Wir möchten nicht irgendwo im Niemandsland enden, was momentan unsere größte Sorge ist.

„Du bischt nett e Planluhser“, foppe ich ihn, „du bischt e Planloser.“

„Dann mach doch dus, wenn de alles besser wehscht unn kannscht“, regt er sich auf. Gut, dass ich noch in der Lage bin, solche Reaktionen aus ihm herauszukitzeln. Er springt jedes Mal trotz gelegentlich stotterndem Motor an, wenn ich ihn verbal piesacke. Er ist also noch am Leben, genau wie ich, der ich dies als Bestätigung und zugleich Ansporn für mein Lästermundwerk zur Kenntnis nehme. Es schadet nicht, ihn ab und zu aus der Reserve zu locken. Da werden seine Kräfte jedes Mal neu mobilisiert, er geht aus sich heraus, bläht sich auf und macht voran. Es ist wie ein Adrenalinschub. Gut so, alter Kumpel, wehre dich gegen jegliche Provokationen und wenn du beim Wandern dadurch einen Zahn zulegst.

Wieder müssen wir entlang einer viel befahrenen Straße. Ganze vier Kilometer. Die Autos schießen nur so an uns vorbei. Wir springen auch schon mal in den Graben.

Ich erinnere mich an den Pilger. Er hat lange nicht zu mir gesprochen. Warum meldet er sich nicht mehr? Denkt er, ich sei ein hoffnungsloser Fall?

„Findest du das schön, diese elende Hopserei?“, maule ich ihn in Gedanken an. *„Macht dir das Spaß? Kannst du diesem vielbefahrenen Weg etwas Positives abgewinnen? Wie soll man da demütig sein?“*

Der Pilger antwortet nicht. Er ignoriert mich offensichtlich. Der Wanderer in mir wird wütend: *„Ja, tue nur so selbstherrlich. Du bist nicht besser als ich.“*

„Hör auf zu klagen“, meldet sich der Pilger. *„Das ist es ja. Du nimmst den Weg nicht an, suchst ständig nach Privilegien. Jedes noch so kleine Opfer ist dir zu schade. Aber bist du ihn deshalb gegangen? Dann geh gleich wieder nach Hause!“*

„Zuhause im Bliesgau laufe ich oft schönere Wege“, entgegnet der

Wanderer trotzig.

„Warum bist du dann hierher gekommen und nicht zuhause geblieben? Keiner hat dich gerufen. Niemand in diesem Land will etwas von dir. Und keiner auf diesem Weg. Flieg also wieder zurück! Hier lernst du doch nichts dazu. Du bist gegen jede neue Erfahrung resistent. Hau einfach ab und lass den Camino in Frieden!“

Wieder kanzelt er mich barsch ab, der Pilger in mir. Diese Zwiegespräche enden immer mit der Niederlage des Wanderers. Er bekommt stets sein Fett weg. Vom Pilger werde ich resolut auf den Wanderer reduziert. Der Pilger in mir wird gar nicht richtig wahrgenommen, regelrecht ignoriert, auf Minimalgröße gestutzt, abgekanzelt, er erhält gar keine Chance sich zu etablieren, in mir zu wachsen. Weil es ihn vielleicht gar nicht gibt, ich viel zu weit von diesem Status entfernt bin? Resigniert gehe ich weiter meines Weges.
Bezüglich einer Bar werden wir fündig. Hinein. Der Wanderer bestellt ein Bier. Der Pilger schweigt bedrückt. Der Wanderer trinkt.
Dann begeben wir uns auf die Suche nach einer Pension. Wir finden eine für 18 Euro direkt an der Straße. Bescheiden, äußerst bescheiden. Eigentlich ein Mauseloch. Aber Mauselöcher sind wir inzwischen gewohnt. Sie schrecken uns nicht mehr ab. Doch dieser Lärm der Autos, Motorräder und Lastkraftwagen. Es fällt schwer, sich daran zu gewöhnen.
Abends dann Essen. Pizza mit Meeresfrüchten. Ungenießbar für mich oder meinen zu verwöhnten Gaumen. Außerdem hatte ich etwas ganz anderes bestellt. Genervt gebe ich sie fast unberührt wieder zurück, esse eben nichts. Auch das stecke ich weg. Mir doch egal, zeige ich mich zickig. Kann auch hungern. Auch das kann ich. Und muss es wohl jetzt.

„Du machscht dich kaputt“, ermahnt mich Bernd.

„Ich hann ehnfach kenn Hunger. Was kann ich dann defür?“

„Du muscht dich sesamme reiße. Ohne Kohlehydrate gehscht de vor die Hunde. Heer ehnmol off mich.“

„Ich hann kenn Appetit. Basta. Soll ich mich jetzt selbscht kaschteie?“, bleibe ich stur und unbelehrbar.

„Du hascht se nett all. Du muscht das Land endlich emol annemme. Unn a sei Essgewohnheite. Guck dir mol dei Been an. Schpatzebeen sinn das. Iss doch a kenn Wunner."

„Die sinn immer noch schenner als dei vebaute Treter."

„Du machscht die gleiche Fehler wie vor drei Johr. Do nutze dir dei dumme Schprüch nix."

„Wieso dumm? Ich bin klug unn kann mich dumm schtelle. Awer kann sich e Dummer klug schtelle?"

„Was guckscht de mich dann jetzt so komisch von de Seit an? Mennscht de etwa mich demit?"

„…"

„Sa jetzt liewer nix."

Wir sitzen direkt an der Hauptstraße dieses ach so einladendenden Ortes. Ich erwidere tatsächlich nichts, habe keine Lust auf ein blaues Auge.
Später dann Bars. Bis 02:00 Uhr. Wir konnten nicht länger, waren einfach zu müde. Haha. Das erste Mal hören wir richtig gute internationale Musik. Wir trauen unseren Ohren kaum, bleiben sitzen. Was soll man sonst auch tun, wenn es gefällt? Zudem fällt das Schlafen in fremden Betten immer schwerer. Und wir wissen, wie unsere Unterkunft heute aussieht. Vertrauen darauf, dass wir wieder die halbe Nacht kein Auge zutun. Dieser motorisierte Höllenlärm. Und tatsächlich, wenn ein LKW vorbeirauscht, glaubt man, er fahre direkt auf unsere Betten zu. Das bescheidene Haus dröhnt und wackelt so, dass ich glaube, neben Eisenbahnschienen zu liegen. Von Schlaf kann keine Rede sein. Weltuntergangsstimmung pur beschleicht mich. Nicht schon wieder die ganze Nacht wach liegen. Noch dazu ausgehungert und ein wenig beschwipst. Colunga ist ein Nest. Ein größeres Nest zwar, aber ich habe mich dort, außerhalb der Kneipen, einfach nicht wohl gefühlt. Er hat mich regelrecht erdrückt, dieser Ort, psychisch fast erschlagen. Ich war aber auch

körperlich nicht auf der Höhe, vielleicht hatte es damit zu tun. Der Anblick dieser blassgrauen, nichtssagenden, unpersönlich erscheinenden, traurigen Häuserreihen stumpft irgendwie ab. Man kann sich dem nicht entziehen. Er bohrt an den Nerven, gestaltet das Dasein nicht unbedingt leichter. Die innere Fassade, diese Bilder nicht zu nahe an sich heran zu lassen, bröckelt. Man fühlt sich bedrückt, regelrecht bedroht von dieser Eintönigkeit und Leblosigkeit. Dann diese viel befahrene, langgezogene Straße. Der ständige Lärmpegel. Dieses schlimme Lokal, das sich Restaurant nennt. Die Toilette, die jeder halbwegs vernünftigen sanitären Anlage Hohn spricht. Und nicht einmal ein Meer. Kein Meer. Und auch keine Picos mehr. Ja, auch die Berge sind verschwunden. Sie haben sich sang- und klanglos von uns verabschiedet. Man sieht nur noch ihre Ausläufer. So ist es halt. Alles ist vergänglich. Selbst der Mensch. Da lebt man eine kurze Zeit und muss dann auch noch sterben. Es ist schon dramatisch. Aber wie komme ich jetzt von den Bergen auf den Tod? Ich habe keine Ahnung und will es auch gar nicht wissen.
Am Freitag wollen wir in Gijón sein. Wir müssen planen. Schließlich möchten wir gerne am 23.09.2010 pünktlich zu unserem Abflug am Flughafen erscheinen. Und mindestens zwei Tage vorher wollen wir in Santiago ankommen. Es heißt jetzt, die Etappen genau zu organisieren. Und kleinere Weiler, wo sich Hund und Katze gute Nacht sagen, zu vermeiden. Wir wollen nicht in einem Mauseloch sitzen und veröden.
Wir Hedonisten. Es wird schwer genug.
298 Kilometer haben wir hinter uns.

Ein Strand zum Entspannen

2. September 2010

14. Etappe Colunga – Villaviciosa 20 Kilometer

Das Wetter ist nett zu uns, wie immer. Vielleicht etwas zuviel Sonne für eine Wanderung. Sind wir mittlerweile aber gewohnt. Wir stören uns nicht daran. Jedenfalls immer noch besser als der moderateste Regen. Wir sind erst um 09:30 Uhr zum Abmarsch bereit. Ein wenig Schlaf war angesagt nach dieser spanientypischen Nacht der totalen Unruhe und des gespenstischen, überdimensionalen Autolärms.
Jetzt gehen wir die Nationalstraße entlang. Keine fünf Minuten sind wir unterwegs, schon sehen wir ein Internetcafe. Bernd steuert es zielstrebig an.

Wir haben uns heute Morgen darauf verständigt, diese Reise um ein paar Tage zu verkürzen. Wir wollen nicht mehr so lange in Spanien bleiben. Nicht zuletzt reagieren wir auf meine nach wie vor großen Rückenprobleme und der daraus immer wieder resultierenden Angst, dass ich mir einen irreversiblen Schaden zufügen könnte. Das wäre die Sache bestimmt nicht wert.

Die von uns selbst vorgegebenen 600 Kilometer werden wir daher nicht mehr bewältigen können. Egalo. Es ist uns gleichgültig. Wem muss ich etwas beweisen? Wem müssen wir etwas beweisen? Wir sind gestandene Männer, sind schon einmal quer durch Spanien gelaufen und zwar den Hauptweg, den *Camino Francés*.

Nein, wir werden jetzt das tun, was uns auch wirklich gut tut. Und diese Abkürzung tut uns jetzt wirklich gut. Wir suchen bei Google unter Ryanair.
Samstag, den 18.09.2010, gibt es noch zwei freie Plätze für einen möglichen Rückflug. Man muss sich das einmal auf der Zunge zergehen lassen: *Nur noch zwei freie Plätze.*
Wir haben wieder einmal Glück. Es wird sonst kein Flug angeboten, die ganze Woche nicht, dann dieser Flug mit nur noch diesen beiden freien Plätzen. Bernd bucht auf der Stelle. Er lässt sich nicht zweimal bitten.
Jetzt fühlen wir uns unbeschwerter. Es geht uns direkt besser. Wir klatschen uns ab und gehen hochgemut, ein wenig euphorisiert unseres Weges.

Die „Picos"

Die Erleichterung über das Geschenk, ein paar Tage früher als ursprünglich geplant, nach Hause zu kommen, gibt uns in der Tat spürbaren Auftrieb. Wir fühlen uns jetzt sehr viel wohler – und haben hier die Hälfte der Strecke hinter uns gebracht.
Wir sehen eine hübsche *Seňora*, lächeln sie an, sie lächelt geschmeichelt zurück, tolle Figur, auch sonst alles toll an ihr. Dann macht sie den Mund auf – und hat keine Zähne mehr. *Hola*.

Fast erschreckt von diesem Kontrast und etwas nachdenklich folgen wir weiter unserem Weg. Welch ein Affront der Natur gegenüber. Wie ein bitterer Beigeschmack. Eine so gut aussehende Frau, dann das. Warum tut sie sich das an? Ist sie wirklich so arm, dass sie sich kein Gebiss leisten kann oder ist es ihr nicht so wichtig, ihr gar gleichgültig? Wir reden darüber, kommen zu keinem Ergebnis.
Natürlich verlaufen wir uns wieder. Keine Pfeile da. Nicht ein einziger. Eine *Seňora* am Fenster eines ärmlichen Hauses ruft uns zu, laut und flehentlich fast, sie zeigt uns den richtigen Weg.

„Die könnt e Haufe Geld vediene, wenn se jedem de Wee zeie würd, der sich an der do Gabelung velaft. So wie do ausgeschildert iss a kenn Wunner. Die müsst nur e Kass newe sich schtelle, e Minirock anziehe, sich scheen schminke, die Lippe anmole, lieb gucke, mit de Aue rolle unn e paar Cent velange. Ruckzuck wär se reich."

„Du denkscht wie immer nur ans Geld. Awer Geld kammer nett fresse, das muscht de ehnfach wisse."

„Wes ich a, du alter Indianer. Mach dir nur kenn Sorje. Ich war noch nie e Geldhai."

„Apropos Hai. Kennscht de denne? E Guckuck flieht iwwers Meer, sieht e Hai. Grüßt er: ´Hey´. Saht de Hai: ´Guckuck´."

Wir reden weiter dummes, albernes Zeug. Denn die Wanderung ist eintönig und daher langweilig. Nichts Außergewöhnliches, außer ein paar Lachanfällen zu bestimmten Anlässen, die aber nicht unbedingt erwähnenswert sind, weil nur wir infantile Wanderer in dieser Situation zu dieser Zeit darüber lachen können. Wir halten uns bei Laune, gehen ironisch und keineswegs zögerlich mit allen Unbillen, die sich uns in den Weg stellen, um.
Das Meer zeigt sich uns kein einziges Mal.
Nicht zuletzt auch deshalb befällt mich eine massive Laufsinnkrise, eine omnipotente Laufunlust, die wahrscheinlich meinem Rückenproblem geschuldet ist.
Ich ertrage meine Beschwerden tapfer, indem ich sie weiter ignoriere oder wenigstens so tue. Sich selbst etwas vorzumachen, scheint manchmal aus purer Sorglosigkeit oder Bequemlichkeit gar nicht so schwer zu sein, aber wenn es um Schmerzen geht, die man einfach verdrängen oder vergessen möchte, stellt sich diese Intention schon etwas schwieriger dar.

Schließlich kommen wir in Villaviciosa, unserem heutigen Etappenziel, an und gelangen in eine nette, interessante Altstadt mit engen Gässchen und vielen kleinen Läden.
Wir finden ein Hotel für 15 Euro pro Mann und treffen dabei mehrere junge Pilger, die wie wir hier einchecken, da es in diesem größeren Ort erstaunlicher Weise keine einzige Herberge gibt.
Dann das Übliche.
Wir beschließen, schon morgen nach Gijón zu fahren. Ein Tag Ruhe wäre angebracht. Vielleicht sogar zwei Tage.

Wir müssen energisch gegen unsere manchmal leicht negative Grundstimmung vorgehen, müssen sie dauerhaft bekämpfen.
Ich werde in Gijón ins Hospital gehen, um einen Arzt zu konsultieren. Ständig befürchte ich, mir bleibende Schäden durch die Wanderungen zuzufügen. Diese Ängste sind wie ein Damoklesschwert, das über meinem Kopf schwebt. Eine Kortisonspritze würde mit Sicherheit nicht schaden. Der Rücken braucht jetzt eine gewisse Entspannung nach all den Strapazen, denn ich habe ihn bei Gott nicht geschont.
Wir spazieren durch den sonst wahrscheinlich verschlafenen, nun aber betriebsamen Ort, da eine Karona spanischer Touristen in Reisebussen unterwegs ist. Das Zentrum wird gleich von ihnen überlaufen sein.
Wir setzen uns eine Weile vor eine Bar in die Sonne, beobachten das Treiben, trinken *dos cañas grandes.*
Eine schwarze Katze läuft ständig auf der gegenüberliegenden Straßenseite unter den parkenden Autos hindurch.

„Das iss e sogenanntie Autohindurchkriechkatz. E neu entdecktie Rass."

Bernd lacht. Ich lache mit ihm. Gut für den Gemütszustand. Immer wieder das gleiche Bild: Wir machen uns selbst froh.
Später dann ab zum Essen. Nach langer Suche finden wir endlich ein Restaurant. Bernd isst zusätzlich zu seinem Hauptgericht einen Teller frischen Fisch. Er nötigt mich permanent, während seiner Kauvorgänge, ihn zu probieren. Nein, danke! Er insistiert, hakt nach, nörgelt an mir herum, kritisiert, beschimpft mich sogar, fordert mich heraus, spricht mir gut zu, gibt alles, aber ich mag den Fisch nicht. Auf dieses Eiweiß muss ich verzichten.

Bernd schüttelt den Kopf. Ich esse dann trotzdem recht vernünftig, stopfe alles oder fast alles in mich hinein, zwinge mich regelrecht, da ich keinen Appetit und deswegen auch zwei Tage kaum etwas gegessen habe.

„Gutt gemacht", lobt mich Bernd.

„E Lob von dir? Aweil trefft mich de Schlach. Do iss doch was faul."

„Ich will kenn Freibier. Nur kenn Angscht."

„Hann ich a nett. Iss dir awer beschtimmt schwer gefall, das Lob."

„Iwwerhaupt nett. Hascht wennischtens e bissje Farb im Gesicht jetzt wo de mol einischermaße gess hascht. Das freit mich.“

„Unn du hascht lang kenn so dicker Bauch meh wie de emol enner gehad hascht. Das freit mich a.“

„Danke, brauchscht mich jetzt awer nett se lowe, nur weil ich dich emol gelobt hann.“

„Hann ich a nett vor. Dei Bauch iss nämlich viel dicker wierer mol war.“

„Doppeltes Rindvieh.“

„Das duht jetzt awer weh.“

„Es muss emol weh duhn. Haschts nett annerscht vedient.“

„Ich wollt doch nur nett sinn.“

„Du? Alles, nur das nett, du alter Heuchler.“

Der Biesinger Ortsvorsteher, Werner Weihrauch, kurz Immel genannt, ein Nachbar und alter Fußballkollege, ruft mich an, fragt nach meinem Befinden. Das gibt mir enormen Auftrieb. Alle Neuigkeiten oder Mitteilungen aus der Heimat geben mir Kraft. Es ist ein Stück Heimat, eine guttuende, labende, wiederbelebende heiße Brühe Unterstützung, die ich so dringend benötige wie Bernds Fische das Wasser, wenn sie nicht tot wären.
Nach dem Essen gehen wir in eine Bar. Nicht lange. Ich bekomme mein Bier heute nicht hinunter.
Um 22:00 Uhr ist finito. Bin zu kaputt. Muss in mein Bett. Muss schlafen. Und wenn ich bis zum Ende meines Lebens durchschlafe. Ich fühle mich müde, leer und ausgebrannt.
Erneut finde ich kaum Nachtruhe, bin immer wieder wach. Dazu Bernds Schnarchen und ständiges Husten wegen seines starken Rauchens. Ich könnte ihn erwürgen morgens so zwischen 02:00 und 05:00 Uhr.
Das Hotel ist übrigens ein Loch, wie ich jetzt erst bemerke, offenbar mit ganz dünnen Wänden ausgestattet. Wir hören extrem laute Geräusche von Menschen, die neben oder über uns liegen. Jeden Pieps bekommt

man mit. Nicht zum Aushalten. Hoffentlich fängt jetzt nicht auch noch Gestöhne an, denke ich verbittert.
Dann diese lautnervigen Toilettenspülungen, Wasserhähne und Duschen. Man glaubt sich am Strand mit seinen tosenden Wellenschlägen. Aber das Meer klingt beruhigend gegen diesen penetranten Lärm, der grässlich, fast hämmernd meine Ohren piesackt. Das geht so die ganze Nacht. Am laufenden Band steht irgendeiner der unter uns, über uns oder im Zimmer daneben Liegenden auf oder legt sich wieder hin, betätigt die Toilettenspülung, den Wasserhahn, die Dusche.
Hat dieses Hotel denn wirklich Wände aus Pappe?
Ich schlafe einfach nicht mehr ein bei diesem enormen Geräuschpegel, der alles überschattet, jeglichen Schlaf abtötet. Ich bin fertig, so ziemlich am Ende, saft- und kraftlos. Wieder keine Nachtruhe, die ich mir so gewünscht und außerdem bitter notwendig hätte.
Vielleicht liegt es auch an meinem Gesamtbefinden.
Es ist nun wirklich nicht leicht, sieben Etappen unter Dauerschmerzen zu gehen.
318 Kilometer sind es bis hierher.
Mehr als die Hälfte der Strecke müssen wir noch wandern, wenn wir wenigsten über 500 Kilometer kommen wollen.
Dies entspräche exakt der Leistung von vor drei Jahren.
Doch diese jetzigen Etappen sind wesentlich schwerer.
Eine SMS von Hilde erhalten: *Hör auf die Signale deines Körpers.*
Keine Angst, werde ich tun.

Daher ein äußerst motiviertes Fazit: *Schmerzen hindern ein Kind an der Fortbewegung, lassen es jammern, heulen, schreien. Aber keinen Mann. Bleib also aufrecht und gehe weiter. So wie du es dir selbst aufgetragen hast. Vielleicht wirst du ja doch noch ein Pilger. Und kommst als solcher in Santiago an.*

Zwischenresümee nach der Hälfte der Reise

Wir sind auf dem Camino zwar angekommen, aber noch weit vom Pilgerstatus entfernt. Unsere Demut hält sich in Grenzen. Entbehrungen laden wir uns nur dann auf, wenn wir uns nicht mehr dagegen wehren können.

Dagegen findet die körperliche Enthaltsamkeit in allen Disziplinen statt: Wir quälen uns partiell beim Wandern, Hunger haben wir manchmal den ganzen Tag bis zum Abend, und *Seňoras* oder *Seňoritas* (außer ein paar harmlosen Flirteinlagen) kommen für uns nicht in Frage. Wir lassen uns nicht in Versuchung führen.

Die Strecken sind abwechslungsreich, interessant. Anregende Küsten- und Höhenwege, die oft direkt am Meer vorbeiführen und manchmal schwer zu gehen sind wegen des ständigen Rauf und Runter. Immer wieder Rutschgefahr.

Einige Weiler, durch die wir bisher kamen, waren menschenleer.

Wie beim Hauptweg sehen wir immer wieder Häuserruinen und Häuser, die halb gebaut sind und dann als Torso einfach in der Landschaft zurückgelassen werden, aus welchen Gründen auch immer.

Wir gehen stets den Weg gegen Westen, das Meer muss rechts von uns liegen, die Berge links. Dies bietet schon eine ausgezeichnete Orientierung.

Unser Schatten vor uns weist vorbildlich den Weg. Wir müssen ihm nur folgen, um anzukommen.

Es ist kein leichtes Leben, dieses Pilgerleben. Diesen Satz lassen wir immer wieder bewusst fallen, um uns aufzurichten.
Wir arbeiten mehr oder weniger erfolgreich am Pilgerstatus.
Denn die Wahrheit ist, wir sind keine Pilger! Und wir werden wohl auch keine mehr werden. Diese Hoffnung habe ich inzwischen fast aufgegeben.
Wanderer sind wir! Wir gehen des Weges und gelangen an ein Ziel, hören nie damit auf. Wir wandern von *A* nach B. Bis uns die Sinne

vergehen. Bis der Weg vergeht, aufhört, zu Ende ist.
Bis wir ankommen und keine Wanderer mehr, noch Pilger, noch *Peregrinos*, noch was weiß ich sind.
Bis wir ankommen und wieder Menschen werden.
Und keine verschwitzten, stinkigen, müden, ausgelaugten, manchmal mit dem Schicksal hadernden Rucksackterroristen mehr sind.
Dies ist die Quintessens dieses Zwischenresümees.

Oh, wie schön das Meer

3. September 2010

Freitagmorgen bei angenehmen Temperaturen. Nicht oder noch nicht zu heiß. Ab zum Bus. Dann nach Gijón. An den Strand. Zwei Tage Urlaub. Ausruhen, relaxen, auf andere Gedanken kommen, Wunden lecken, vielleicht ein Frisörbesuch, um den Bart in Form zu bringen, Vitamine, die ich bitter benötige, in einer Farmacia kaufen.
Wir kommen in Gijón an.
Eine pulsierende Stadt mit fast 400.000 Einwohnern. Der Bus setzt uns irgendwo ab. Wir wollen ins Hospital. Ich habe mich entschieden. Es geht so nicht weiter. Ich kann und möchte meine Gesundheit nicht ruinieren. Wir sprechen einen älteren *Seňor* an. Er läuft mit uns an ein Bushäuschen, wo zwei ältere Herren sitzen. Diese fragt er.

„Si, si", bestätigen die beiden alten *Seňores*. Auch sie wollen offenbar ins Hospital. Wir sollen uns ihnen anschließen. Tun wir gerne. Der Bus kommt. Wir steigen ein. Fahren etliche Stationen. Einer der Alten winkt uns zu.

„Aquí, aquí", und wir steigen aus. Dankbar für ihre Hilfe und per Handschlag verlassen wir die beiden *Seňores*.
Im Hospital fragen wir am Empfang. Man schickt uns in das daneben stehende Gebäude. Wir gehen mit gemischten Gefühlen in die uns angewiesene Richtung.

„Do wollt ich schon immer mol hin", sage ich zu Bernd in einem leisen Anflug von verschmitztem Humor, den ich mir bis zum Ende meines Lebens eigentlich erhalten möchte.
Wir befinden uns vor einem Glaskasten. Dahinter eine *Seňora*. Wir zeigen unseren Spanischführer. Da steht auf Spanisch: *Ich habe ein Problem.* Sie nickt: *„Si, si",* sagt sie, als wäre mein Problem offensichtlich. Da wird man noch verkohlt dazu, denke ich leicht angesäuert und zeige auf meinen Weicheirücken.
Die *Seňora* versteht. Sofort nimmt sie den Schreibkram auf, fordert meine Krankenkarte. (Ich muss allerdings weder jetzt noch später etwas bezahlen, da *Peregrinos* umsonst behandelt werden). Warten ist angesagt, Geduld wird verlangt, schließlich bekomme ich meinen Namen und irgendeine krankenhausspezifische Nummer in Papierform um mein Handgelenk gewickelt. Ich werde auf die Station gewiesen,

wo ich zwei recht jungen *Señoras* noch einmal mein Problem bestätige. Wir setzen uns. Wieder ist Warten angesagt. Aber es dauert gar nicht so lange. Schon werde ich aufgerufen. Bernd bewacht derzeit unsere Rucksäcke. Ein Arzt spricht mit mir. Schaut sich meinen Rücken und meine taube Zehe an.

„*Hm*“, macht er. Ich mache auch „*hm*“. Er grinst. Dann schickt er mich zum Röntgen. Wieder sitze ich. Bernd bringt unsere Rucksäcke. Mein Hut fehlt. Dies fällt mir sofort auf. Augenblicklich erfasst mich eine bis dahin auf dem *Camino* nicht gekannte Panik, eine völlig irrationale Umtriebigkeit vereinnahmt mein Wesen. Ich renne wild im Kreis umher. Fast habe ich Schaum vor dem Mund. Bernd versucht, mich zu beruhigen, schaut im Wartezimmer nach, in dem wir zuerst gesessen haben, derweil ich bei den Rucksäcken bleibe, um sie zu bewachen.
Er findet den Hut und bringt ihn mir zurück.
Was ist nur mit mir los? Meine Nerven liegen blank. Blanker als blank. Ich kann jetzt nichts mehr ertragen, nicht den geringsten Gegenwind. Ich werde geröntgt. Dann ab auf die alten Plätze. Wiederum ist Geduld angesagt. Ich sitze erneut im Wartezimmer, in dem ich meinen Hut verlor.
Eine Ärztin ruft schließlich meinen Namen. Jedes Zeitgefühl habe ich inzwischen eingebüßt. Ich setze mich vor sie auf einen wackligen Stuhl. Bernd ist dabei, er steht neben mir, baut sich als mein Beschützer auf mit seiner kleinen Figur. Er wirkt etwas deplatziert eingeschüchtert, obwohl er seine Zehenspitzen bemüht, um Eindruck zu schinden. Ich räuspere mich, unverschämt dabei grinsend. Er versteht und funkelt mich an. Spaß muss auch jetzt sein, alter Kumpel, denke ich und lache still in mich hinein.
Die *Señora* oder *Señorita* sieht blendend aus. *Señora* oder *Señorita*? Ich weiß es nicht, glaube aber nicht an die *Señorita*. Sie ist eine junge, tolle, dunkelhaarige Frau, eine schöne Ärztin. Mit einem fast unwiderstehlichen Lächeln. Mir geht es jetzt schon besser. Ich lächele zurück, lasse meinen ganzen Charme spielen, gebe alles, während Bernd eher amüsiert meine verzweifelten Sprachcharmeversuche zur Kenntnis nimmt.
Ich bin jetzt dankbar dafür, dass nur meine Zehe taub ist, wo ich vorher so unglücklich darüber war, dass überhaupt etwas taub ist.
Sie sagt in holprigem Englisch mit nettem sinnlichem Unterton, immer noch mit einem wirklich zauberhaften Lächeln im Gesicht ganz gelas-

sen die schlimmen Worte: „No more go!“, was zu Deutsch bedeutet, dass ich nicht mehr laufen darf.
Bernd wendet sich spontan an mich, und ich glaube, er sieht glücklich dabei aus: „Aus, finito, du darfscht nimmeh lafe. Die Ärztin hatts dir grad vebott. Unn sie hat Recht. Gucke mol, wie du dich kaputt gemacht hascht. Wie du aussiehscht. Du bischt heit noch grauer im Gesicht wie dei Bart.“

Ich beachte sein Gerede nicht, insistiere. Immer noch oder schon wieder lächelt mich die Ärztin an. Sie redet zuvorkommend. Ich beobachte nur ihren hübschen, kleinen Mund mit den leicht geschminkten vollen Lippen, die zum aufregendsten Liebesgeflüster geradezu prädestiniert sind. Bin etwas abgelenkt und irritiert zugleich. Bernd hilft mir auf die Sprünge, er versteht jetzt. Wir haben sie missverstanden. Sie erteilt mir lediglich vier Tage Laufverbot.

„Cuatro días“, sind die entscheidenden Worte. Vier Tage Pause. Ausruhen, relaxen, Rücken schonen, Wunden heilen, Kraft tanken, Energie kompensieren. Dann kann ich wieder ab auf den *Camino*.

„Mir hann se falsch veschtann“, sage ich zu Bernd.

„Jo, leider. Jetzt hätte mers beinah hinner uns gehad.“

Ich bekomme eine Spritze und ein Päckchen Tabletten, von denen ich jeden Abend zwei nehmen muss. Die Spritze hat sich gewaschen. Draußen vor der Tür schmerzt mir mein Gesäß. Ich muss einen Augenblick stehen bleiben, fühle mich wie gelähmt.

„Geht's wedder?“, fragt Bernd besorgt.

„Du kennscht mich doch.“

„Ewe.“

Aber Kumpel, es geht, natürlich geht es, es geht immer irgendwie weiter. Ich komme da durch, laufe bis Santiago, und wenn ich ohne Rücken dort ankomme. Ich bin kein Weichei. Und wer je wieder Weichei zu mir sagen sollte, den soll der Blitz beim…

Nein, ich spreche es nicht aus. Bin voller Demut wegen der Spritze, wegen der Schmerzen und dass ich überhaupt weiterlaufen darf. Und dass ich zum richtigen Zeitpunkt in diesem Hospital war, wo sie offensichtlich alles richtig machen. Das rede ich mir zumindest ein.
Mit einem Taxi fahren wir zurück, weil wir ansonsten im Stadtzentrum von Gijón unnötig lange nach einer Unterkunft suchen würden. Die Strecke kennen wir inzwischen schon. Bernd zeigt dem Fahrer die im Reiseführer aufgeführte Pension *Conzales* und wir landen punktgenau davor. Wir bedanken uns artig und betreten ein breites, langes, hohes, majestätisch aussehendes Haus mit grauer Fassade. Zwei Etagen müssen wir hoch. Der Flur ist absolut dunkel. Wir sehen keine Klingel. Nur das Schild an der Tür, welches uns anzeigt, dass wir richtig sind. Ich hantiere an einigen Schaltern, die ich gerade so durch die Dunkelheit sporadisch erkennen kann. Finde überraschend den richtigen. Das Licht geht an. Wir stehen im Hellen und schon haben wir die Klingel gesichtet. Eine kleine, ältere, etwas rundliche, gemütliche *Seňora* öffnet uns. Wir treten ein.

„*Peregrino*?“, fragt sie uns.

„*Si, si, Seňora.*“

„*Aquí*“, deutet sie mit einem freundlichen Lächeln an. Wir folgen ihr ergeben durch einen langgezogenen, fast dunklen Flur. Dann geht plötzlich das Licht an. Und wir sehen, wo wir entlang gehen. Wir werden ans hintere Ende des Flurs geführt. Sie öffnet eine Tür. Schon sind wir im Zimmer. Es ist recht breit, hat sehr hohe Wände und ist erträglich. Wenn wir uns auch direkt an einer viel befahrenen Straße befinden, welche ein Nadelöhr zum Hafen, dem Stadtstrand und der Altstadt darstellt. Aber das wussten wir ja vorher nicht. Wir sind froh, überhaupt eine Unterkunft gefunden zu haben.

Die sehr nette *Seňora* fragt: „*Una noche*?“

„*No, no, Seňora. Dos* oder *tres.*“

Ich versuche es mit einem Mix aus Spanisch und Deutsch. Die *Seňora* ist zufrieden. Wir auch. Jeder von uns zahlt beim Abmarsch am darauffolgenden Montag 37,50 Euro für die drei Nächte.

Unsere Zufriedenheit erhält aber schnell einen schweren Dämpfer, als wir das Bad inspizieren. Es gibt tatsächlich zwei Bäder. Aber...
Ich möchte mir nähere Einzelheiten ersparen, jetzt und hier beim Schreiben nicht daran erinnert werden. Fakt ist: Diese Pension hat mich in der Tat fast depressiv gestimmt. Ich konnte sie nach drei Tagen nicht mehr ertragen. Die Dunkelheit des Flurs, die absolute Dunkelheit bis das Licht sich bequemte, für etwas Helligkeit zu sorgen, dieser ständige Lärm vor dem Haus, Hupen, Schreien, quietschende Bremsen, Polizeiautos mit Sirenen am laufenden Band, dann dieser dreckige, fleckige, übel riechende Duschvorhang. Oh Gott, wie viele Leichen liegen eigentlich in meinem Keller, wem habe ich etwas Schlechtes getan? Bernd sieht es genauso. Er schüttelt nur verständnislos den Kopf. Wir sind schon Wochen unterwegs. Haben auf vieles verzichtet bisher. Dann diese Strafe. Wir müssen aufpassen, nicht schwermütig zu werden. Als Gageinlagen getarnt beschimpfen wir uns gegenseitig. Aber in der Tat, wir machen das alles hier freiwillig. Niemand hat uns gezwungen und auf diesen Weg gejagt. Wir tun es aus eigenem Willen, aus eigenem Antrieb. Und oft ist ja auch alles ganz okay.
Also morgens auf die Zähne beißen, Badelatschen an, in die Badewanne damit steigen, Vorhang zuziehen, Atem dabei anhalten, ruhig stehen bleiben ohne hektische Bewegungen, ja nichts weiter berühren, nichts anfassen als die Brause, die man leider nicht einhängen kann, Wasser an und höllisch aufpassen, dass man nicht ausrutscht, wenn man sie sich zwischen die Beine klemmt, um sich einzuseifen, dann ganz schnell aus dieser Kloake wieder hinaus und froh sein, sich nichts Schlimmes eingefangen zu haben.
Einfach Augen zu und durch! Nie war der Spruch wahrer und wertvoller als heute. Jetzt aber ab. Wir gehen ein paar Meter. Schon befinden wir uns am kilometerlangen Stadtsandstrand. Es ist sehr viel los um diese Zeit. Wir sehen eine unglaubliche Anzahl von Sonnenanbetern im und außerhalb des Meeres. Sie schwimmen, liegen, spielen, surfen, stehen, reden, gestikulieren, halten Maulaffenfeil, spazieren und rennen.
Auch auf der Promenade wimmelt es von Menschen. Kein Wunder. Weit und breit ist keine einzige Wolke auszumachen, dazu herrschen angenehme Temperaturen.
Jetzt ist Wasserwaten angesagt.
Anschließend begebe ich mich zurück in diese dunkle Pension, die mich fast erdrückt, ja geradezu erschlägt. Ich lege mich aufs Bett und schlafe volle zwei Stunden. Bernd ist derzeit allein unterwegs. Er weiß,

dass er mir meine Ruhe lassen muss. Er hat verstanden, dass ich körperlich nicht ganz auf der Höhe bin, dass ich diese Ruhe dringend brauche, und er gönnt sie mir.
Zuerst döse ich vor mich hin, dann schlafe ich fest. Als ich dann schließlich aufwache, beschäftige ich mich mit dem Tagebuch.
Bernd kommt wenig später und wir gehen gemeinsam zum Essen. Es ist 18:00 Uhr. Zuvor der Blick in den Spiegel, der mich erschreckt: Eine bleiche, abgemagerte Gestalt blickt mich mit glasigen roten Augen an. Ein grauer, zersauster Bart entstellt mein Gesicht, die Haare stehen in alle Richtungen in Ermangelung einer Bürste. Ich beschließe, mir morgen eine zu kaufen.
Wir finden ein ordentliches Lokal in der Altstadt. Das Essen ist okay. Ein Journalist sitzt neben uns. Er spricht ganz gut Deutsch. Wir reden eine Zeit lang. Er erklärt uns, dass Spaniens Süden wesentlich reicher wäre als der Norden. Die Costa verde, so angenehm sie sich uns auch präsentiert, ist und wird keine Touristenregion oder Attraktion. Hierhin verläuft sich kaum ein Ausländer. *Die zieht es lieber in den Süden oder nach Mallorca,* meint der Journalist, *wobei sie gar nicht wissen, was ihnen entgeht.*

Stadtstrand in Gijón

Ich gebe ihm irgendwo Recht. Diese göttlich verlassenen, wunderschön anmutenden Sandstrände, die wir gesehen haben. Diese mediterrane Ruhe und teilweise Abgeschiedenheit vom Rummel der Urlauber, die sorglose Stille der Badestrände und jegliches Fehlen von Touristenkitsch, tut ungeheuer gut. Die Landschaft ist nicht mit Hochhäusern verschandelt, die nur dazu da sind, eine bestimmte Anzahl Kapazitäten unterzubringen, ganz gleich wie es aussieht oder passt. Hier wird nirgends gebaut auf Teufel komm raus, nur um die Gier reicher Geschäftsleute zu stillen und das Urlaubsangebot zu erhöhen. Es gibt keine solchen Verlockungen.
Und dies verzückt. Man befindet sich direkt am Meer. Mit nur wenigen Menschen. Wo gibt es das sonst noch?
Genug gedacht und eruiert. Jetzt ab in eine Bar ganz in der Nähe.
Mir fällt auf, den ganzen Tag haben Bernd und ich nicht ein einziges Mal miteinander gescherzt. Wir sind beide eher nachdenklich und aufgewühlt. Vielleicht lag es am Stress mit dem Hospital. Aber auch das geht vorüber.

Viele Eindrücke erdrücken mich fast an diesem Abend. Der Kellner leiht mir in der Bar einen Kugelschreiber. Ich schreibe mühsam auf eine Serviette:

1. *Wir verzichten auf nichts. Sind bis hierher Genussmenschen geblieben. Unsere Genügsamkeit geht gegen Null.*

2. *Ich träume nicht mehr. Bernd auch nicht.*

3. *Alle Tische, an denen wir sitzen, wackeln.*

4. *Wir passen gegenseitig aufeinander auf. Geben uns in jeder Lage Unterstützung, sind füreinander da, ohne Wenn und Aber.*

Als ich den Barkeeper um den Stift gebeten habe, wusste ich nicht, wie Stift auf Spanisch heißt.

„Ganz ehnfach", sagt Bernd schlagfertig, „stifto".

Tatsächlich, der Barkeeper nimmt Bernds Wortkreation grinsend zur Kenntnis, versteht aber auf Anhieb.

Bisher sind wir 328 Kilometer zu Fuß unterwegs. Die 500 Kilometer würde ich schon gerne schaffen. Das wären noch 172 Kilometer. In vielleicht zehn Wandertagen. Müsste rein rechnerisch locker zu machen sein. Aber wo kommen wir nach 18 oder 19 Kilometern an? In der Wüste? In einem Dorf mit wie immer klangvollem Namen, das aber ansonsten ausgestorben ist, wo es noch nicht einmal eine Übernachtungsmöglichkeit gibt und sei es in einer Herberge. Wo essen wir dann? Wo können wir Wasser bekommen, wie die Zeit totschlagen? Wird es wieder so sein wie vor ein paar Etappen? Wir laufen und laufen und sehen unseren Ausgangsort auch noch nach zwei bis drei Stunden?
Ein beklemmendes Gefühl, in einem Halbkreis zu wandern. Denn wenn wir ankommen, einen ganzen Tag unterwegs sind, haben wir uns manchmal gerade einmal geschlagene 10 bis 15 Kilometer Luftlinie von unserem Ursprungsort entfernt.
Bei den ersten vier Etappen wurden wir in der Tat über Berge und Täler gehetzt. Rauf und runter war angesagt im munteren Wechselspiel.

Die heutige Etappe nach Gijón wäre sage und schreibe 37 Kilometer lang gewesen. Wegen des strengen Höhenprofils auch recht strapaziös. Hätte ich mit meinem Rücken wohl nicht geschafft.
Eine gewisse Verschleißerscheinung ist eingetreten. Dies beobachte ich seit zwei bis drei Tagen. Wir sind beide manchmal doch leicht deprimiert und müssen irgendwie aufgepäppelt werden.
Trotzdem stelle ich fest: In den entscheidenden Momenten haben wir bisher immer Glück gehabt. Und doch läuft es nicht, wie wir es uns vorgestellt haben. Unsere Naivität war zu groß. Wir haben uns schon im Vorfeld dieser Reise unprofessionell verhalten, indem wir uns mit dem Höhenprofil dieses Küstencaminos nicht intensiv genug auseinandergesetzt haben.

Es ist in vier Wochen einfach nicht möglich, alle Etappen zu bewältigen. Auch auf die Gefahr hin, mich zu wiederholen: Der Autor des Reiseführers hatte knapp 60 Etappen eingeplant. Natürlich waren da auch kurze, zu kurze Wegstrecken dabei. Deshalb mussten wir von Anfang an einige Etappen komprimieren. Wir wollten auch nicht dort ankommen, wo die Zivilisation zu Ende ist und es sich nicht gut leben lässt. Aber Hand aufs Herz: Echte Pilger gehen überall hin, und sie haben Zeit, sehr viel Zeit. Und sie lassen sich durch nichts und niemandem aus der Ruhe bringen. Und sie murren nicht. Und finden sich mit allem ab.

Ich erinnere mich jetzt wieder an die zwei netten Damen, denen wir vor ein paar Etappen begegnet sind, die bis nach Portugal laufen wollen. Es ist ihnen egal, wann sie ankommen. Sie sind wesentlich langsamer als Bernd und ich unterwegs, sind viel genügsamer als wir, sie bleiben überall stehen, machen es sich gemütlich, sehen sich um. Aber sie kommen an. Irgendwann. Da bin ich mir sicher. Sie führen ein wahres Pilgerleben, lassen sich nicht treiben und alles im sprichwörtlichen Sinn auf sich zukommen. Respekt vor ihnen. Pilger sind wir beide nicht. Uns fehlt es häufig an Demut und Geduld, Fatalismus ist nicht unsere Stärke. Wir sorgen lieber für uns, versuchen Entbehrungen aus dem Weg zu gehen. Manchmal fehlt es uns auch an Nachsicht gewissen Dingen gegenüber, die uns das Leben respektive diese Wanderschaft erschweren. Vielleicht sind wir auch zu alt. Wir sind bisher die ältesten Pilger des *Camino*. Warum das so ist, liegt auf der Hand.

Die Etappen sind wesentlich schwerer als auf dem Hauptweg, den wir vor drei Jahren gelaufen sind. Von Irún aus ging es an die Schmerzgrenze. Wohl deshalb trafen wir so gut wie keine Pilger. Die meisten steigen erst in Santander ein. Manche wagen sich noch ab Bilbao. Aber nur junge Leute. Zwischen 20 und 30 Jahren. Die älteste Pilgerin, die beiden Damen, welche bis nach Portugal wollen, einmal außen vorgelassen, war Peggy mit ihren gerade mal 37 Jahren. Der älteste Pilger ein spanischer Profipilger namens Carlos mit 62 Jahren. Auf Peggy wie auch auf ihn komme ich noch zu sprechen.

Zurück in der Pension. Ein Rattennest. Immer noch. Furchtbar. Wird sich auch nicht ändern. Der dunkle langgezogene Flur. Habe schon Alpträume, wenn ich vor der Tür stehe, hinter der ich schlafen muss. Nach der Toilette lege ich mich ins Bett, schreibe kurz und beschließe im gleichen Augenblick, auch ein Buch über diesen Weg zu veröffentlichen. Ich teile dies Bernd mit, bevor er einschläft.

„He, wehscht de was?“

„Was iss dann, du Nerv? Ich würd gehr schlofe.“

„Unn ich würd gehr e zwettes Buch iwwer de *Camino* schreiwe.“

„Was ferr e zwettes Buch?“

„Was ferr e zwettes Buch? Unn wo issen es erschte?“, äffe ich ihn nach, „du hascht doch was an de Schüssel. Was hann ich dann ferr e Buch geschrieb, wo du debei warscht unn sechshunnert unn noch meh Biller gemacht hascht?“

„Ach jo, jetzt komm ich druff. Du mennscht *Iss mei Hut noch do?* Was willscht de dann in demm neije Buch so schreiwe?“

„Ei, alles, was mer offem Küschtecamino dies Johr erlewe. Was dann sonscht?“

„Das war bis jetzt jo nett wennisch. Unn mir sinn erscht in Gijón. Mir hann also noch einisches vor uns. Schreib dann awer wies werklich war, wemmer wedder dehemm sinn.“

„Nadierlich. Das Buch muss absolut authentisch sinn. Ich duhn mich offs Wesentliche konzentriere, damit de Leser nett gleich inschloft.“

„Warum hats dann bei mir nett funktsjoniert?“

„Weil de beim Lese leicht iwwerfordert warscht, deshalb hat sich dei Kripps geschont wierer sich meischdens schont.“

„Schwätscht du grad von mir?“

„Ei, siehscht du do noch enner?“

„Der, denne ich im Aueblick siehn, der langt mer grad.“

„Heer zu“, ignoriere ich seine Spitze, „ich kann vieles schreiwe von der nei Reis. Unn de Küschtecamino iss gar nett so bekannt. Der intressiert die Leit beschtimmt. Außerdem isser wunnerscheen.“

„Jo, das schtimmt. Unn die viele Höhewee unn das dolle Meer, super Indrück. Iss schunn klor. Unn du bischt manchmol a nimmeh klor.“

„Könnscht de mol de Mund halle beim Schwätze?“

„Wie?“

„Odder zumindescht mol Luft hole?“

„Leid ich grad unner Atemnot odder was?“

„Wie wärs dann emol mit Zuheere?“

„Wehscht de, was mich tierisch freie würd?“

„Was dann, du Owernervdösbaddel?“

„Ei, dass de, annerscht wie beim erschte Buch, off de Schlauder kommscht unn denne Leser, die druff warte, wennischtens jetzt die wohr Geschicht vom Jakobswee erzählscht.“

Wir lachen uns in den Schlaf.

Dorfidylle

4. September 2010

Samstag in Gijón. Viel Zeit in Gijón.
Ich schreibe ins Tagebuch:

Wir sind braun wie Sonnenanbeter, tragen Hüte wie Cowboys, Bärte wie Globetrotter, Rucksäcke wie Wanderer. Wenn wir als Pilger in Santiago ankommen, werden wir dankbar sein für jede Sekunde Schweiß.

Immer noch Samstag in Gijón. Nicht die schlechteste Variante. Aufstehen, spät natürlich, trotzdem *café con leche grande* und *café solo grande*, dazu Croissants. Jetzt Strand. Schuhe aus. Durchs Meer waten. Es ist angenehm. Absolut warm. Das Wetter spielt wie immer mit. Sonnenschein pur. Der Stadtstrand ist 1,8 Kilometer lang. Wir laufen rauf und runter. Dann Schuhe wieder an, Treppe hinauf zur Promenade. Viele Menschen sind unterwegs, Einwohner mit ihren braunen Gesichtern und braunen Körpern, die sich jeden Tag bewegen, deren Leben sich, zumindest im Sommer, in großen Zügen hier abspielt. Wir laufen die Promenade hinunter, setzen uns auf eine Bank und lecken Eis. Völliges Relaxen. Abschalten, die Wandertage, welche hinter uns liegen, abhaken, zumindest im Moment keine Gedanken daran verschwenden, nicht einmal nach vorne schauen, einfach da sitzen und abwarten, das Leben auf uns zukommen lassen.
Uns zieht es erneut zum Strand. Schuhe aus, abermals waten wir durchs warme Salzwasser. Der Sand geht plötzlich aus. Felsen ragen aus dem Meer, Klippen. Also Schuhe wieder an, hinauf zur Promenade, ab zum Essen. Wir kommen an einer Pizzeria vorbei. Bleiben stehen.

„Enin“, sage ich zu Bernd.

„Nee.“

„Wieso nee?“

„Du wehscht doch, dass die Schpanier kenn Pizza könne.“

„Noch ehnmol vesuche mers. Nur noch ehnmol. Okay?“

„Dir se lieb unn weil de wie de Doht off Urlaub aussiehscht.“

Wir haben tatsächlich Glück. Das Essen ist hervorragend, erreicht fast die Qualität, die wir von Zuhause gewohnt sind. Wir beschließen, morgen wieder hierher zu kommen. Der Vino tinto war auch klasse, regelrecht süffig. Er passte besser zum Essen als Bier.
Dann Mittagsruhe in dieser ominösen Pension. Bernd liegt auf seinem Bett und liest im Reiseführer. Ich mache ein wenig Gymnastik. Dann Fertigmachen zum Mittagsschläfchen in dieser gemütlichen rattennestartigen Bleibe. Das tut mir ungeheuer gut. Ich muss Kraft sammeln für die nächsten schweren Etappen, die unweigerlich auf mich zukommen werden, wenn wir unser Ziel Santiago erreichen wollen.
Später bummeln wir nochmals zum Strand. Hinsichtlich des Meeres sind wir monostrukturiert. Es zieht uns immer wieder stereotyp dorthin. Wieder waten wir rauf und runter. Toller Wellengang. Urlaubsstimmung pur. Schwimmer und Surfer, Segelboote, Motorboote, Dampfer und Frachtschiffe am Horizont. Ein Bild, das verzaubert.
Aber ich bin rekonvaleszent. Das trübt den Gesamtblick doch ein wenig. Ich hoffe, dass meine taube Zehe bald wieder zum Leben erwacht, massiere sie mehrmals.

„Kommt se wedder?“, fragt Bernd grinsend. Diesen Blick kenne ich. Er spielt auf meine taube Zehe an. Ich vertrage zwar Spaß, aber nicht immer. Und jetzt schon gar nicht.

„Schisser“, beleidige ich ihn, weil er meine ernsthaften Probleme nicht ernst genug nimmt, „du wärscht schunn längscht dehemm, wenn de mei Schmerze häscht.“

„Ich hann awer kenn. Gar kenn. Werklich gar kenn. Denne Gefalle kann ich dir nett duhn. A wenn de noch so bettelscht.“

„Schisser.“

„Unn zu mir kannscht de a nett Schisser sahn. Unn schunn gar nett zweimol.“

„Hascht de was an de Lauscher? Was hann ich dann grad gesaht? Awer seit die Alt dir dei zwei Ohre abgekaut hat, bischt de fertisch.“

„Zänn unn Paus, Müllie.“

Auch dieser Tag neigt sich dem Ende zu. Es ist Abend. Ab in die Altstadt. Auf diesen traumhaften Platz, der nur fünf Minuten von unserem Rattenloch entfernt liegt.

„Dos cañas grandes, por favor!"

Der Kellner versteht. Er bringt uns die zwei Bier und legt den Beleg auf einen kleinen Teller. Kurz darauf bestellen wir erneut. Der Kellner nickt. Bringt aber kein Bier. Nach längerer Wartezeit läuft er schließlich an uns vorbei. Sucht uns offensichtlich. Findet uns nicht gleich. Es herrscht viel Betrieb. Wir rufen. Er dreht sich in unsere Richtung, kommt endlich angedackelt. Er deutet mit unmissverständlicher Gestik an, dass er alles vergisst. Wir taufen ihn daraufhin *Kellner Vergissmeinnicht*. Mit seiner Vergesslichkeit hat er ja eine prima Voraussetzung, in diesem Gewerbe erfolgreich zu arbeiten. Unser *Kellner Vergissmeinnicht* vergisst in der Tat jedes Bier, und wenn er ausnahmsweise einmal an unsere Bestellung denkt und die Getränke auf dem Tablett vor sich her trägt, läuft er, wie von magischer Hand dirigiert, fast ignorant boshaft, sollte man meinen, wenn man sein Geheimnis nicht kennt, stramm an uns vorbei. Es ist eine Situation, die sich ständig wiederholt. Wir lachen uns schief und krumm. Er grinst nur, nimmt stets eine gelassene Haltung ein, scheint nicht einmal unglücklich über seine Alzheimeranwandlungen, hat sich anscheinend mit ihnen arrangiert. Vielleicht spielt er ja auch nur den Clown, möchte, dass wir lachen und an seinen Eskapaden Spaß haben, denke ich später. Aber nein, er schadet ja nur seinem eigenen Geschäft, denn wir sparen eine Menge Geld, wenn er ständig die Bestellungen vergisst und dann später angestrengt herumläuft und uns sucht.
Irgendwann verlassen wir unseren *Kellner Vergissmeinnicht*. Wir besuchen die gegenüberliegende *Sidraría*. Dies ist eine Apfelweinbar. Hier waren wir schon am Vorabend. Wie immer herrscht aufgeregtes Treiben in dem Lokal und eine unglaubliche Hektik hinter dem Büffet. Die Barkeeper rennen nur so herum, aber jeder hat sein Aufgabengebiet, jeder weiß, was er zu tun hat. Flaschen werden hin und her geschoben, Bier wird gezapft, andere Getränke ausgegeben, hunderte von Flaschen Apfelwein. Es herrscht ein einzigartiges Ambiente. Und es riecht wie in einer Brennerei. Diese Geschäftigkeit der Barkeeper macht schon beim Zuschauen nervös. Mit hellen Köpfen, wachen Augen und noch flinkeren Fingern haben sie alles im Auge. Sie bewegen sich unaufhörlich.

Kein Atemzug ihrer Gäste, keine Bewegung entgeht ihnen. Dabei haben sie stets ein freundliches, konziliantes Lächeln auf ihren Lippen. Und sie sind ungeheuer geduldig.
Diesen Stress, dem diese Barkeeper ausgesetzt sind, könnte ich nicht den ganzen Abend und die halbe Nacht aushalten.
Bernd nennt die *Sidraría* durchaus berechtigt auf typisch saarländisch nur *Suddelria,* wobei er in der Tat ins Schwarze trifft.
Es gibt da eine besondere, über die Grenzen hinaus bekannte Methode, den Apfelwein einzuschenken, die aber nur für wirklich geübte Profis vernünftig ist. Dabei halten die Barkeeper die Flasche so weit wie möglich über ihre Köpfe, um sie dann in das Glas, das sie in der anderen Hand am möglichst tiefsten Punkt halten, einzufüllen. So wird dem Apfelwein möglichst viel Sauerstoff zugeführt. Eine Mordsgaudi hier zuzuschauen. Es gibt drei Barkeeper in dieser *Suddelria*. Der Längste von ihnen macht es am Besten. Er verschüttet nur wenig. Der Dicke macht es weniger gut. Er verschüttet regelmäßig die halbe Flasche. Und der Dritte ist das perfekte Mittelmaß. Er steht zwischen ihnen und ist absolut souverän.

Alle tragen sie natürlich Schürzen, die sie beim Nachhausegehen mit an Sicherheit grenzender Wahrscheinlichkeit in die Ecke werfen. Trotzdem, der Gestank, den sie in ihrer Wohnung, trotz einer wahrscheinlich heißen Dusche verströmen, muss doch abartig, geradezu unerträglich sein. Ich rieche ihn jetzt noch, da ich meine Erinnerungen an Gijón aus dem Tagebuch in den Laptop schreibe.
Die Flasche Apfelwein kostet fünf Euro. Da der Dicke die Hälfte davon verschüttet, hat man also knapp einen halben Liter Wein zum Trinken. Das Glas wird nur zu einem Viertel gefüllt. Grundsätzlich und ohne Ausnahme trinkt es jeder lediglich halb leer. Der Rest wird vor die Bar gekippt, wo eine Rinne die gärende Flüssigkeit ihrem unweigerlichen biologischen Prozess zuführt. Oh Mann, wie gesund muss man sein. Aber was von der Erde kommt, muss der Erde zurückgegeben werden. Das ist der Hintergrund dieses Brauchs.

„Schtell dir vor, de Barkeeper kriet e Huhschteanfall, wenner de Appelwein von ganz owwe noh ganz unne ins Glas schütt“, scherzt Bernd.

„Dann ge Nacht Kattsche. Do muscht de de Rejescherm offschpanne, wenn de an de Ingangsdier von der Bar do vorbeilafscht.“

„Jo, die Schpritzer fliehe meileweit. Proscht."

Wir lachen, schlagen uns in die Hände. Lachen ist ansteckend. Die *Seňors, Seňoras* und *Seňoritas* um uns herum lachen herzhaft mit. Spanien lacht, die ganze Bar lacht. Es ist ein Freudenfest. Die reinste Fiesta. Wir lachen immer noch wie die Verrückten, schlagen uns auf die Schultern, bekommen als Anerkennung *tapas* gereicht. Wunderbar so ein Leben. Ja, es ist kein einfaches Leben, dieses Pilgerleben.
Das Treiben geht bis spät in die Nacht. Wir wandern an der Bar von rechts nach links und umgekehrt. Wir sind die Letzten. Schließen mit den Barkeepern die Tür hinter uns ab, bis zum nächsten bunten Apfelweinabend. *Hola*.

In der Sidraría

5. September 2010

Es ist Sonntag. Immer noch Gijón. Heute der dritte und letzte Tag. Das Übliche. Frühstück. Meer. Bei herrlichem Sonnenschein am Strand entlang. Die Sonne liebt Spanien. Und sie liebt uns. Und Spanien liebt die Sonne. Und natürlich auch uns.

Dann erneut Promenade. Eislecken auf einer Bank. Später trinken wir zwei Cola. Mittagszeit. Pizzazeit. Es schmeckt so gut wie gestern.

Dann wieder Strand. Durchs Meer waten. 1,8 Kilometer und zurück. Promenade. Welch ein kontrastreiches, abwechslungsreiches Programm. Wir machen uns keinen Kopf, lassen uns treiben. Im wahrsten Sinne des Wortes. Alles geht seinen Gang. Wir sehen tausend herrliche Frauen mit braungebrannten Körpern in knappen Bikinis. Es gibt Schlimmeres. Da müssen wir jetzt durch. Ja kein Klagelied anstimmen. Wir betreten die Altstadt, bummeln zum Hafen.

Die Zeit wird schon irgendwie vergehen. Genau wie wir vergehen. Sie nimmt uns mit. Unbarmherzig. Sie treibt uns Falten ins Gesicht, jagt uns mitunter ins Bockshorn, lässt Narben wachsen, führt uns die Endlichkeit vor Augen. Die Zeit ist omnipotent. Der Weisheit letzter Schluss. Ihre Willkür ist durch nichts zu überbieten. Die Zeit schickt uns in den Tod. Unbarmherzig. Wir können uns nicht vor ihr verstecken. Wir sind nur Strandgut. Irgendwann werden wir dort angespült, wo alles zu Ende ist und wir den letzten Schritt unbarmherzig gehen müssen.

Bernd und ich führen am Strand jetzt fast andächtige Gespräche über Familie, Nachbarn, Freunde. Nie über die Arbeit. Bis jetzt haben wir kaum darüber geredet. Keine Lust dazu. Nicht die geringste.

Wir versuchen, die Zeit totzuschlagen und uns trotzdem mit ihr zu versöhnen, sie einfach in Ruhe zu lassen. Wir leben nicht nach der Uhr. Wir arrangieren uns mit ihr, indem wir einfach in den Tag hinein leben. Und es ist eine angenehme Zeit. Weg von allen körperlichen Strapazen. Man muss nicht ständig von *A* nach *B* laufen. Dieses Faulenzen, es tut der Seele so gut, dem Gemüt, dem ganzen Menschen, dem geschwächten kränklichen Körper. Meine Zehe ist noch immer taub. Auch das Meerwasser kann nichts daran ändern oder bewirken. Obwohl es die Zehe liebevoll umspült, sich voll bemüht mit seinem unverwechselbaren Charme. Geradezu wie eine Liebende hat es sie sanft und manchmal härter massiert. Doch es bekam stets die kalte Stirn gezeigt. Nichts wird mehr helfen auf dieser Wanderschaft. Ich finde mich in diesem Augenblick damit ab, bin ganz Fatalist, werde dazu gemacht, mache mich dazu, um überhaupt weiterlaufen zu können. Ich werde es tun. Bin verbissen. Kämpfe mich da durch.

Es wird Abend. Ab zur Bar, zum *Kellner Vergissmeinnicht*. Hoffentlich enttäuscht er uns diesmal und findet auf Anhieb unseren Platz. Dies wäre ein irreversibler Rückschlag. Aber er enttäuscht uns nicht, unser *Kellner Vergissmeinnicht*. Er läuft wieder, wie an der Schnur gezogen, leicht verträumt an uns vorbei, sucht und sucht, dreht sich in diese, dann in jene Richtung, entdeckt uns schließich, erkennt uns noch, was uns überaus verwundert, fährt sich wieder mit der Hand an den Kopf und grinst verschmitzt vor sich hin, als er unsere zwei Bier abstellt. Ein wahrer Held, der sich mit seinen Defiziten abgefunden hat, offensichtlich gut mit ihnen leben kann, sie sogar durchaus sympathisch rüberbringt. Man kann ihm einfach nicht böse sein. Man muss ihn mögen. Und in der Tat: Bernd und ich lieben unseren *Kellner Vergissmeinnicht*. Und wir beide taufen ihn in einer persönlichen, aber diskret lockeren, würdevollen Feierstunde zum Kellner des Jahres.

„Anno zweitausendzehno kellnero vergissmeino."

Wir besuchen wieder unsere vielgeliebte *Suddelria*. Es wird weiter kräftig gesudelt. Nichts ändert sich so schnell im Leben. Wir sind glücklich, alles noch einmal, allerdings zum letzten Mal, mit ansehen zu dürfen. Die Barkeeper erkennen uns, winken uns zu, wir brauchen nichts zu sagen. Das Bier wird prompt geliefert und *tapas* dazu gereicht, in großen Mengen.

„Komm, Alter, lass dich nett hänge. Mir bleiwe die näkschte zwei Woche do. Do werre mer noch Ehrebürscher von Gijón."

„Nee, morje geht's weiter. Sonscht roschte mer vollends in unn gehn gar nimmeh", zeige ich unerbittlich wahre Größe.

„Unn? Wenne kümmerts? Wemm müsse mer was beweise?"

„Dir unn mir. Unn das reicht. Mir hann schließlich e Ziel."

Neben uns steht eine kleine Frau mit ihrem Riesenfreund. Die beiden trennt ein geschlagener halber Meter. Ich sage zu Bernd aus gegebenem Anlass: „Wenn das mei Freindin wär unn ich würd se küsse, krät ich am laufende Band e Hexeschuss. Do hätt ich es ganze Johr Rückeprobleme. Do könnt ich denne Wee kenn Schritt gehn."

Bernd lacht: „Du bischt bekloppt. Awer das wehscht de jo."

„Nadierlich, do lebts sich a viel leichter. Du wehscht jo: Iss de Ruf erscht mol ruiniert..."

„Lebt es sich ganz ungeniert", vervollständigt Bernd meinen Satz.

Eine Schwedin spricht uns an. Fragt, wo wir herkommen. Sie ist recht jung. Dolmetscherin. Sie bezahlt uns eine Flasche Apfelwein. Ich trinke aus dem Glas und schütte den Rest gekonnt in die Rinne vor die Bar. Die Dolmetscherin, Bernd und ich lachen anschließend herzhaft miteinander wegen meiner kunstvoll dargebotenen Koketterie.
Sie versucht, uns den Namen Gijón im Spanischen beizubringen. Wie er tatsächlich ausgesprochen wird. Bernd bekommt es hin, ich nicht. Dafür kriegt er einen Kuss, ich gehe leer aus. Das Leben ist einfach ungerecht. Ich habe mich wirklich so bemüht. Sie nennt mich in ihrem recht guten Deutsch lächelnd, was die Härte ihrer Worte etwas mildert, einen Versager, der niemals richtig Spanisch sprechen wird. Habe ich das verdient? Hat mein Charme inzwischen jegliche Ausstrahlung verloren und sich meinem kränklichen Äußeren angepasst? Zu all meinen Problemen nun auch noch das. Mein Selbstwertgefühl ist vollkommen im Keller, fällt rasant, wie permanent an Wert verlierende Aktien.
Ja, es ist kein einfaches Leben, dieses Pilgerleben.
Nachts kehren wir spät in die Pension zurück. Wir lachen im Bett noch über die *Suddelria,* sprechen vielleicht auch ein wenig laut, weil die Betten auseinander stehen.
Ein Pilger nebenan klopft wütend mehrmals gegen die Wand.

„Pilgerschisser", schimpft Bernd verärgert.

Ich gehe ins Bad, putze meine Zähne. Das Wasser hier, wie auch schon an anderen Stationen, riecht abartig. Ich kann kaum meinen Mund damit spülen. Denke schon mit Bauchkrämpfen an morgen früh. An den Schimmel in der Badewanne, am Vorhang, den wohl schon viele tausend Pilger gesehen, gerochen haben und ertragen mussten. *Faxo dicko.*

Aber wenn ich dieser Tage höre, dass es an der gesamten Nordküste von Mai bis Juli dieses Jahres jeden Tag geregnet hat, dann sind Bernd und ich wieder einmal zwei vom Glück begünstigte Menschen.

Was ich noch unbedingt loswerden möchte: Ich kann meine Kleider nicht mehr riechen, den gesamten Rucksack nicht.

Gestern nach dem Waschtag sagte Bernd zu mir: „Klaus, die Dauwe offem Balkon hann dei Kleeder veschiss."

Es sind immer wieder Tauben da. Ich erschrecke. Rege mich innerlich auf. Kann kaum an mir halten. Das darf doch jetzt nicht wahr sein.

„Werklich? Ich bring se um. So e Mischt."

„Jo, im wahrsten Sinne des Wortes."

„Die scheiß Viecher. Mei arme Kleeder. Die krien ich doch niemols meh sauwer. Was mach ich dann jetzt?"

Ich rege mich weiter auf. Bernd grinst verdächtig, schaut unter sich, kann kaum noch an sich halten.

„Sinn mei Kleeder werklich veschiss?", kommen mir leise, vorsichtig optimistisch stimmende Zweifel.

„Nee, nett werklich", lacht er nun laut. Ich wollte gerade auf den Balkon gehen, um den Tauben mit bösen Worten den Garaus zu machen. Der Schreck sitzt mir noch in den Gliedern. Aber so ist es mir natürlich lieber. Ich denke daran, dass es morgen losgeht. Ja, es geht wieder los. Komisches Gefühl. Ich frage mich, ob ich glücklich und erleichtert gewesen wäre, wenn die Ärztin mir den weiteren Weg verboten und damit erspart hätte? Ich weiß es nicht. Ich weiß es wirklich nicht.

Morgen endgültiger Aufbruch. Sonst verlieren wir zuviel Zeit, die wir am Ende der Reise vielleicht noch dringend benötigen. Bernd ist anderer Meinung. Er möchte noch einen weiteren Tag Ruhe, den er mir und natürlich auch sich selbst gerne gönnen würde. Ich setze mich durch. Es hat keinen Sinn, länger dem Müßiggang zu frönen. Unsere Muskeln,

Sporthafen von Gijón

Knochen und Sehnen rosten dann vollkommen ein. Und wir lobpreisen nur noch das schöne Leben, verlieren unseren Wanderweg völlig aus den Augen. Wie sagt man so schön: *Aus den Augen aus dem Sinn.*

„Los geht's, Alter. Morje zeije mer demm Wee wedder, wer mer sinn."

„Ich wes, wer ich bin, do brauch ich denne Wee nett defür", mault Bernd.

„Ich wes a, wer du bischt. Unn desweje brauchscht du denne Wee."

„Plattmacher. *Ich* hann kenn Schmerze. Mir duht nix weh. Unn dir?"

„A nix. Ich könnt grad noch emol von Anfang an loslafe. Wie ich jetzt druff bin."

„Das halt nett lang an. Morje bischt de wedder am Jammere. Unn ich muss mer denne Lobgesang de liewe lange Da anheere. Ich kriehn jetzt schunn es Zittere unn Zännweh, wenn ich nur dran denke."

„Awer nur vor lauter Angscht weje demm Wee. Unn weil de mer stännisch hinnerher hinkscht unn nett nohkommscht."

„Ich laf mei Schritt. Basta."

„Nett dass mer irschendwann ganz parke."

„Mach dir nur kenn Sorje. Kannscht jo vorlafe. Ich komm iwwerall hin wo du hinkommscht."

Wir hänseln uns noch eine Zeit lang. Und finden uns dann mit den Gegebenheiten ab. Also auf den Weg, Wanderer. Hoffentlich. *Hola*.

Weg-, Schmerz- und Rucksackgedanken in Gijón

Ich gewöhne mich langsam wieder an den Weg.
Seinen Rhythmus musste ich erst annehmen, mit ihm vertraut werden.
Sein Karma spüren. Seine Vertrautheit und Eigenart.
Vor dem *Camino* bin ich einige Wochen allein durch die Landschaften des Bliesgaus gewandert. Mein Rucksack wog zehn Kilogramm.
Vier bis fünf Stunden war ich stets unterwegs. Mit Bernd bin ich in dieser Zeit 40 bis 50 Kilometer gelaufen.
Ich war also körperlich topfit, fühlte mich physisch gut vorbereitet. Außerdem trieb ich all die Jahre Sport, kein Hochleistungssport, aber für den Jakobsweg müsste es allemal reichen.
So dachte ich jedenfalls.
Dann wurde mein Knie plötzlich wieder dick, und kurz darauf bekam ich einen Hexenschuss. Und dies knappe drei Wochen vor der Reise.
Ich war fix und alle. Mein Knie, ein Knorpel- und Meniskusschaden aus alten Fußballzeiten, ließ ich mehrmals punktieren. Gegen den Hexenschuss bekam ich Spritzen und nahm Tabletten.
Was ich auch dieses Mal auf dem *Camino* nicht einkalkuliert hatte oder einkalkulieren wollte, war die Tatsache, dass man auch in 2010 wieder Fußprobleme bekommen konnte und sich eventuell mit Knie- und Rückenschmerzen herumschlagen musste.
Und all dies traf genau bei mir zu.
Wenn die Füße schmerzen, macht das Laufen keinen besonderen Spaß. Fußschmerzen sind so schlimm wie Zahn- oder Ohrschmerzen. Es handelt sich dabei nicht um Blasenschmerzen. Blasen kann man nämlich behandeln, und zwar mit dem richtigen Blasenpflaster. Hier aber schmerzt die gesamte Fußsohle, als würde man auf heißem Teer laufen. Man hat das Gefühl, die Haut zieht sich gleich ab und man geht auf rohem Fleisch. Jeder Schritt ist ein Schritt zum nächsten Schmerz. Stets ist man sich bewusst, wenn die Füße den Boden berühren, leidet man wieder. Man steigert sich förmlich in diese Abfolge hinein, hofft darauf, dass die Herberge oder was auch immer, nicht mehr allzu fern ist. Auch das Knie und der Rücken bereiten Sorgen. Das Knie ist angeschwollen und der Rücken piesackt mich an manchen Tagen so stark, dass ich sogar mein Bein nachziehe.
Deshalb der Hospitalbesuch und drei Tage Zwangsaufenthalt in Gijón.
Nicht zuletzt zwickt der viel zu schwere Rucksack, er schneidet an manchen Tagen in die Schulterblätter, dass sich rote Striemen bilden.

Ich bin bis zum Schluss meiner Reise mit dem Rucksack in dieser Hinsicht nicht besonders gut klar gekommen. Dies gebe ich ganz offen zu. Während der Wanderungen sind wir keine Freunde. Im Gegenteil, ich beschimpfe ihn, manchmal sogar laut, dass Bernd regelmäßig Lachanfälle bekommt, wenn ich so hart mit ihm zu Gericht gehe.
Es klingt wahrscheinlich auch sonderbar, wenn man selbstredend mit seinem eigenen Rucksack schimpft.
Aber mit der Organisation des Rucksacks komme ich dieses Mal wesentlich besser zurecht als bei der letzten Tour. Darauf kann ich aufbauen, es macht mich auch ein klein wenig stolz, dass niemand auf mich warten muss, weil ich mal wieder nicht klar komme mit dem Packen oder dem Suchen nach irgendwelchen Dingen, die wieder einmal zufällig gerade am untersten Punkt, sozusagen in der untersten Etage des Rucksacks untergebracht sind.
Nichtsdestotrotz schimpfe ich immer wieder: „Wenn ich in Santiago ankomm, schmeiß ich denne vedammte Rucksack in die Eck unn guck ne bis zum Abflug nimmeh an. Das kannscht de mer glawe. Ich will ne nimmeh siehn unn kanne außerdem nimmeh rieche."

„Mensch, heer off se jammere, der mennts doch nur gutt mit dir. Schtell dir vor, du hättscht ne nett. Was würdscht de dann mache? E langes Gesicht unn dumm gucke, weil de nett annerscht gucke kannscht, wenn de die unneedische Sache, die de debei hascht mit deine bloße Gischtkralle trahn müscht."

„Muscht du zu allem dei Kommentar abgenn? Das iss immerhin mei Rucksack unn mit demm kann ich duhn unn lasse, was ich will. Basta!"

„Ich hann ehr de Indruck, der macht mit dir, was er will."

Jetzt, in diesem Augenblick, in dem ich dies niederschreibe, erinnere ich mich daran, dass ich meinen Rucksack bei der Ankunft in Santiago sogar sanft gestreichelt (ich achtete penibel darauf, dass Bernd nichts davon mitbekam) und mich liebevoll bei ihm bedankt habe, wie es auch schon vor drei Jahren ähnlich gewesen ist.

Denn eigentlich ist mein Rucksack alles, was ich auf dieser Reise besitze. Da hat Bernd völlig Recht. Er ist mein Heim, meine Familie, mein Vertrauter, er befördert meine Kleidung, meinen Schlafsack, meine Ta-

schenlampe, andere Utensilien, die ich dringend benötige, mein Blasenpflaster, meine Handtücher, sogar mein Geld.
Ich sollte ihn lieben wie man einen Rucksack nur lieben kann.
Und bei den nächsten Etappen versuche ich, ein besseres Verhältnis zu ihm aufzubauen, ihn wieder in mein Herz zu schließen, die alte Freundschaft, wenn es sie je gegeben hat, wiederherzustellen.

Denkmal des Rexus Pelagius

6. September 2010

15. Etappe Gijón – Avilés 26 Kilometer

Der Himmel ist bedeckt, es ist trocken, die Temperatur angenehm. Gutes Wanderwetter.
Um 07:30 Uhr Aufbruch in die nächste Bar zum Frühstücken. Wir sitzen draußen.
Dann ab. Wir tragen den Rucksack nach drei Tagen Erholungs- und in meinem Falle Rekonvaleszenszeit wieder auf dem Rücken. Hoffentlich schaffe ich den restlichen Weg.
Der *Camino* aus Gijón hinaus ist hässlich. Immer nur Asphalt. Wir kaufen *aqua* und Obst, setzen uns noch in den Außenbezirken Gijóns auf eine Bank, verspeisen Banane, Apfel und Pfirsich.
Dann verabschieden wir uns endgültig von Gijón. Der Weg ist immer noch trostlos. Aber flach und einfach. Ohne besondere Kraftanstrengung überbrücken wir einige Kilometer.

Wir lernen Carlos kennen, einen spanischen Pilger, der auf fast allen *Caminos* unterwegs war. Eine Frohnatur, die seinesgleichen sucht. Er lacht, pfeift und singt vollkommen unbekümmert, redet ununterbrochen, ist 62 Jahre, also der erste Mitpilger, den wir live erleben, der älter ist als wir. Sein Alter sieht man ihm allerdings nicht an. Er ist auch im Gesicht jung geblieben. Er redet mit jedem, der ihm über den Weg läuft und geht mir, ehrlich gesagt, zumindest am Anfang ein wenig auf die Nerven. Alles, was er sieht, nennt er auf Spanisch und fragt uns nach dem adäquaten deutschen Wort. Er ist ausgesprochen extrovertiert. Hält nie sein Sprechorgan. Nicht leicht zu gehen neben so einem Labersack, wie ich es manchmal auch bin, schießt es mir bedenklich durch den Kopf.

Wir laufen lange durch einen Mischwald mit guten, fußschonenden Waldwegen. Carlos redet und redet. Nennt Bernd liebevoll *Bernardo*, mich redet er nicht minder liebevoll mit *Klauso* an.
Nun, wenn´s gut tut.
Der Weg führt jetzt wieder an der Nationalstraße entlang. Starker Wind kommt auf. Es nieselt ganz leicht. Carlos steuert zielstrebig eine Bar an.

„Tres cañas grandes, por favor!“ schreit er die Bardame mit seinem aufdringlichen Charme an.
Tres cañas grandes kommen wie gewünscht. Wir prosten uns zu. Bestellen erneut eine Runde. *Tapas* werden gereicht. Dreimal Linsensuppe in kleinformatigen liebevollen Schalen. Köstlich. Noch eine Runde. Der Himmel hat sich eingetrübt. Es hat abgekühlt und ist stark windig. Avilés kann ruhig auf uns warten. Wieder *tapas*. Diesmal pan mit Schinken. Später Suppe mit Champignons. Alles prima.
Ein junger Pilger läuft auf der Nationalstraße zügig an unserer Bar vorbei, würdigt sie keines Blickes. Carlos springt auf, klopft ans Fenster, macht eine eindeutige Handbewegung.
Der Pilger folgt brav diesem Kommando, macht prompt eine Kehrtwende und betritt die Bar. Wir reden mit ihm. Er sieht etwas seltsam aus. Dünn, klein, ganz kurze Haare, ziemlicher Buckel, als würde ihn die Last des Rucksacks gegen die harte, spanische Erde drücken. Wir reden kurz, halten ihn allgemein für einen Jungen. Bernd zweifelt, aus welchen Gründen auch immer, schaut mich an, schüttelt den Kopf. Dann ist er clever wie immer (lieber Leser, das musste ich jetzt schreiben!).

„Dieser hässliche Weißhaarige heißt Klaus. Mein Name ist Bernd. Wie heißt denn du?“

Bernd spricht tapfer Hochdeutsch. Es hört sich ungefähr so an, als würde ein Pfälzer Englisch sprechen.

„Peggy“, antwortet die Gefragte.
Das gibt es nicht. Sie hat in der Tat nichts Weibliches. Aber auch gar nichts. Nicht einmal den entferntesten Ansatz von Brustkonturen. Bin einigermaßen erstaunt, sogar etwas verwirrt. Nicht das geringste Anzeichen hat darauf hingewiesen. Ich fange mich aber schnell wieder, tue so, als ob ich dies die ganze Zeit gewusst hätte und es die pure Selbstverständlichkeit wäre.
Wir trinken noch ein Bier, dann gibt Chefpilger Carlos das Zeichen zum Weitergehen.

„Komm, *hombre*!“, sagt er zu Peggy, weil er offensichtlich nicht mitbekommen hat, dass Peggy eine *Señora* oder *Señorita* ist. Vielleicht war er mit seinen Gedanken auch woanders. Oder auf der Toilette. Ja, er war kurz auf der Toilette. Ich erinnere mich. Deshalb wurde er Peggy auch nicht mit Namen vorgestellt. Aber egal. Wir treten hinaus. Bernd klärt ihn unterwegs heimlich auf.

„*Seňorita*?", schreit Carlos plötzlich ein paar Meter hinter Peggy und mir und kriegt sich gar nicht mehr ein. Er kann sich einfach nicht mehr beruhigen, flippt völlig aus. Nimmt keine Rücksicht.

„*Seňorita, Seňorita*?", wiederholt er laut lachend und schaut dabei immer wieder ungläubig zu Bernd, als hätte der ihm etwas vorgeschwindelt.
Ich beschleunige meine Schritte, damit Peggy nichts davon mitbekommt.
Sie ist 37 Jahre, sieht aber wesentlich jünger aus. Eine Zeit lang wohnte sie in Genf, jetzt in Basel. Ursprünglich stammt sie aus Leipzig und war in der Gastronomie tätig. Heute lernt sie den Beruf der Altenpflegerin. Sie ist ziemlich cool. Ich erzähle ihr von meinem Rückenproblem. Sie hatte ebenfalls schon einen Bandscheibenvorfall, wurde sogar daran operiert. Sie gibt mir Tipps.
Wir trotten jetzt durch das Industriegebiet von Avilés. Ziemlich öde. Immer weiter die Nationalstraße entlang.
Endlich kommen wir an, verabschieden uns von Carlos, verabreden uns aber für den Abend. Wir steuern ein Hotel an. Peggy ist mit dabei. Sie hat keine Lust auf eine Herberge. Aber es ist leider nur noch ein Doppelzimmer frei. Was sollen wir machen? Wir fragen an der Rezeption, ob es möglich sei, ein Zubett in das einzige freie Doppelzimmer zu stellen. Dies wird abgelehnt mit dem Argument, die Räumlichkeit sei zu klein. Ein Bett würde nicht mehr hineinpassen. Peggy geht leer aus, läuft frustriert und lustlos in Richtung Herberge zurück.

Bernd und ich checken für je 25 Euro ein. Tolles Zimmer, das gar nicht so klein ist, tolles Bad, tolle Dusche, tolles Hotel.
Aber eine bornierte Dame an der Rezeption, denke ich, noch ehe ich Folgendes sehe: Ein Ehebett mit rosaroten Bettdecken ist als unser Schlafplatz vorgesehen.

„So, mei Liebling, heit Owend mache mers uns so richdisch gemütlich."

Ich grinse Bernd dabei an, blinzele gespielt vergnügt mit den Augen, ziehe einen Schmollmund. Dem ist allerdings gar nicht nach diesem Scherz zumute.

„Mir schtelle die blöde Bette ausenanner. Ich glab, du schpinnscht. E Ehebett. Komm helf!"

„Willscht de die rosa Bettdeck jetzt a noch weiß schtreiche?"

„Rehsch mich jo nett off. Wenn die Bette ausenanner schtehn, langt mer das schunn. Bin schließlich kenner von de anner Sort. Nett, dass de dir Hoffnung machscht."

„Kenn Angscht. So isses mir a liewer. Do bin ich e Schtang weit von deim Huhschte unn Schnarche entfernt. Velleicht kann ich dann endlich emol schlofe."

„Penner, misserablischer."

Später treffen wir uns mit einigen Pilgern, darunter auch Carlos und Peggy.

Dann suchen wir mit ihr ein Restaurant. Ich esse einen Toast, da ich absolut keinen Appetit habe, Peggy und Bernd verzehren einen großen Fleischteller.
Bernd ermahnt mich, mehr zu essen. Ich kann aber nicht. Bin absolut appetitlos. Und das schon seit mehr als einer Woche. Ich zwinge mich regelrecht zu jeder Mahlzeit. Manchmal nehme ich lediglich *bocadillas* zu mir. Das ist zum Beispiel pan mit Schinken oder Käse oder beides zusammen.
Als ich gestern in der Bar die *cañas* getrunken hatte, lief ich den Rest der Strecke fast schmerzfrei. Aber ich kann doch nicht ständig trinken, damit ich einigermaßen laufen und in der Nacht schlafen kann. Ruckzuck habe ich mein Rückenproblem gelöst, komme aber als Alkoholiker zu Hause an.

Avilés ist eine große Stadt mit wirklich hübschen Altstadtgässchen. Der erste Eindruck war von Fabriken, Verkehr und Neubauten geprägt. Jetzt lernen wir die schöneren Seiten kennen. Und sind durchaus beeindruckt.

Nun haben wir 344 Kilometer hinter uns und noch zehn Tage Zeit bis Santiago. Die 500 Kilometer, die wir in der Gesamtabrechnung erreichen wollen, müssten unter diesen Bedingungen locker zu schaffen sein.

Soeben die traurige Nachricht von Margret, Bernds Schwester, erhalten, dass unser früherer Chef, Rudi Neis, gestorben ist. Wir sind beide betroffen. Rudi war ein großartiger Mensch, den ich sehr gemocht und geschätzt habe. Mehr möchte ich dazu nicht sagen.
Wir beschließen unisono, ihm diese heutige Etappe zu widmen.

Am Abend kann ich kaum noch gehen. Und das ohne Rucksack. Ich schleife mein linkes Bein nach, als gehörte es gar nicht zu meinem Körper. Bernd und Peggy sind in großer Sorge. Beide bezweifeln, dass ich weiter laufen kann.

Ich frage mich, warum es immer nur mich trifft. Bernd fühlt sich wohl. Ihn schmerzt nichts. Nicht, dass ich es ihm nicht gönne, aber warum geht es mir nicht so? Konditionell fühle ich mich topfit. Und dann das. Immer wieder diese Tiefschläge.
Wo wandern wir morgen hin? Wir wissen es nicht. Bin niedergeschlagen. Bernd fühlt sich nicht viel besser.
Schon um 22:00 Uhr im Bett.
Bernd liest im Reiseführer.

„Nur noch Käffer", brummt er ernüchtert vor sich hin. Ich höre es noch am Rande. Döse vor mich hin. Ob ich es schaffen werde?
Bernd schaut mich an, errät offensichtlich meine Gedanken.

„Klaus, wenns nimmeh geht, dann heer off! Ich trahn jedie deiner Entscheidunge mit. Ich wes, dass de e Kerl bischt. Du muscht nimmand ebbes beweise. Iss dir das klar?"

„Jo, guck, dass du durchkommscht. Du suchscht nur e Alibi ferr offseheere, um dei eichene Schwäche se iwwertünche."

„Schwätz kenn Unsinn! Ich hann kenn Probleme. Mir könne uns a noch e paar scheene Da mache, wenn nix meh bei dir geht."

„Es geht morje wedder. Offgenn duhn annere."

„…“

Bernd grinst nur.
Ich denke in der Tat mit großem Respekt an morgen. Sogar eine gewisse Angst vor der Etappe. Mein Körper will nicht mehr wie ich möchte. Diese Tatsache erfüllt mich mit Sorge. Die Tabletten bereiten mir zunehmend Magenprobleme. Aber ich verdränge alles während des Laufens. Nur nicht daran denken, ja nicht schlapp machen.
Ich muss von einem Ort zum Nächsten. Viel Adrenalin ist dabei im Spiel. Ich funktioniere nur noch. Der Weg ist schwer, wenn man gesund ist, er ist schwerer, wenn man nicht fit ist, und er ist noch schwerer, wenn man krank oder verletzt ist.

Beim Einschlafen erinnere ich mich, dass Carlos bei der heutigen Etappe einen kleinen Hund auf dem Balkon eines alten Hauses nachgeäfft hat. Ruckzuck stand sein Zwillingsbruder daneben, und sie bellten beide im Dreivierteltakt wie aufgezogen völlig hektisch um die Wette.
Wir haben uns köstlich amüsiert. Tut gut, so eine Ablenkung.

dahinziehen. Vielleicht bleiben wir verschont. Doch es nützt nichts. Wir gehen weiter.
Ich bin im Kopf müde. Die ganze Nacht herrschte wieder Treiben und Lärm auf den Straßen. Ich konnte lange nicht einschlafen und habe mir Gedanken gemacht, hatte regelrecht Manschetten vor dem Wandern. Vor der heutigen Etappe. Vor der morgigen. Wo kommen wir an? An einem angenehmen Pilgerort? In einem verlassenen Nest? Ich weiß es nicht. Alles ist möglich. Nichts ist unmöglich. Spanien. *Das musste jetzt sein.*

Wir mühen uns eine steile Straße hinauf und sehen, wenn wir uns umdrehen, in der Ferne das Meer. Aufgrund des sich leise einstellenden leichten Regens sitzen wir jetzt in einem Bushäuschen. Ein junges Paar geht vorüber. Ich habe sie schon in Gijón am Strand gesehen. Der junge Mann, der ganz wie ein Spanier aussieht, trägt einen überdimensional großen Rucksack, die Frau ein kleines Kind auf einem Rückentragegestell.
Es beginnt zu regnen. Zunächst schwach, dann immer stärker. Das Paar lässt sich jedoch nicht beirren und geht freundlich grüßend weiter seines Weges.
Wir warten ab. Aber nicht sehr lange. Wir sind ratlos. Der Regen hört heute wohl nicht mehr auf. Wir können ja nicht bis zum Sankt Nimmerleinstag hier sitzen bleiben und warten. Also ziehen wir brav unsere Jacken an und streifen die Kapuzen über den Kopf. Den Rucksack schützen wir mit dem integrierten Regenschutz, den wir einfach darüber stülpen. Dann los. Das Meer sehen wir nicht mehr. Alles ist jetzt ohnehin trüb. Auf der restlichen Etappe kommen wir nicht mehr in die Nähe des Meeres.

„Schmidtche, die verarsche uns. Die hann de Wee extra umgeleht, damit mer es Meer nett siehn, glab mers."

„Jo, die wisse dass mer do sinn. Unn weil de im Buch *Iss mei Hut noch do?* manchmol iwwer Schpanie so frech geschrieb hascht, räche die sich jetzt unn lasse es Meer ehnfach so veschwinne."

„Ich liewe Schpanie."

„Jo, wenn de dehemm bischt."

Wir marschieren durch den Regen. Dann hört er plötzlich auf. Also Jacken wieder aus, Rucksackkondom runter und herunter hängen lassen, damit der Rucksack trocknet.
Das Paar mit Kind steht an einer Bushaltestelle. Dabei ein älterer *Seňor* und eine jüngere *Seňorita*, vielleicht seine Tochter.
Es fängt wieder zu regnen an. Jacken erneut schnell an. Den Überzieher streifen wir über den Rucksack. Wir helfen uns gegenseitig dabei, damit es schneller geht.
Der junge Pilger unterhält sich mit dem freundlichen Spanier. Er ist Deutscher, der perfekt Spanisch spricht, aus Köln stammt und mit seiner kalifornischen Frau in Berlin lebt. Sie ist Aushilfsköchin, er studiert Agrarwissenschaft, heißt Paco, sie Kim, der kleine Junge Manu. Interessante Namen.
Der Spanier zeigt uns einen einfacheren Weg als den markierten. Der wäre jetzt zu gefährlich nach dem Regen, gibt er zu bedenken. Es würde steil bergab gehen und der Lehmboden sei zu rutschig.
Wir sind ihm dankbar und zusammen mit den jungen Leuten nehmen wir die angewiesene Route bis nach Santiago del Monte.
Wir gehen teilweise über Kieselsteinwege und angenehmen Waldboden. Leicht zu laufen, schonend für die Füße. Ein Esel schreit wie verrückt, als wir an ihm vorbei kommen.

v.l. Manu, Kim und Paco

362 Kilometer Jakobsweg liegen nun hinter uns. Das Weitere ist jetzt ungewiss. Wir diskutieren.
Mir fällt auf, dass ich seit drei Wochen meine Haare nicht gebürstet habe. Mir egal. Mit den Händen funktioniert es auch. Sie sind noch ziemlich kurz. Sehe trotzdem wie immer toll aus (wenn das jetzt meiner Arbeitskollegin Lucie zu Ohren käme, würde sie sich nicht mehr einkriegen wegen meiner, allerdings nur vorgetäuschten, Eingebildetheit. Oder meine ich es so?)

Neun Wandertage stehen uns noch zur Verfügung. Höchstens. Wahrscheinlich werden wir einen Ruhetag einlegen. Dann bleiben uns in Santiago noch zwei Tage Aufenthalt. Oder wollen wir früher ankommen und dort einen Tag länger verweilen?
Wir treffen keine Entscheidung. Jetzt erst einmal duschen, durchschnaufen, das Übliche und ab zum Essen.

Kleines Tagesresümee:

Ich stelle fest, dass ich mir auf diesem *Camino* keine Ortsnamen merken kann, auch keine Wochentage. Ständig frage ich regelrecht hilflos und nerve Bernd damit.

Der Rucksack des Berliners, der heute Nachmittag weitergelaufen ist, wiegt nur sechs Kilo. Wie ist das möglich?

Ohne das Paar mit dem Kind, und dies wird mir jetzt erst so richtig bewusst, hätten wir heute einen abschüssigen, glitschigen und daher gefährlichen Lehmweg genommen.

Und ohne den Berliner wären wir in die falsche Richtung gefahren, da wir an der verkehrten Station umsteigen wollten. Er ist uns entschlossen nachgerannt und hat uns auf unseren Fauxpas hingewiesen.

Meine Mutter schreibt mir eine SMS. *„Viele Grüße auch an deine Stütze Bernd."*

Ich sage belustigt zu Bernd: „Velleicht sollt se mol nett so früh am Da schunn Droge hole."

Bernd lacht. „Das do sahn ich ihr."

Um 23:30 Uhr kommen wir aus der Bar zurück. Morgen fahren wir weiter mit dem Zug. Wir planen und planen. Noch weit bis nach Mitternacht.

seine Fitness und überhaupt sonstige Schwierigkeiten hätten, weswegen er deshalb schon mal vorausgegangen sei. Bernd und ich beschließen, ihn ziehen zu lassen. Deshalb rasten wir auf einer Bank. Jetzt sind wir ihn endlich los.
Gleich darauf treffen wir zwei junge deutsche Rückpilgerinnen, die von Santiago in Richtung San Sebastián unterwegs sind. Nette Idee. Wir reden kurz mit ihnen. Dann weiter.
Der Zug, mit dem wir bis nach Luarca gefahren sind, raste auf einer Schmalspur. Die Geschwindigkeit war stellenweise unheimlich. Er fuhr über hohe Brücken, die teils auf Stelzen standen. Und oft durch Tunnels. Man hatte das Gefühl zu fliegen. Ich saß gegen die Fahrtrichtung. Der nächste Waggon flog, schaukelte hin und her. Die Leute, die darin saßen, verschwanden in den scharfen Kurven immer wieder aus meinem Blickwinkel. Mich überkam schon manchmal ein mulmiges Gefühl bedingt durch das Hin- und Herwackeln der Waggons und dem lauten metallischen Dröhnen des Zuges. Er ratterte und wankte, ruckte und zuckte, keuchte und fleuchte.
Meistens hatten wir während der Fahrt das Meer im Blick.

Erneut rasten wir auf einer Bank. Das Ziel ist weiterhin ungewiss. Wir unterhalten uns angeregt, laufen dann immer noch unentschlossen einfach darauf los.
Endlich sind wir uns einig. Das Ziel heißt nun endgültig, wie bereits heute Morgen von mir angedacht, Ribadeo. Die Entscheidung steht. Wir wollen ein oder zwei Tage abschalten vor den letzten schweren 100 Kilometern. Aber bis Ribadeo ist es zu weit. Wir müssen überbrücken. Nur wo?

Mir wird bewusst, dass ich nachts seit ein, zwei Etappen wieder träume. Es ist gut so.
Je näher es zum Ende der Reise geht, desto besser und sicherer fühle ich mich.
Lag es an der gefühlt langen Zeit, der räumlichen Entfernung von Zuhause, die mich teilweise überreagieren ließen? Bildete ich mir manches einfach nur ein?

Ich registriere, dass wir mittlerweile doch schon einige deutsche Pilger getroffen haben.
Auf den ersten Etappen dieser Reise waren wir fast allein unterwegs.

Alles im Leben hat seine Vor- und seine Nachteile. Nicht alle Pilger waren unbedingt angenehm. Auf manchen hätte man durchaus verzichten können. Aber dies ist meine subjektive Sicht. Andere denken über uns vielleicht genauso.

„Glaubst du etwa, du seist etwas Besonderes? Nur weil du hier läufst und Tagebuch führst?", meldet sich der Pilger wieder zu Wort.

„Ich war nie arrogant", wehrt sich der Wanderer vehement.

„Dann verhalte dich auch so. Streif deine Vorurteile und deine Intoleranz wie eine lästige Fliege ab!"

„Ich habe kein Janusgesicht", beschwert sich der empfindliche Wanderer.

„Dann konzentriere dich auf das eine!"

Während einer Steigung sagt Bernd zu mir: „Wemmer hemm komme, lafe mer zum Abschluss noch ehnmol de Reinheimer Bersch. Awer rückwärts."

„Denne könne mer gar nimmeh lafe, denne müsse mer renne, so fit wie mer jetzt sinn."

„Schtimmt. Mir würde noch nett emol müd debei werre."

Der Weg ist angenehm, recht einfach zu gehen. Oft haben wir das Meer im Blick, was eindeutig zur Besserung des Gesamtbefindens beiträgt. Es ist jetzt auch nicht mehr so heiß. Wolken ziehen auf, verdecken immer öfter die Sonne. Durchaus angenehm beim Wandern. Auch der Wind, der zunehmend stärker wird, tut gut. Wir nehmen die Hüte ab. Lüften die feuchte Kopfhaut.
Wir durchqueren ein bizarres bergiges Waldgebiet auf Lehm- und Kieselwegen bis zu einer viel befahrenen Asphaltstraße ohne Randstreifen.

„Die scheiß Schtros unn der scheiß Wind", beschwert sich Bernd.

„Do hascht du awer Glück. De Wind saust doch bei deiner bescheidene Größ locker iwwer dich weg."

nichts. Unsere Nähe und unsere Vertrautheit lassen diese absolute Direkt- und auch ungeschminkte Offenheit zu. Manchmal schützen sie uns eben nicht vor persönlichen Angriffen und Beleidigungen, die allerdings nicht wirklich böse gemeint sind. Oft handelt es sich um reine Ablenkungsmanöver, um dem angestauten Frust einen Tritt in den Allerwertesten zu verpassen. Wir stehen uns nahe. Schüchternheit oder falsche Zurückhaltung erträgt dieses Verhältnis nicht, würde es im Gegenteil eher belasten. Wir reden keine Minute um den heißen Brei herum. Was gesagt werden muss, wird gesagt. Das ist der Preis der Freundschaft.

Wir finden eine Bar zum richtigen Zeitpunkt. Unsere Rettung, die Wiederauferstehung.
Wir diskutieren über die letzten sechs oder sieben anstehenden Etappen, sind uns noch nicht ganz im Klaren darüber. Einige Fragen sind offen. Wir reden und reden. Dabei wackele ich wie schon öfter gedankenverloren am Tisch. Bernd regt sich tierisch darüber auf, während ich unbewusst Fernsehen schaue.

„Lass doch emol denne Disch do schtehn. Das gibs doch nett. Du machscht jo die Leit verückt."

„Do muss ich mich bei dir nett anschtrenge."

Irgendwelche Gewaltszenen flimmern aus der Kiste. Es fließt viel Blut, Menschen bringen Menschen um, Bomben explodieren, und zum absoluten Höhepunkt des Nachmittagsprogramms sind auch noch ein paar Naturkatastrophen wie Erdbeben, Hochwasser und Erdrutsche aus aller Welt zu sehen. Und zu guter Letzt ein Stier, der einem Matador mit seinem Horn durch den Hals sticht, so dass dieser mit lebensgefährlichen Verletzungen aus der Arena getragen werden muss. Wie wir später erfahren, überlebt der schwerverletzte, etwas leichtsinnige Matador die Notoperation.

Was will der Wanderer mehr? Wir hatten keine Nachricht von der Welt. Wir wussten nichts. Und was wissen wir jetzt? Nun, die Welt hat sich nicht verändert während unserer Wanderschaft.
Was mich wirklich trifft: Von Zuhause habe ich seit Tagen nicht die geringste Nachricht. Niemand meldet sich. Ich mich jetzt auch nicht. Da

bin ich stur. Sollen sie sich ruhig Sorgen um mich machen. Wo ist er denn? Wo läuft er gerade? Geht es ihm gut? Befindet er sich etwa in Schwierigkeiten, weil er sich nicht meldet? Hält sein Rücken? Kommt er mit Bernd klar? Oder treibt er den Kleinen gerade wieder zur Weißglut?
Machen sie sich eigentlich keine Sorgen zuhause?

Wir sitzen immer noch in der Bar. Es ist 15:30 Uhr. Der Zug fährt um 17:18 Uhr los. Also noch eine Runde Bier. Tut uns gut und lindert außerdem meine Rückenschmerzen. Aber wie gesagt, ich kann nicht ständig Bier trinken, damit es mir gut geht. Auf Dauer schadet das sicher meiner Leber. Und das muss nun wirklich nicht sein.

Unsere Klamotten riechen auch heute unerträglich, fällt mir gerade jetzt wieder auf. Der Rucksack, alles, was wir bei uns tragen, Bernd und ich.

„Wehscht de was? Ich bin nur froh, dass es Hilde mir so scheen die Hoor geschnitt hat", stichelt Bernd aus dem Zusammenhang heraus.

Er wiederholt diesen Standardsatz des Öfteren, weil er genau weiß, dass mich dies ungeheuer nervt. Ich reagiere nicht darauf und zeige ihm nur die kalte Schulter, während er provokativ grinsend mit seiner Hand über die kurzen Haare streicht. Mir fällt keine vernünftige, von Esprit durchzogene Entgegnung ein. Also schweige ich.
Rechtzeitig erreichen wir den Bahnhof. Der Zug kommt pünktlich.

In Ribadeo buchen wir zwei Übernachtungen für 50 Euro pro Mann. Ein Stadtfest findet direkt vor unserem Hotel statt. Die Spanier feiern mal wieder. Überall feiern sie, dass wir da sind. Wir, die beinahe ältesten Pilger dieses Küstencaminos.
Aber allein die Tatsache, dass wir die beiden Dinos dieses Weges sind, bringt uns jedoch Santiago keinen Schritt näher. Dafür können wir uns nichts kaufen.
Ribadeo ist ein kleines Städtchen mit einigen Adelshäusern aus dem 18. und 19. Jahrhundert. Es zeichnet sich durch seine eindrucksvolle Lage an der Mündung der Ria aus. Der Fluß Eo mündet hier ins Meer.

380 Kilometer seit unserer Ankunft in Spanien haben wir jetzt gemeistert.

So schön ist Galicien

9. September 2010

Ribadeo um 09:00 Uhr. Nach dem Aufstehen ist Zähneputzen und Duschen angesagt. Dann zunächst einmal in eine Bar zwecks Frühstück. *Café con leche grande* und *café solo grande sowie mehrere Croissants.* Unsere Rucksäcke stehen nahe beim Fenster. Wir können sie nicht mehr riechen. Aber es sind ja nur noch wenige Tage bis zum Heimflug. Wir werden es noch aushalten und durchstehen.
Wir sind den ganzen Morgen unterwegs. Informieren uns am Busbahnhof wie die Busse fahren. Aber wir haben noch keinen Plan. Überlegungen diesbezüglich.

„Ab zum Schtrand", schlage ich unternehmungslustig vor.

Wir suchen ihn vergebens. Es gibt nur einen Hafen.

„E scheener Schtrand. Es fehlt nur de Sand", lästert Bernd mehrmals.

Wir schlendern noch eine Weile. Dann zurück ins Hotel.
Ich sitze jetzt auf dem Bett und esse Schokolade. Habe eine Weile geschlafen. Es ist 15:00 Uhr. Bernd ist unterwegs. Ich habe Kreislaufprobleme. Vielleicht liegt es an den katastrophalen Spaghettis, die ich vorhin gegessen habe. Ich motze vor mich hin, bin in diesen Tagen notorisch unzufrieden. Aber warum? Was ist nur mit mir los? Mir ist bisher noch nichts Schlimmes widerfahren. Mir geht es doch gut.

„Du bischt immer nur am Maule."

„Hats dir geschmeckt?"

„In Schpanie esst mer ewe kenn Spaghetti."

„Unn was hascht du grad gess?"

„Aus reiner Solidarität. Sozusahn aus Dummheet. Denn normal esst mer das, was die Einheimische esse. Du nemmscht es Land nett an. Das merk ich immer wedder."

„Och, blos mich doch emol voll, doppelter Footzer."

habe ich keine Lust dazu, mir schwierige Gedanken über das gar nicht so leichte Pilgerleben zu machen. Bin auf Vereinfachung aus und bleibe ein Wanderer, der sich durchboxen und durchhalten will. Nicht mehr und nicht weniger.
Die Tabletten machen mich müde, setzen meinem empfindlichen Magen zu. Ich verspüre einen ständigen unangenehmen Druck in diesem Bereich.
Am Ende eines Etappentages weiß ich oft nicht, wie die Etappe verlaufen ist. Als hätte ich Alzheimer. Das erschreckt mich. Ist dies den permanent latenten körperlichen Beschwerden zuzuschreiben? Ich weiß es nicht. Eines ist sicher, ohne meine Aufzeichnungen wäre ich völlig aufgeschmissen. Ich lese nach und weiß dann erst, wo ich bin und wo ich war.

Aber Santiago ist das Ziel und bleibt das Ziel. Nur Santiago. Sonst nichts. Ich muss meine Kräfte bündeln, sie gut einteilen und auf die sich wiederholenden Signale meines Körpers aufmerksam hören. Er hat schließlich ein Problem. Der Motor läuft nicht wie geschmiert, verliert Öl, die Zündkerzen rußen und der Anlasser stottert.
Gestern Abend das Übliche gegessen. Ich lerne offenbar nicht dazu. *Filete* mit Pommes. Ich vermisse Salat und Gemüse. Der Salat hier wird nur mit Öl angemacht. Kein Joghurt oder Sahne.

„Ess endlich emol ordentlich", beschwört mich Bernd, der sich immer wieder Sorgen macht.

„Rehsch mich nett off."

„Ich menns jo nur gutt. Du machscht alles falsch."

„Hall ehnmol die Klapp, Schlaumeier."

„Dann mach so weiter. De näkschte Schwächeanfall iss vorprogrammiert."

„Ich laf dich doch in Grund unn Boddem."

„Wenn de nett krank odder veletzt bischt. Awer das bischt de jo."

„Das freit dich, was?"

„Dorum geht's doch gar nett. Ich menns doch nur gutt. Awer du kapierscht nix. Bischt schtur wie e Panzer. Heerscht unn siehscht nett."

Dieses Grinsen. Dieses vernichtende, meine Wut anstachelnde, breite Grinsen. Ich könnte ihn jetzt glatt erwürgen. Und tue es auch gleich. Jegliche Demut liegt mir absolut fern. Ich bin verdrießlich, eine miese Grundstimmung pulsiert in meinen Adern. Ich könnte jetzt die Welt verdreschen. Einen Berg versetzen. Hoffentlich komme ich wieder zu mir.

Bernd gab heute Morgen einer Bettlerin Geld. Ich wäre gar nicht auf die Idee gekommen, lief gedankenlos an ihr vorbei.
Was bin ich im Moment doch für ein Hornochse. Ich stehe irgendwie neben mir und nehme mir deshalb ernsthaft vor, jedem Bettler ab sofort Geld in seinen Hut, seine Büchse oder was auch immer zu werfen.
Jetzt gönne ich mir noch ein wenig Schlaf. Dann auf die Nachtpiste. Zunächst aber kaufe ich eine Bürste. Zum ersten Mal seit mehr als drei Wochen ist Haarebürsten angesagt. Ein Stück Normalität kehrt zurück.

Ribadeo Casaconcello

Das Publikum jubiliert. Zwei zu Null für die Pfalz. Ein Remis würde mir jetzt reichen. Soll ich es ihr anbieten?

„Ich gepps off. Ich hann mich Fraue eh immer unnerleje gefühlt."

„Kinnte Sie mei Fro trotzdem beantworte, wenn Sie so liebenswürdisch kinnte sinn?"

„Wisse Se, das iss gar nett so leicht. Wann bin ich eigentlich e richdischer Pilscher wor?"

„Gar nett", bricht Bernd radikal in mein Gedankenkonstrukt ein.

Die Leute lachen wieder, ich weniger.

„Hann Sie mich grad gefroht odder mei kleener unneedischer Kolleesch do?", frage ich die Dame mit gespielter Entrüstung.

„Egal, wer es Zeisch hat, die Fro se beantworte."

„Also, das iss gar nett so leicht."

„Das hascht de schunn emol gesaht."

Der Kleine regt mich jetzt in der Tat tierisch auf.

„Könnscht de jetzt endlich emol de Rabert halle. Kenner will was von dir heere. Ich bin gefroht wor."

„Do würd ich a emol e Antwort genn unn nett stännisch erum schtottere."

„Mer werrd doch se erscht emol iwwerleje dürfe."

„Ob das gutt geht."

Bernd lacht breit bei dieser rauen Attacke. Ich beschließe, ihn für den Rest seines und meines Lebens zu ignorieren. Das Publikum amüsiert sich.

„Also ich muss ernschthaft iwwerleje, ob ich iwwerhaupt e richdischer Pilscher wor bin. Das iss nämlich gar nett so ehnfach, ich menn, e richdischer Pilscher se werre."

„Unn? Bischt de enner wor?"

Der kleine Riese nervt schon wieder. Oder noch immer. Er lässt nicht locker. Aber ich ignoriere ihn jetzt ja eisern. Hat er überhaupt etwas gesagt? Sitzt er neben mir? Hat er je gelebt? Ist er mit mir den *Camino* gegangen?

„Geje Ende glab ich schunn, dass ich enner wor bin. Do war ich irschendwie cooler, hann mich kaum noch offgerehcht, war sogar e bissje gleichgültisch, nix hat mich meh so richdisch genervt, ich hann das Gefühl gehad, jetzt endlich los se lasse. Hin unn wedder war ich a emol ziemlich ernscht unn hann e Haufe nohgedenkt. Unn zum Schluss bin ich sogar gehr gelaf. Ich hann kenn Schmerze meh geschpürt. Do hat mer nix meh was ausgemacht odder weh geduhn. Ich hätt schtunnelang weider lafe könne. Ich hann die Dinge genomm wie se sinn, hann mich demit arronschiert. Das war, glab ich, das Wesentliche."

„Unn Sie?"

Bernd ist gemeint. Die kluge Dame ist durchaus beharrlich. Man kann ihr nicht so leicht weiß für schwarz vormachen. Und immer noch hat sie einen Pfeil in ihrem Frageköcher.

„Jo, das hat de Klaus zu meiner Iwwerraschung gar nett so schlecht erklärt. Awer er hat jo lang genung dezu gebraucht bissers eraus gebrung hat. Viel meh fallt mer dozu jetzt off die Schnelle a nett in."

„Hätt mich a schtark gewunnert."

„Off de anner Seit", ignoriert Bernd meinen Einwurf, „hann ich a nett stännisch nohme Pilscherschtatus gesucht frei noh demm Motto: Schtatus, wo bischt de?"

„Die Schtempele hammer jedenfalls kriet. Soviel Zeit muss sinn, um das a emol se erwähne."

Folklore

10. September 2010

18. Etappe Vilalba – Baamonde 22 Kilometer

Gegen 06:30 Uhr ohne Frühstück auf dem Weg.
Um 07:00 Uhr wollen wir vom Busbahnhof in Ribadeo nach Vilalba fahren. Wir haben uns gestern an unserem Ruhetag natürlich schlau gemacht. Wir wissen, dass wir keine zehn Minuten brauchen, um dorthin zu gelangen.

Aber wir bekommen kein Frühstück. Am Bahnhof und sonst wo ist noch alles dunkel. Zu dumm. Ich habe heute Morgen die beiden Brausetabletten für den Rücken neben zwei Vitamin- und einer Magnesiumtablette eingenommen. Fühle mich gerade so, als würde ich über den Sternen wandeln.
Im Bus bekomme ich fast einen Kreislaufkollaps, massive Schweißausbrüche gehen damit einher. Schwindelgefühle gesellen sich dazu. Mir ist zum Kotzen übel. Der Magen zieht sich zusammen.
Ich fordere Bernd auf, sich auf einen anderen Platz zu begeben. Er bleibt stur sitzen, denn als aufmerksamer Mitstreiter bemerkt er meinen Schwächeanfall.

„Ich rühr mich kenn Meder."

Ich denke an eine Tüte für den Ernstfall. Aber meine Nylontüten sind im Rucksack. Und der Rucksack im Seitenfach des Busses untergebracht. Na prima. Hat alles funktioniert, alles topp gelaufen. Verzweifelt lege ich meinen Kopf auf den Vordersitz, wo Florian sitzt, den wir zufällig an der Haltestelle vorhin wieder getroffen haben.

Ich kämpfe gegen meine Übelkeit an, versuche mich zu beruhigen, atme tief durch, denke nicht an das Schlimmste. Aber ich muss auf eine Toilette. Dringend. Wir fahren noch fast eine halbe Stunde. Ablenkung ist also angesagt. Mit was? Mit meinen bloßen Gedanken? Ich kann nicht mehr denken, nichts mehr empfinden, ich spüre nur diesen Kloß im Hals, den Druck im Magen, den Schwindel im Kopf, den Schweiß, der mir in Strömen den Nacken und den Rücken hinunterrinnt. Ich bin ein Bach, nein, ein lebendiger Strom, ich bin einer, der jetzt gleich ausläuft, der blutleer ist und grau im Gesicht, grauer noch als mein Bart.

der Pilger, der in der Kathedrale von Santiago seine Lebensgefährtin und Mitpilgerin Danuta auf dem *Camino Francés* im Jahre 2007 ehelichte.
Er hat nun ebenfalls ein Buch über den damaligen *Camino* geschrieben. Der süffisante und wirklich passende Titel lautet: *Ich hab mich getraut.* Bernd und ich bekommen demnächst eine Einladung. Hermann möchte, dass wir bei der Buchpräsentation dabei sind. Er erwartet von uns, dass wir einige Worte über den damaligen *Camino* zum Besten geben. Wir freuen uns und wollen ihm den Gefallen tun. Und wir werden als Pilger erscheinen. Mit Rucksack, Wandschuhen und Hut. Und einem Gedicht, das ich verfassen werde. Und das wir gemeinsam vortragen. Bernd verschiebt deswegen seinen Urlaub im Oktober um zwei Tage.
Ich höre auch zu meinem Erstaunen, dass Eva Holzer mit einer Studienfreundin bei uns Zuhause in Biesingen war. Sie ist die Tochter der Familie, bei der wir oft im schönen Wallgau in Bayern unseren Urlaub verbringen.
Meine Tochter ruft an. Sie hat mit einem Arzt gesprochen. Dieser meint, ich solle die Tour abbrechen. Tu ich aber nicht. Um nichts in der Welt. Ich werde mich durchbeißen. Und weiterlaufen. Deshalb bin ich hier. Nur deshalb.
Wir wandern bei Kälte und Nebel. Mein Kreislauf kommt langsam in die Schwünge. Der Schwindel verabschiedet sich. Und die graue Farbe im Gesicht. Ich spüre Blut durch meinen Körper pulsieren. Noch bin ich am Leben.
Bernd sagt, dass er sich schwer erschrocken hätte, mich heute Morgen so zu sehen.

„Ich hann geglabt, du falscht jede Aueblick um. Du hascht ausgesiehn wie de Doht off Urlaub. Schlimmer gings nimmer.“

Langsam wird es wärmer. Kurz hinter dem Ortsausgang von Vilalba sehen wir nur Unrat. Mehrere Meter Müll. Nicht sehr einladend. Warum führt man den Jakobsweg daran vorbei? Das ist mir ein Rätsel.
Wir nehmen mit trockenen leisen Tränen Abschied vom Meer. Ein wirklich wehmütiger, schwerer Abschied. Es hat uns so lange begleitet. Uns diese Wochen verschönt, die Gemüter beruhigt, mit vielerlei Eindrücken verwöhnt. Unvergessliche Panoramen hat es geschaffen. Und jetzt lässt es uns im Stich. Wendet sich von uns ab. Nimmt die andere Richtung. Oder wir.

Denn damit können wir besser leben.
Wir müssen nun in das Tal des Todes, in die stille Monotonie Galiciens mit seinen verlassenen Dörfern, vielen Ruinen und den tapferen älteren Menschen, die trotz ausgeprägter Landflucht da geblieben sind. Wir laufen durch Einsamkeit und Abgeschiedenheit vieler Weiler, kämpfen uns durch Wald, felsige Wege, durch öde, langweilige, verschlungene Pfade, über Asphaltstraßen und Lehmwege und stoßen schließlich in das Herz Galiciens: Santiago de Compostela.

Viele Hunde bellen uns heute wieder an. Manchmal sitzen mehrere vor einem Haus. Fast alle an der kurzen Leine, Sonne und Wetter ausgesetzt. Deshalb diese unglaubliche Aggressivität. Es sind reine Wachhunde, die ein wahres Hundeleben führen. Sie tun mir leid. Wenige laufen frei herum und kommen auf uns zu, beschnuppern uns. Sie verhalten sich friedlich. Sind wohl Pilger gewöhnt. Trotzdem ist es manchmal ein beklemmendes Gefühl, sie auf uns zurennen zu sehen. Man weiß ja nie. Der Abwehrmechanismus bleibt immer eingeschaltet.

Mitten auf einem Feldweg weit außerhalb eines Dorfes rennen plötzlich drei freilaufende Hunde auf uns zu. Bernd nimmt vorsichtshalber meinen Stock. Aber sie traben gleichmütig an uns vorüber, registrieren uns nicht einmal. Zeigen uns die kalte Schulter. Später lauert uns wieder einer auf. Er ist klein, viel zu klein, wir sind zu zweit, viel zu groß, er traut sich nicht an uns vorbei, läuft in den Wald zurück, ist schon verschwunden.

Die Muscheln, Kennzeichen des Jakobsweges, zeigen in Galicien übrigens in die andere Richtung. Dies wird mir bewusst, als Bernd mich darauf aufmerksam macht.
Wir marschieren weiter, viel durch Wald. Ein angenehmer Weg. Ein dankbarer Weg, außerdem eine recht flache, damit einfache Etappe. Nach der Ankunft in Baamonde haben wir noch 100 Kilometer zu absolvieren.

Man darf es sich genüsslich auf der Zunge immer wieder zergehen lassen: 100 Kilometer. Was ist das schon? Ein Spaziergang, Schaulaufen, ein wenig Bewegung, mehr auch nicht. Lässige Pflicht. *Santiago ist die Kür.*
Wir laufen immer noch, sind jetzt kräftig am Schwitzen. Die Sonne hat wieder zugelegt, sich aus der Umarmung der Wolken befreit.

Wir kommen an einer Herde Kühe vorbei.

„Mir sinn velleicht Deppe“, beschwere ich mich ein wenig spielerisch, nicht so ernst gemeint, „dehemm könnte mers uns gemütlich mache. Mir müsste normal do off de Wies schtehn unn Gras fresse. Glab mers, das hätte mer vedient.“

Bernd lacht darauf los. Ich beschließe, ebenfalls zu lachen. Das habe ich jetzt auch verdient. Das haben wir uns redlich verdient. Lachen heilt, Lachen befreit, Lachen ist die Antwort auf fast alles.

In einer Bar sitzen wir lange. Die Spanier unterhalten sich über uns. Ich merke es an ihrer Gestik.

„Das do sinn *dos deppos* hat der grad gesaht“, tuschele ich zu Bernd.

„Do hatter doch Recht. Odder nett? Wer laft dann schunn wochelang durch Schpanie mim halwe Dehemm offem Rücke. Unn quält sich Schtunn ferr Schtunn die Weje hoch unn wedder runner. Mir sinn doch Deppe. Siehscht du das annerscht?“

Wir amüsieren uns, provozieren uns auf die lustigste Art, labern weiter Unsinn, klatschen uns ab, bleiben locker und sind zufrieden. Wir lieben diese Selbstironie, schätzen sie, weil sie uns manchmal weiterhilft an einem Punkt, wo es auf den ersten Blick nicht weiter zu gehen scheint. Ein *Seňor* betritt die Bar mit einem Zahnstocher im Mund. Das sehen wir öfters. Es sieht nicht gerade appetitlich aus.

„Wehscht de, was ich vemisse?“, sage ich zu Bernd.

„Nee.“

„Mei Bad.“

„Das do sahn ich im Moni. Dass de se allererscht es Bad vemischt.“

„Was halscht de dann vomme gutte Freibier?“

„Ich bin nett beschtechlich.“

„Seit wann? Bischt de offem Jakobswee plötzlich e annerer Kerl wor. Das wär awer scheen ferr dei Umwelt, dei Familie, dei Kolleesche, ferrs LKA unn ferr mich."

„Do sollscht du velleicht emol an dir schaffe. Bei dir wärs werklich bitter notwennisch, dass de iwwerhaupt emol e Kerl werrscht."

„Das do duht jetzt awer richdisch weh. So was würd ich nie zu dir sahn."

„Nee, du nett. Niemols. Du doch nett. So gutt kenn ich dich."

„Do bin ich jo beruhischt. Hann schunn gemennt, du würdscht mich noh all denne Johre immer noch falsch inschätze."

„Nee, du bischt jo so gutt zu mir."

„Sahn ich doch. Gutt, dass de das wehscht."

„Ei, sicher. Du würdscht noch nett emol e Scherm iwwer mich halle, wenns rehnt."

„Das do duht jetzt noch emol weh, weils e purie Unnerschtellung iss. Ich würd mei letschtes Hemd ferr dich genn."

„Nur kenn frisches."

„So, jetzt schwätz ich nix meh mit dir. Sense, basta unn aus."

„Also gutt simmer wedder Freinde. Awer zwei Bier müsse schunn drin sinn. Dann lass ich velleicht mit mer schwätze unn sahn im Moni nix."

Bernd grinst, ich grinse. Schließlich auch Florian, der zu uns stößt. Ich sehe ihn beim Vorbeigehen, als ich zufällig aus dem Fenster schaue. Ich renne vor die Tür, rufe ihn. Er kommt. Wir labern albern herum. Welch ein Zufall. Zum wiederholten Mal haben wir uns unabgesprochen getroffen. Jetzt sind wir guten Mutes. Meine Krise ist vorbei. Es lebe die kommende Krise.
„Prosto", rufen wir im Chor. Und Florian mitten drin. Der Weg ist das Ziel. Auch wenn ich es nicht mehr hören kann. *Tres cañas grandes* und

keine Schmerzen mehr.
Ein tolles Pilgerleben. So soll es sein. So soll es bleiben.
Und so soll es weitergehen. Ein gutes Leben, dieses Wanderleben.

Viele Radpilger sind unterwegs. Man sieht sie immer wieder. Manchmal ist man regelrecht neidisch, weil sie wesentlich schneller, einfacher, direkter und mit weniger Kraftaufwand ihr Ziel erreichen. Außerdem müssen sie keinen Rucksack mit sich herumschleppen.

„Man müsst ne knallhart e Schtecke in die Schpeiche schtecke unn es Rad klaue", sinniert Bernd laut.

„Das hascht de offem letschte Jakobswee a schunn gesaht."

„Unn? Wars falsch?"

„Nee. Awer gemacht hammers domols trotzdem nett unn dies Johr noch nett grad."

„Weil mer Schisser sinn. Unn uns nett traue."

„Ich hann noch kenn Schisser gesiehn, der sich traut."

„Bischt jo a nett so weit in de Welt erum komm wie ich."

„Wo warscht du dann schunn gewehn, du Provinzei?"

„Velleicht laf ich grad in Schpanie rum."

„Ei, ich nett?"

„Nee. Dei Freind, die Heulsuse iss unnerwegs. Schunscht kenner."

Florian erzählt von einem Mann, der als einziger ein Schiffsunglück überlebte. Er habe seit dieser Zeit sein Leben dem Pilgertum verschrieben und wanderte bis zum heutigen Tag ungefähr 70.000 Kilometer. Das Fernsehen hat ihn dieser Tage in der Herberge interviewt.
Florian hat es mit eigenen Augen gesehen. Dieser Profipilger ist ein bekannter Mann in Spanien.

Wir kommen in Baamonde, dem nicht gerade schönsten Ort der Welt, an. Bettensuche. Nein, wir müssen nicht suchen. Der Barkeeper hat mir heute Nachmittag auf meine gezielte Nachfrage nach einem Hostal eine detaillierte Zeichnung ausgearbeitet und mitgegeben. Baamonde hat nur zwei oder drei Straßen. Also sollte es keine Schwierigkeiten geben.

Und tatsächlich: soeben für 21 Euro untergekommen. Das Hostal liegt allerdings direkt an einer Tankstelle neben der viel befahrenen Nationalstraße. Zimmer und Bad sind angenehm sauber. Und sie liegen nach hinten, dass wir den Lärm nicht so mitbekommen. Später besorgen wir uns dann *aqua* in einem kleinen Markt in der Dorfmitte.

Rechtzeitig sind wir zum Essen zurück. *Menú del día*. Ganz okay. Zumindest essbar. Trotzdem musste ich mir schon nach nur wenigen Bissen die Kohlenhydrate regelrecht aufzwingen.
Mein Appetit kehrt leider nicht zurück.

Geisterdorf vor Baamonde

Jetzt aber ab in die Bar. Baamonde feiert Fiesta. Und rechtzeitig sind wir wieder dabei, als ob sie auf uns gewartet hätten. Bei vielen spanischen Fiestas in dieser Region waren wir stets die Ehrengäste. Zumindest fühlten wir uns so.
Es herrscht viel Hektik, wie überall in den Bars. Ein unglaubliches Treiben hinter, vor und an der Theke.
Später muss ich auf die Toilette. Es gibt nur eine für alle. Ich warte lange. Anstehen ist angesagt.
Als ich an der Reihe bin, treibt es mich rückwärts wieder hinaus.
Herr, lasse diesen Kelch an mir vorübergehen!
Keine Beschreibung würde annähernd wiedergeben, wie ich die Toilette eben vorgefunden habe. Deshalb versuche ich es erst gar nicht. Gelbsucht bleibe mir fern. Mir schaudert vor dir.

Neuer Stand: 402 Kilometer bis hierher gelaufen.

Pause für die schmerzenden Füße

11. September 2010

19. Etappe Baamonde – Miraz 16 Kilometer

Wieder eine gut dosierte Kurzetappe.
Nach der Morgentoilette laufen wir ins Dorfzentrum, um *aqua*, *pan* und Salami für unser Frühstück einzukaufen.
Dabei sichten wir Simon, den wir bisher nur vom Sehen kennen und Florian, die schon langsam vorauslaufen.

Wir frühstücken in aller Ruhe im Hostal. Eigens einen Tisch haben sie für Bernd und mich reserviert. Jedenfalls nehmen wir ihn für uns dankbar in Anspruch.

Der Tag fängt gut an. Wir lassen es gemütlich angehen. Erst gegen 10:00 Uhr brechen wir auf.
Eine Zeit lang laufen wir auf der Nationalstraße, dann durch einen urigen Wald. Es sind gute fußschonende Wege jetzt, kein Asphalt mehr. Wir marschieren schweigend nebeneinander her. Ein Großteil der Etappen liegt hinter uns. Wir haben das verinnerlicht. Eine gewisse Zufriedenheit und auch Stolz zeigen langsam Konturen. Unser Durchsetzungsvermögen bläht sich auf wie ein Luftballon. Jetzt beginnt das Genießen.
Bernd fragt nach meinem Rücken. Ich winke nur ab, möchte nicht daran erinnert werden, mich gar nicht mehr damit beschäftigen.

„Nett, dass ich dich im Rollschtuhl näkscht Woch in die Bellevue schiewe muss."

Die Bellevue ist ein Restaurant in Biesingen auf dem Hölschberg ganz in der Nähe meines Wohnhauses. Im Sommer wird dort bei schönem Wetter ein stets gerne angenommener Biergarten betrieben. Die komplette Nachbarschaft sitzt schon mal öfter dort. Man kann gut essen und trinken, sitzt windgeschützt hinter dem Restaurant inmitten der Natur auf Bänken in einer Wiese mit herrlichen großen Bäumen, die im Hochsommer wohligen Schatten spenden. Was will man mehr?

Wir kommen aus dem Wald wieder auf einen asphaltierten Weg. Die Hitze staut sich auf diesem Belag, wird stark reflektiert. Sonnenkristalle

tanzen vor unseren Augen. Dann begrüßen wir nach einigen Kilometern einen dichten schattenspendenden Wald.
Wir begegnen einem alten, sehr alten Mann, der auf einer Bank sitzt. Er nickt uns freundlich zu – und segnet uns unvermittelt, als wir an ihm vorbeimarschieren. Ich kann es nicht fassen. So etwas habe ich, abgesehen von Priestern, die mich bekreuzigten, in meinem bisherigen Leben noch nicht erlebt. Ich frage mich, was hat dieser Mann, dessen wettergegerbtes Gesicht von Furchen zerrissen ist, für ein Leben hinter sich. In diesem abgelegenen, verlassenen, nach Armut und Entbehrung riechenden Weiler mit nur wenigen Häusern, vielen Katzen, Hunden und anderen Haus- und Feldtieren. Wie hat dieser Mann gelebt, sein Geld verdient, sein gesamtes Leben verbracht, abseits der großen Welt?
Man fühlt sich, wenn man durch diese Orte geht, wirklich ins tiefste Mittelalter versetzt. So kann man sich das Leben damals durchaus vorstellen: Die triste, graue, leblose Fassade der alten, zum Teil verfallenen Häuser, wenige Habseligkeiten, die armseligen, bescheidenen Kleider der gebeutelten Menschen, bellende, angekettete, abgemagerte, verhaltensgestörte Hunde, die vor Eindringlingen schützen, immer wieder verzweifelt und schwanzwedelnd im Kreis herumrennen und gegen ihre Halsfesseln wüten, die absolute Einsamkeit und Verlassenheit dieser Gegend.
Die Menschen hier leben ohne Handy, Internet, mediale Kommunikation, Verkehrsanbindung, Supermarkt, Fitnesscenter, Klinik, Sportanlagen und vieles mehr.
Aber – es ist ihr Zuhause, ihr Daheim, ihre Heimat, hier sind sie groß geworden, hier haben sie das Licht der Welt erblickt. In diesem Dorf sind sie verwurzelt, wurden ihre Anker geworfen.
Ein anderer Mann spricht mit uns, als wir an seinem Haus vorüber gehen. Wir bleiben stehen. Er kommt an den Zaun, reicht uns die Hand, bietet uns Wasser an. Aber wir haben noch welches dabei. Wir bedanken uns. Der *Seňor* winkt uns zum Abschied eifrig zu und wünscht uns einen *buen camino.*

Wir fühlen uns geehrt. Nachher erfahren wir, dass er auch die jungen Pilger, die vor uns hier vorbeigelaufen sind, so herzlich begrüßt hat. Vielleicht ist es sein Zeitvertreib, mit den Caminobrüdern zu reden, ihnen alles Gute zu wünschen. Er ist alt und sieht verbraucht aus, geht gekrümmt, wird wohl nicht mehr viel arbeiten können. Sein Tag füllt sich

mit der Aufgabe, Pilger zu begrüßen und mit ihnen zu reden. Trotzdem scheint er guten Mutes und lächelt uns zu.
Sieht so ein wahrer Held aus, ein Vorbild schicksalsergebenen Durchhaltevermögens?
Gedanken darüber, die ich Bernd aber nicht anvertraue. Es würde zu weit führen. Die heutige Zeit ist besetzt mit zweifelhaften Superstars, zu denen die halbe Welt verzückt aufschaut. Meine Welt ist es nicht. Aber müßig, darüber zu philosophieren.
Ich möchte jetzt weiter ohne belastende Gedanken, brauche Ruhe, kein intellektuelles Gespräch. Es findet im Augenblick in meinem Kopf so etwas Ähnliches wie Verdrossenheit im kleinen Stil statt.

Gegen 13:00 Uhr rasten wir vor einem kleinen Touristenbüro mit Internetanschluss. Florian, Simon, Vicki und Sofia sitzen schon um einen Tisch. Wir gesellen uns zu ihnen. Trinken Cola. Alle trinken wir Cola. Es wird viel erzählt. Wir haben nur noch wenige Kilometer bis Miraz vor uns, also genügend Zeit, weil wir recht früh dran sind.
Es ist es sehr heiß. Gefühlte 40 Grad. Ich laufe, wie bei fast allen Etappen, in kurzen Hosen. Arme und Beine sind gebräunt, mein Gesicht ebenfalls.

Nach der Mittagspause marschieren wir in der Gruppe weiter.
Simon kommt aus Stuttgart. Er studiert Volkswissenschaften und spricht fast perfekt Spanisch. Er war schon mehrmals in Südamerika unterwegs. Nächstes Jahr möchte er ein ganzes Semester in Chile studieren. Voriges Jahr tingelte er lange durch Perú. Er ist blond und hochgewachsen. Seine körperliche Befindlichkeit ist bescheiden. Enorme Knieprobleme plagen ihn, er geht zudem stark gebeugt. Er ist ein interessanter, intelligenter Typ.
Wir erzählen viel. Jeder hat jedem etwas zu berichten. So ist es nun mal bei Wanderschaften. Immer wieder wechselt man den Gesprächspartner. Man kommt sich näher, ist viel schneller miteinander vertraut als in der Anonymität des normalen Lebens. Wir quatschen und quatschen. Immer wieder suche ich Schattenplätze. Jede geringste Möglichkeit schöpfe ich aus. Und selbst wenn nur ein einzelner Baum Schatten spendet, wechsele ich die Straßenseite, um in den Genuss zu kommen, der aufdringlichen und gnadenlos brennenden Sonne, wenn auch nur für ein paar Sekunden, zu entfliehen.
Wir erreichen schließlich nach einer entspannten Wanderung, besser

gesagt einem Spaziergang, die Herberge von Miraz.
Diese Herberge wird von der englischen Jakobusgemeinschaft betrieben. Ein mürrisch blickender Mann und eine Frau leiten sie. Wir stehen zunächst an. Dann legen wir unsere Pilgerausweise vor. Die Stempel werden darauf gedrückt.
Es erfolgt die Zuweisung der Zimmer. Wir sechs werden zusammen in einem engen Raum, in dem insgesamt 14 Pilger ihr Schlafquartier haben, untergebracht. Die Schlafsäcke der übrigen acht liegen schon auf ihren Betten bereit. Ich stelle meinen Rucksack ab und schaue mir zunächst die Toilette und die Dusche an. Ganz okay, soweit ich es auf die Schnelle beurteilen kann, das heißt durchaus erträglich. Leider gibt es nur eine Dusche für alle, was das Warten unvermeidlich macht.
Bernd möchte zuerst duschen. Er kommt sofort wieder. Es ist besetzt. Nach einer Weile versucht er es noch einmal und hat tatsächlich Glück. Ich schreibe derweil in mein Tagebuch, was mir auf dem Herzen liegt, breite meinen Schlafsack aus, und lege mich einen Augenblick auf den Rücken. Alles schmerzt im hinteren Bereich, die Füße stechen. Ich

Ein Pilgergrab vor Sobrado dos Monxes

ignoriere, was ich ohnehin auf dieser Reise nicht mehr ändern kann, döse stattdessen ein wenig vor mich hin. Bernd kommt zurück. Ich ab zum Zähneputzen und Duschen.

Leider habe ich meine Flasche *aqua* vergessen. Ich spüle mir damit immer die Zähne. Sie steckt noch am Rucksack. Mir nun aber gleichgültig. Jetzt laufe ich nicht mehr zurück und bediene mich einfach des Leitungswassers. Dabei muss ich einen Brechreiz unterdrücken. Es hat einen bitteren, übel riechenden Nachgeschmack.
Natürlich habe ich auch das Handtuch vergessen. Irgendetwas muss ja immer sein. Also doch wieder zurück. Marsch, marsch! Ich überhöre Bernds Kommentar. Bin tapfer wie selten.
Die Dusche ist sehr eng, ich weiß nicht, wo ich das Handtuch hinhängen soll. Ab an den Fenstergriff. Vorhang zurück und Wasser an. Nicht näher hinschauen und schnell hinaus. Warmes Wasser säubert in einer Minute so gut wie in fünf.
Und, wie es nun mal so ist, habe ich meine gestern Abend frisch gewaschene Unterhose auf dem Rucksack liegen lassen. Mein Gott. Lerne ich es denn nie? Wo bleibt meine Konzentration? Warum bin ich nur so fahrig? Ich binde mein Handtuch um, laufe nass durch den Flur in den Schlafraum, um mein Sexy-Utensil zu holen.
Bernd sagt nichts, grinst nur unverschämt wie immer. Meine sensiblen Sensoren springen an, und Mord am helllichten Tag ist einer meiner ersten, nicht gerade heiligen Gedanken.
Ich finde meine Unterhose nicht. Natürlich. Wie sollte es auch anders sein?
Bernd grinst immer noch. Mein hektisches, dann verzweifeltes Suchen lenkt mich Gott sei Dank von weiteren Mordplänen ab.
Ich kippe den Inhalt meines Rucksacks auf den Schlafsack, erspähe keine saubere Unterhose, fluche vor mich hin, bin einigermaßen ratlos, verstaue die sinnlos vor mir liegenden Sachen wieder im Rucksack, stelle ihn wütend zurück – und sehe plötzlich meine viel geliebte Unterhose unter dem Bett liegen.
Ohne mir weitere Gedanken über dieses folgenschwere Geschehnis zu machen, nehme ich sie hastig an mich, Bernds unvermeidlich grinsenden Blick im Rücken spürend, und laufe wieder Richtung Bad. Alle Toiletten, zwei an der Zahl, sind jetzt natürlich besetzt. Ich schreie innerlich. Geduld ist gerade ein Fremdwort für mich. Was muss man noch alles ertragen? Ich warte und warte. Ist da jemand in der Toilette zu-

sammengebrochen? Oder liest Zeitung? Oder ist eingeschlafen? Ich könnte jetzt an der glatten Wand hochgehen. Und das wegen zwei verschlossener Türen, die sich doch gewiss gleich öffnen werden. Warum vollführe ich also einen solchen Eiertanz? Bin ich schon neben der Spur? Innere Ruhe sieht anders aus. Besinnlichkeit und Wegfindung auch. Ich verhöhne mit meiner Verhaltensweise regelrecht diesen Begriff. *Zur Ruhe kommen.* Da bin ich lange noch nicht. Und diese Reise ist fast zu Ende.
Habe ich denn gar nichts dazu gelernt?
Ich schüttele über mich selbst den Kopf, schäme mich fast ein wenig. Aber wie gesagt, nur ein wenig. Denn Abwarten ist angesagt, sich nicht unnötig aufregen.
Die Toilettentüren öffnen sich dann fast gleichzeitig. Die Welt ist wieder halbwegs in Ordnung.
Ich betrete die Toilette, trockne mich ab, ziehe mich an, bürste meine Haare mit den Händen, gehe mit meinem Badetuch in die Schlafkammer zurück und wenig später schließlich aus der Herberge hinaus. Waschen werde ich heute nicht mehr. Keine Lust dazu. Nullo Bocko. Nicht in der Herberge. Morgen werden wir hoffentlich wieder eine Pension finden. Dort wäscht es sich leichter.
Wir sitzen jetzt zu sechst hinter unserer Unterkunft und essen, was wir noch übrig haben. Eine Zeit lang verweilen wir, dann zieht es uns wie magisch in die direkt daneben liegende, pulsierende Bar ohne Namen. Sie hat tatsächlich keinen Namen. Nicht einmal den bescheidensten oder doofsten. Wir wundern uns darüber. Wir sind zu viert. Die Mädchen duschen noch.
Ich betrete die Bar, die anderen setzen sich draußen an einen Tisch. Die Bar ist erstaunlich lang und breit. Die einfache Theke schmückt sie nicht gerade. Das gesamte Mobiliar sieht etwas hölzern und lieblos aus, als hätte man alles schnell zusammengewürfelt, um gute Kohle ohne viel Aufwand zu machen. Mehrere Männer, dazu eine Frau in mittleren Jahren, sitzen an einem Tisch und spielen lautstark Karten.

Es ist jetzt 16:00 Uhr. Na ja, jemand wird mich schon bedienen. Ich warte. Und warte immer noch. Habe ich die Seuche an mir? Mein ohnehin dünner Geduldsfaden wird schon wieder strapaziert. Schließlich bequemt sich ein *Seňor* aufzustehen, hinter das Büffet zu treten, eine dort befindliche Tür zu öffnen und laut nach oben blickend irgendwo ins Nirgendwo ein imaginäres Etwas anzubrüllen: „Mamo, Mamo!“. Jedenfalls verstehe ich es so. Niemand meldet sich, niemand gibt eine Antwort. Der *Señor* widerholt die beiden Worte, diesmal in einer lauteren Oktave, zuckt dann etwas gleichgültig oder schicksalergeben mit den Schultern und läuft wieder apathischen Schrittes zum Tisch. Diesen blühenden Fatalismus muss ich bewundern, obwohl ich im Moment der Leidtragende bin. Die *Señora* mittleren Alters zeigt Herz, dann Initiative. Sie erhebt sich nach einer Weile, schreitet mit fast martialischen Zügen zur Theke, begibt sich dahinter und tut es dem *Señor* gleich. Aber sie schreit lauter, energischer und fordernder. „Mamo, Mamo!".

Niemand meldet sich wie gehabt. Die *Señora* schüttelt mehrmals den Kopf, würdigt mich keines Blickes, geht wieder zurück zum Tisch, immer noch kopfschüttelnd, nimmt ihre Karten erneut auf, schaut sie sich kurz an und schüttelt abermals ihren hochroten zornigen Kopf. Es stellt sich sozusagen ein Dauerkopfschütteln ein, dann sagt sie im schreienden, abweisenden, unerbittlichen Ton etwas zu den dabei sitzenden *Señores*, was nicht sehr freundlich klingt, wirft die Karten entschlossen wieder auf den Tisch, begibt sich in die Vertikale, kommt nochmals hinter die Theke und schaut mich völlig genervt mit einem Muss-der-mich-jetzt-mitten-im-Kartenspiel-stören-Blick an. Ich bin ein wenig konsterniert. Was habe ich der *Señora* nur getan? Brav, fast devot, bestelle ich *cuatro cañas grandes.*
Geht doch. Mit zwei *cañas* eiere ich auf wackligen Beinen nach draussen, um die junge Bande mit ihrem älteren Mitpilger zu versorgen. Dann betrete ich erneut die Bar, um die zwei weiteren *cañas* hinaus zu bringen. Draußen hüpfe ich fast vor Freude, dieser schwierigen, launischen, alten Diva entkommen zu sein. Wir prosten uns zu und freuen uns des Lebens an diesem reizenden Pilgernachmittag.

„Ich hann aweil gemennt, du wärscht in de Bar ohne Name ingeschlof, so lang hat das gedauert", lästert Bernd.

„Sei froh, dass de wedder Freibier kriescht. Das beherrscht de am Beschte. Do kammer a mol e Zeitlang warte."

„Ich hann nimmeh demit gerechnet. Schließlich fliehe mer näkscht Woch schunn hemm. Hann gemennt, das werrd eng."

„Jo, du Absahner."

„Wer? Was? Wo? Ich? *Ich*?"

„Mach nett so gekünschtelt. Du bischt de Schlimmschte von all."

„Das iss mol wedder typisch. Du schreicht iwwerall hier. Unn ich hann de Name. So ungerecht iss die Welt."

Ein schweres Leben, dieses Pilgerleben, denken wir wieder verschmitzt und lassen es uns gut gehen. Jeder gibt eine Runde. Wir lachen der Sonne entgegen, die uns strahlend nicht aus den Augen verliert. Später verlagern wir den Tisch und die Stühle dann sonnengerecht auf die Hauptstraße dieses bedeutenden Ortes. Hier kommt ohnehin nur alle paar Tage ein Auto vorbei. Wir schäkern inzwischen wieder zu sechst, albern, spinnen, reden Unsinn, sind fröhlich, einfach nur guter Dinge. Wir wissen jetzt, dass wir alle in Santiago ankommen werden. Diese Gewissheit bestärkt sich. Zu sechst wollen wir unser Ziel erreichen. Das beschließen wir nun feierlich.

Es wird langsam dunkel und kühl. Wir ziehen uns in die Eingeweide der Bar zurück. Besetzen einen Tisch am Fenster. Es wird ein lustiger, ein gemütlicher Abend, der mich von vielem ablenkt, mein Gemüt aufhellt, mir Gesundheitsschübe verpasst.
Plötzlich geht die Tür auf. Der Herbergsvater öffnet sie allerdings nur einen Spalt, man sieht lediglich seine Hand, die er in die Bar hinein hält, fünf Finger zeigen nach oben, dazu sagt er: „Five minutes", was wohl bedeuten soll, dass wir spätestens in fünf Minuten in der Herberge zwecks einzuhaltender Nachtruhe sein müssen.
Der kann uns mal, denken wir alle unisono. Aber die Spanier neben uns springen wie abgerichtete Hunde spontan auf. Sie wissen offenbar, dass der Alte es ernst meint. Der würde glatt die Herberge absperren, und wir kämen nicht mehr hinein und müssten elendig in Spaniens kalter Nacht erfrieren. Das muss nicht sein. Keiner verspürt so richtig Lust, im Freien zu schlafen und vor dem großen Ziel wegen dieses bornierten Typen zu kapitulieren.
Also Kommando auf und schleunigst ab. Jetzt befinden wir uns in der Küche dieser *Noch-fünf-Minuten-Herberge*. Die Mädchen haben Hunger, wollen ihren letzten Proviant verspeisen. Der Herbergsvater hat allerdings etwas dagegen, protestiert heftig. Die Mädchen weisen ihn ab, bieten ihm Paroli. Sie sind entschlossen, ihre Käse- und Schinkenbrote

jetzt und hier zu verzehren. Sie würden ja niemanden dabei stören, so ihr Argument. Außerdem seien sie dreimal sieben alt. Der Herbergsvater schnaubt, holt tief Luft, verdreht die Augen und verlässt den Raum. Offenbar heult er sich jetzt bei irgendjemandem aus, ruft die Polizei oder die Herbergsmutter, die für ihn die Brötchen aus dem Ofen holen soll. Wir verhalten uns in der Küche wirklich still, sitzen, stehen, essen, lassen uns nichts zu Schulden kommen. Wir stören keine Menschenseele. Es handelt sich ohnehin nur um ein paar Minuten Nachtruheaufschub, bis die letzten Reste der Brote gegessen sind.
Wir harren der Dinge, die da auf uns zukommen werden.
Nach einer Weile erscheint die Herbergsmutter. Sie kommt wie eine dampfende Lokomotive angerauscht. Aggressiv wie ein nervöser Hahn oder ein in die Ecke gedrängter Köter verhält sie sich. Dass sie keinen Schaum vor dem Mund hat, ist das einzig Positive an ihrem Erscheinungsbild. Ich hätte sie gar nicht so resolut und unnahbar eingeschätzt. Ist sie aber. Sie lässt sich auf keine Diskussion ein. Bernd und ich diskutieren ohnehin nicht. Wir wissen, dass wir keine Chance gegen Borniertheit haben. Alles muss auch irgendwo seine Ordnung haben. Zugegeben. Aber es handelt sich hier lediglich um einen Zeitaufschub für die Länge eines Brotes. Vicki ist und bleibt aufmüpfig. Sie plustert sich jetzt auf, muss von uns fünf regelrecht beruhigt werden. Wutentbrannt gibt sie schließlich nach. Das eine oder andere Brot landet im Mülleimer. Diese Niederlage auf der ganzen Linie stößt uns bitter auf.

„Die hat Schaum vorm Maul gehat“, denkt Bernd laut. Und spricht damit aus, was wir alle so empfinden.

„Schaum? Das war pures Dynamit. Ich hann gemennt, die explodiert gleich.“

„Wär se nur. Dann hätts e Knall genn unn die Alt wär vegess gewehn.“

„Ich hätt nett lang um se getrauert“, setze ich noch einen drauf.

„Ihr Mann duht mer leed. Iss e armer Kerl. Deshalb laft der a so veschtört in de Welt erum unn traut nur e Finger in die Dier von der Bar ohne Name se schtecke.“

Wir kichern zu sechst, gehen aber trotzdem nach kurzem Badaufenthalt

frustriert in die Betten, wo acht Menschen bereits in diesem kleinen Raum zum Schlafen liegen. Das einzige kleine Fenster ist geschlossen, die ganze Nacht über erreicht uns keine frische Brise. Obligatorisches Schnarchen und Husten der Pilger setzt rechtzeitig vor meinem Schlaf ein. Musste ja so kommen. Ich winde mich hin und her, öffne meinen Schlafsack, es ist einfach unerträglich stickig im Raum.
Dann plötzlich absolute Stille. Als hätte jemand ein Kommando gegeben. Ich schaue auf mein Handy. Es ist kurz nach 23:30 Uhr. Eine Atempause. Jetzt schnell handeln und einschlafen, denke ich bei mir, und du hast es geschafft. Streng dich also an, gib dein Bestes.
Dann muss ich wohl eingeschlafen sein.
Plötzlich und unverhofft, ja, eigentlich vollkommen aus dem Nichts heraus, schlägt eine Bombe ein. In die absolute, definitive, unangreifbare Stille galizischer Einsamkeit. Vor lauter Schreck springe ich hoch. Hatte gerade von Indianern geträumt, die mich wieder einmal verfolgen. Im Moment weiß ich gar nicht, wo ich bin. Ich versuche mich zu orientieren, das Geräusch zu realisieren.

Dann begreife ich. Es handelte sich um einen Furz, wie ich ihn in meinem ganzen Leben noch nie gehört habe. Es ist nicht nur ein Furz. Es ist *der Furz.* Und er kommt herzhaft und inbrünstig, mit wahren Böllerjubelarien. Es ist die Stunde des Siegers. Das Glücksgeräusch des Jahres. So etwas kann man nicht lernen. So etwas muss man können, in den Adern haben. Und diese Spanierin, die Simon schräg gegenüber liegt, dieser Naturmensch, konnte es. Ich denke im ersten kurzen Augenblick lakonisch, *Spanien hat Deutschland jetzt den Krieg erklärt.*

„Olegg“, sage ich nicht allzu laut spontan vor mich hin, „der do hat sich rendiert.“

Daraufhin schrilles Gelächter meiner fünf Mitpilger. Bernds Bett über mir beginnt zu wackeln. Er kann sich gar nicht mehr beruhigen. Wie wir alle. Das geht so eine Weile.
Dann plötzlich Stille, als ob der Dirigent den Stock gehoben hätte. Aber nur ein paar Sekunden. Und schon geht es wieder los. Doch das Lachen ist nur angedeutet, wir alle lachen, beißen vielmehr in unsere Kissen hinein, um nicht die übrigen Schläfer zu wecken.

Wir können uns nicht mehr beruhigen. Es geht einfach nicht. Die Spa-

nierin, die unsere Lachmuskeln so überstrapaziert, wird wach, entrüstet sich verbal, worauf allerdings keiner von uns eingeht. Sie weiß offensichtlich nicht, warum wir lachen.
Ich sage am nächsten Morgen zu Simon: „Gott sei Dank war das e trockener Furz, der nett noch geroch hat.“

Er grinst mich an: „Von wegen. Ich hoffte zunächst auch innig, dieser Kelch ginge an mir vorüber. Aber die *Seňora* lag direkt schräg neben mir. Ich kann dir sagen. Als die Duftwolke kam, dachte ich, gleich gibt es Gasalarm.“

Wir lachen wieder, schlagen uns in die Hände. Da sieht man einmal, welch große Freude so ein Windabgang doch bewirken kann.

Ich erinnere mich erst jetzt wieder daran, dass wir gestern, als wir in dem Restaurant in Baamonde zum Essen waren, einen total betrunkenen Autofahrer gesehen haben, der vor der Bar angehalten hat, ausgestiegen ist, allerdings ohne seine Autotür zu verschließen, und dann sturzbesoffen in die Bar torkelte. Er schwankte in der Tat wie ein schwer getroffener Boxer kurz vor dem Knockout, kaufte sich ein Bier und stürzte dann, wieder vor der Tür in unmittelbarer Nähe seines Autos, ganz schlimm hin.
Daraufhin das volle Programm. Leute, Polizei, Ärger, mit Sicherheit Ausnüchterungszelle.

Am frühen Morgen sind alle noch im Tiefschlaf in der wunderbaren Herberge von Miraz. Ich suche meine Taschenlampe, weil ich auf die Toilette muss, finde sie nicht, durchstöbere genervt meinen Rucksack. Ach ja, sie befindet sich unter dem Kopfkissen, wo ich sie eigentlich immer hinlege. Ich muss mich besser konzentrieren, meine Gedanken zusammenhalten.

Um 06:00 Uhr springen die Spanier dann plötzlich aus den Betten, als hätten sie schlecht geträumt oder einen erneuten biologischen Einschlag befürchtet. Die Pilger stehen immer früher auf. Sie nerven uns mit ihren Stirnlampen und Rucksackgeräuschen. Sie fuchteln hin und her, unterhalten sich leise, suchen, hantieren, verschließen.
Es ist zwar noch stockdunkel, aber wir können aufgrund des Lärmpegels, der jetzt in der ganzen Herberge, einschließlich des zweiten

Raums um sich greift, auch nicht mehr im Bett liegen und sitzen sinnlos ein wenig launisch herum, warten pilgergeduldig darauf, dass es endlich hell wird.

Im Morgengrauen marschieren wir dann los. In der Gruppe.

Gestern Abend hatten wir 418 Kilometer hinter uns.

12. September 2010

20. Etappe Miraz – Sobrado dos Monxes 26 Kilometer

Es ist bewölkt. Keine Sonne. Starker Wind. Um 07:45 Uhr auf dem *Camino*. Zu sechst in einer Gruppe. Wir laufen aus Miraz, dem Herz der Welt, hinaus. Es ist noch halbdunkel.
Ich habe für die Nacht in der Herberge ganze fünf Euro bezahlt.
Eine deutsche Mitpilgerin beschwert sich vor unserem Abmarsch im Herbergsgästebuch auf Englisch massiv über uns sechs. Sie hatte mit dem Abend überhaupt nichts zu tun, bekam gar nichts mit, sah uns vielmehr friedlich in der Küche stehen oder sitzen und schreibt nun impertinent, dass die Deutschen immer etwas zu meckern hätten. Sie entschuldige sich dafür.
Toll, ganz toll, eine Deutsche, die im Ausland über ihre eigenen Landsleute herzieht. Das habe ich mir immer schon mal gewünscht.
Wir gehen länger auf felsigem Boden. Kommen unverhofft an einen Taxistand. Wir rätseln, da hier keine Straße verläuft, wo die Autos fahren sollen.
Wir sichten wieder viele Hunde. Teilweise laufen sie frei, verhalten sich aber friedlich.
Eine Bar werden wir erst nach 20 Kilometern erreichen. Wir sputen uns, sind schnell unterwegs. Aber Land ist durchaus in Sicht. Wenn auch noch zwei bis drei Wanderstunden bis dahin vor uns liegen.
Immer wieder sind Dorfschilder auf dem Weg stolz und großzügig angebracht, als wollten sie Aufsehen erregen. Aber sie nehmen sich wichtiger als sie sind. Denn wir sehen keine Dörfer dahinter. Nichts. Sie stehen sozusagen als Hinweisgeber vor einer menschenleeren Kulisse und führen sich dadurch selbst ad absurdum.
Zu Anfang der Etappe ist es ein guter Weg, auf dem wir uns bewegen, kein Asphalt, sondern leicht zu gehender, hartrissiger Lehmboden durch viel Wald, dazwischen immer wieder kleine Weiler, die für etwas Abwechslung sorgen. Manchmal sichten wir nur zwei oder drei Häuser, selten mehr, ab und an sehen wir einzeln stehende Bauernhöfe, dann absolvieren wir wieder eine längere Strecke zu den nächsten Häusern, die sich dicht an dicht gegenüberstehen an einer langgezogenen, engen, verdreckten Asphaltstraße mit vielen Rissen und Löchern, und schon ist diese Avenue zu Ende und die Häuser auch. Es war ein Dorf,

durch das wir gerade kamen. Aber Menschen haben wir nicht gesehen. Vielleicht wohnt auch niemand mehr hier. Die Häuser sahen allesamt nicht sehr einladend aus. Nicht einmal Hunde haben uns angebellt oder Katzen miaut.
Wir erreichen jetzt einen Hof mit zwei Gebäuden. Ein Erdrutsch hätte ihn fast platt gewalzt, es hat nicht viel gefehlt. Wir schlängeln uns auf einem schmalen Streifen daran vorbei. Eine alte Frau begegnet uns, wünscht uns *„buenos días"* und geht gekrümmt, fast im rechten Winkel mit dem Kopf zum Boden gebückt, als wollte sie die Mutter Erde liebkosen, in eine Scheune, wo ich zwei Kühe sehe mit fast platzenden Eutern. Die Alte bewegt sich ohne Stock, aber fast wie in Zeitlupe. Sie kommt kaum voran. Außerdem hinkt sie. Ihr linker Strumpf ist verrutscht, man erkennt das weiße blasse Fleisch ihrer Unterschenkel. Sie sehen aus wie dünne Seile. Die Füße stecken in viel zu großen Pantoffeln, in denen sie hin und her schwimmen. Ihr dunkles Kopftuch vergräbt fast vollkommen ihr Gesicht, welches schattenhaft wirkt. Ihr kleiner, dünner Mund bewegt die Lippen zu einem Selbstgespräch, auf ihrer Nase sitzen dicke Pickel, alles in allem sieht sie aus, als verkörpere sie alles Leid dieser Welt.

Nachdenklich, in uns zurückgezogen, jeder allein mit seinen Gedanken, gehen wir weiter.
Der Eindruck einer Berglandschaft erschließt sich uns plötzlich unerwartet. Außer uns ist offenbar keine Menschenseele unterwegs, diesen Anblick zu genießen. Wir erfahren hier die pure und sprichwörtliche Einsamkeit Galiciens.
Wir laufen und laufen und suchen verzweifelt die im Reiseführer angekündigte Bar. Aber wir finden keine. Land unter.
Trotzig, ein wenig ärgerlich marschieren wir weiter, verfluchen den Outdoor, der uns nicht zum ersten Mal hinters Licht führt.
Mehrere aneinandergereihte einetagige Häuser passieren wir jetzt. Eine kräftige Bäuerin grüßt uns freundlich. Eine alte Frau, die emsig tätig ist. Nicht weit von ihrem Anwesen rasten wir an einem Bushäuschen. Wir beobachten sie. Zwei Hunde, mehrere Katzen, viele Hühner, Enten und Gänse sind ihr Eigen. Hinter ihrem Haus weiden Kühe. Ein Pferd sehen wir auch etwas abseits grasen.
Sie geht watschelnden Schrittes in ihren Garten, füttert die Tiere. Bewältigt sie alles alleine? Haus und Hof? Ihr Kleid ist nicht gerade sauber, wohl seit Wochen ungewaschen. Man sieht es von weitem und könnte

es zweifellos riechen, wenn man nur nahe genug heran käme, was wir allerdings aus gegebenem Grund tunlichst vermeiden. Vielleicht ist es ja nur ein Arbeitskleid, das sie zum Füttern der Tiere und Melken der Kühe benutzt, versuche ich ihr äußerst ungepflegtes Erscheinungsbild zu entschuldigen. Offensichtlich ganz allein auf sich gestellt muss sie in dieser ärmlichen Umgebung leben und mit den gegebenen Verhältnissen klar kommen. Wen interessiert unter diesen Voraussetzungen ein dreckiges, ungewaschenes Kleid? Sie schon gar nicht. Also mache ich mir keinen weiteren Kopf darüber.
20 Kilometer haben wir bisher hinter uns gebracht. Immer noch verweilen wir zum Atemholen an diesem Bushäuschen. Welche Busse kommen denn hier vorbei? Und wann? Und warum? Am Ende der Welt.
Es zieht uns weiter, wir kommen schließlich in Sobrado an und marschieren zügigen Schrittes durch den ganzen Ort. Ein recht angenehmes Städtchen, das muss man so sagen nach all der Einsamkeit, die uns während der heutigen Wanderung begegnet ist.
Die vier Begleiter trennen sich von uns, gehen zum Nonnenkloster.
Wir ignorieren großzügig, selbstbewusst und mutig unseren Outdoor Reisebegleiter, der hier die Übernachtung im Kloster zum absoluten Muss erklärt. Weshalb ist mir allerdings nach Studium des Führers und Ansicht des Klosters rätselhaft. Stattdessen steuern wir frohgemut eine Bar an und treffen Simon und Florian.
Die Herberge öffnet erst um 16:30 Uhr. Sie haben also Zeit. Wir unterhalten uns. Dann ab. Gegenüber ist ein Hotel. Wir fragen nach und kommen für 25 Euro pro Mann unter. Es ist soweit okay. Nun gut, die Tür des Badezimmers schließt nicht, man kann sie nicht zudrücken, aber halb so schlimm, dafür haben wir einen gemütlichen Wintergarten zur Straße hinaus, in dem man auch Wäsche aufhängen kann. Die gewaschenen Kleider hängen jetzt im Wintergarten und trocknen vor sich hin.
Die letzten fünf Kilometer der heutigen Etappe waren eine einzige Katastrophe. Ich dachte, ich komme nicht mehr an. Alles, was über die 20 Kilometer geht, ist mittlerweile ein Problem für mich. Ich muss mich zusammennehmen. Werde jetzt erst einmal etwas schlafen, meinen Rücken entlasten, mir Ruhe gönnen, mich schonen.
Sobrado kommt mir nach den letzten ödfaden Eindrücken wie eine Weltstadt vor. Vieles schießt mir beim Hindösen durch den Kopf. Dieses unglaubliche Glück, welches wir bisher hatten, der wehmütige Abschied vom Meer, die Unterstützung zuhause, die große Anteilnahme meiner

Kolleginnen und Kollegen vom LKA.
Ich bin sehr emotional, die Gefühlsschwankungen sind enorm.
Wir sind in der Tat, wenn wir überhaupt Pilger sind, Hostal- oder Pensionspilger, da wir in keine Herberge mehr gehen wollen. Wir würden den jungen Pilgern, die ohnehin kein Hotelzimmer bezahlen können, nur den Platz wegnehmen. Vielleicht ist dieses Argument auch nur eine Beruhigungspille, um ein möglicherweise, wenn überhaupt, vorhandenes schlechtes Gewissen zu beruhigen.
Ich erinnere mich in diesem Zusammenhang jetzt auch daran, dass die ersten Pilger vor der heutigen Etappe schon um 05:30 Uhr aufgestanden sind. Sie stören und wecken alle anderen mit ihren hellen Stirnlampen, die einem geradezu ins Auge stechen, je nachdem wie sie den Kopf drehen, und sie nerven mit den dazu gehörenden unvermeidlichen Packgeräuschen. Jeder steckt jeden an. Die Leuchten variieren im Raum, kommen auf einen zugeschossen wie Lichtblitze.
Es herrscht emsiges Treiben um diese Zeit. Hektik ist angesagt. Jeder möchte der Erste im Bad sein, der Erste in der Küche zum Frühstück und Kaffeetrinken, der Erste, der sich auf den langen Marsch begibt. Und genau aus diesem Grund wollen wir keine Pilger sein.

Man muss auch einmal auf Opfer verzichten können.

Am Abend speisen wir gut. In einem Pilgerrestaurant. *Menú del día*. Wir essen galizische Gemüsesuppe, ein ausgezeichnetes Roastbeef mit Pommes, Eis, dazu trinken wir gratis eine Flasche Wein für den Sparpreis von insgesamt neun Euro.
Anschließend werden uns kostenlos noch mehrere Liköre zum Probieren serviert. Köstlich. Wir geben reichlich Trinkgeld.

„Das do war emol gutt. So richdisch gutt."

„Noch besser", antwortet Bernd, „vor allem freits mich ferr dich, dasses dir mol geschmeckt hat."

„Jo, das hats in der Tat tatsächlich", grinse ich Bernd an.

Dann äußert er geistreich, was ich ihm jetzt einfach mal gerne unterstelle, beim Nachhauseweg: „Wenn de in Sobrado wohnscht unn willscht die Composchtela, do muscht de fuchzisch Kilometer serückfahre, um die velangte hunnert Kilometer, die de zu Fuß serick leje muscht, se erreiche. Iss doch fruschtrierend. Odder?“

„Wie lang hascht de dir jetzt do driwwer Gedanke gemacht?“

„Iss mir schpontan ingefall. So bin ich ewe. Du werrschts kaum glawe.“

„Jo, ich glabs a nett.“

Bisher sind wir 444 Kilometer gelaufen.
Nur noch 68 Kilometer bis Santiago.
68 Kilometer!
Was ist das schon?

Zisterzienserkloster in Sobrado dos Monxes

Flussaue

13. September 2010

21. Etappe Sobrado dos Monxes – Arzua 24 Kilometer

Um 08:30 Uhr nehmen wir in einer Bar ein Frühstück der bescheidenen spanischen Art zu uns. Wir sechs genügsamen Wanderer werden auch heute zusammen bleiben. Keine Wolken am Himmel. Es ist heiß, sehr heiß. Der Schweiß läuft einem schon im Stehen den Nacken hinunter. Keiner hat so richtig Lust, diese Etappe anzugehen. Aber wir laufen. Immer die Nationalstraße entlang. Eine furchtbar öde, monotone Etappe. Wir reden kaum, sind mit unseren eigenen Gedanken und Problemen unterwegs. Verdrängungsmechanismen sind angesagt.
Jeder x-beliebige Weg wäre interessanter als dieser schlimme Asphaltnationalstraßenmonotonieweg.
Wir rasten auf einem Spielplatz. Noch dreizehn Kilometer.
Sofia trinkt als einzige aus einem Brunnen. Er ist nicht als *aqua portable* gekennzeichnet, allerdings ist auch kein Trinkverbotsschild angebracht. Wir necken Sofia. Wir wissen, sie ist ein wenig hypochondrisch veranlagt. Wir intensivieren die Scherze bis sie Blüten treiben. Sie wehrt sich mit Worten, Händen und Füßen, zweifelt, dann wieder nicht, dann wieder ja, sie ist unschlüssig, merklich nervös, reißt sich zusammen, merkt schließlich nach längerem Credo, dass wir sie nur veralbern und lacht endlich herzhaft mit.

Jeder von uns, Bernd ist die berühmte Ausnahme, hat mit körperlichen Problemen zu kämpfen. Simon und Florian haben Knieschmerzen. Vickis Achillessehne piesackt und beutelt sie. Sofias taube Schulter ist immer wieder Gesprächsthema. Wir geben Ratschläge, die alle nichts nützen. Mein Rücken wird wohl halten. Er ist nicht besser, aber auch nicht schlechter geworden. Viele Etappen bin ich nun damit gelaufen. Er kann und wird mir nicht mehr schaden. Er weiß, wer der Chef im Ring ist. Ich laufe, ganz egal, welche Faxen er macht.
Trotzdem fürchte ich mich vor einem plötzlichen Schlag. Warum bin ich nur mit so einem Weicheikörper bestraft? Warum immer nur ich? Bernd bleibt generell von solchen Zicken verschont. Ich wünsche ihm wirklich alles Gute. Aber die Frage bleibt hartnäckig in der Hinterhand: Warum trifft es immer nur mich? Lässt mich mein Rücken die letzten beiden Etappen vor Santiago im Stich?
Nein, er trägt mich bis Santiago. Er muss. Er muss. Und er wird.

„Hör auf zu jammern", ermahnt der Pilger, *„dieser Weg ist auch Entbehrung, kein Wunschkonzert, du solltest ihn endlich annehmen wie er ist. Und nicht ständig über alles lamentieren!"*

„Aber warum nicht einmal Bernd und immer nur ich?", beklagt sich der neunmalkluge Wanderer.

„Du solltest demutsvoll deinen Weg gehen! Und nicht auf andere schauen. Orientiere dich an deiner eigenen Nase!"

„Mein Rücken, meine Füße, meine Schulter, mein Magen..."

„Siehst du. Da haben wir es wieder. Du sprichst immer nur von dir. Hast du denn gar nichts dazu gelernt? Wie willst du in Santiago ankommen, wenn du nicht einmal bei dir selbst ankommst?"

„Aber was soll ich tun?", weiß der Wanderer sich keinen Rat mehr.

„Ertrage und beiße dich durch! Denke an die vielen Pilger, denen es viel schlechter geht als dir. Sie sind längst bei sich angekommen."

„Was habe ich dir getan? Warum bist du so grob zu mir?"

„Weil du dein Leben nur so in den Griff bekommst. Ich laufe immer neben dir her. Aber du bemerkst es nicht einmal. Und jetzt lass mich in Ruhe! Ich muss auf dich aufpassen."

Ich lasse den Pilger in Ruhe, wir laufen und verkürzen die Strecke jetzt Kilometer um Kilometer wie man Blätter einem Abreißkalender entnimmt.
Wir gehen eine vielbefahrene Straße entlang, in dieser unglaublichen, den Geist versengenden Mittagshitze. Alle Spanier schlafen. Halten Siesta. Wir laufen. Und laufen. Spaß macht es nicht. Die Zehe ist immer noch taub. Alles an mir ist taub. Ich gehe teilweise gekrümmt. Die Schmerzen strahlen in den Oberschenkel, in den Hoden aus.
Ich darf mich jetzt nicht verrückt machen, kurz vor dem Ziel. Ich laufe weicheimäßig. Aber ich laufe. Ich habe schon Pilger gesehen, die sind wesentlich schlimmer dran gewesen und trotzdem in Santiago angekommen.

Bernd bekommt eine originelle SMS von einem Unbekannten, der sich erst zu Hause als Bernds Arbeitskollege Patrick outet:

Die Füße tragen
Der Wille Ziel
Die Bürde schwer
Sie wiegt so viel

Der Geist ist frei
Birgt so viel Kraft
Am Ende zwei Seelen
Voller Tatenkraft.

Nicht schlecht, Herr Specht.
Alle Achtung dem LKA-Lyriker.

Bernd Kuckartz, alias der „Verschwiegene“ schreibt folgende SMS:

„Hallo, ihr zwei Irren. Habt ihr euch schon gegenseitig in die Fresse geschlagen? Die Fahrt nach Hahn bleibt unvergessen! Ich habe keinem etwas erzählt. Ich werde für immer schweigen. Kucki.“

„Der Schisser, der gefährliche. Das alte Läschtermaul. Die wisse off de Awett mittlerweile all Bescheed. Der hat e Veteiler im Haus gemacht. Glab mers. Wemmer serück komme simmer schtigmatisiert.“

„Wemmer serückkomme“, nickt Bernd zustimmend grinsend.

„Ich hann nett die geringschte Zweifel, dass de Kuckie uns kräftisch durch de Kakau gezo hat.“

„Unn der hat noch viel meh dezu gedicht. Do war der in Hochform. Unn all hann sich iwwer uns kaputt gelacht.“

„Du kennscht ne doch. Kenn Gag issem zu schad. Der hat uns genn. Das kann ich dir sahn. Der hat uns ans Rad gehau, gevierteilt, erwürgt, erschtoch, erhängt unn erschoss.“

Wir lachen herzhaft, amüsieren uns über uns selbst und unseren lieben

Kucki, der sich schließlich auch köstlich über uns amüsiert hat. So wäscht eine Hand die andere.
Ganz langsam, aber sicher, nähern wir uns der Station unseres früheren Triumphes. Arzúa!!!
Bis dahin sind in der Hitze des Tages noch zehn Kilometer zu absolvieren. Unerträglich. Vollkommen einfallslos diese Nationalstraßenasphaltstrecke. Dazu buckelig, immer wieder hoch und runter. Wir laufen uns die Füße wund. Kommen voran und doch nicht an. Es zieht sich wie Kaugummi. Aber mit jedem Schritt, das wissen wir, kommen wir unweigerlich Arzua näher, auch wenn es gefühlte Stunden dauert.
Vor Arzua ein steiler Anstieg. Immer noch diese öde, einfallslose Straße. Wir sind müde. Nicht nur körperlich. Der eintönige Weg. Das Flimmern der Hitze auf dem Asphalt. Es ist so heiß, dass einem die Sinne schmelzen. Kein Schatten. Nirgends Schatten. Nur sengende Hitze und Wasserströme den Rücken hinunter.
Arzua ist eine Baustelle. Die Straße wird aufgerissen. Wir kommen an einer langgezogenen hohen Mauer vorbei, die gar nicht mehr aufhören will und mich spontan an die Berliner Mauer erinnert. Bedrückend. Dahinter das Stadion. Auch Baustelle.

„Mensch, wie viel Meder sinn dann bei de Schpanier enn Kilometer?", beschwert sich Bernd zu Recht. Offenbar beschleicht auch ihn das Gefühl, heute nicht mehr anzukommen.
Es ist die unerbittliche Monotonie dieses Weges, die kilometerweit langgezogene Asphaltstraße, die unerbittliche Hitze, keine Spur von Schatten, nicht die geringste Abwechslung, was uns so empfindlich stimmt.
Immer noch sind wir unterwegs. Dann stoßen wir vom *Camino del Norte* auf den Hauptweg, der von den Pyrenäen über Pamplona, Burgos, Leon, über Arzua nach Santiago verläuft – und der Schock setzt augenblicklich ein.
Unglaublich, nicht zu fassen. Aber wahr. So haben wir es uns nicht vorgestellt. Katastrophale Zustände, die hier herrschen, was wir hier erleben.
Pilger an Pilger. Der Hauptweg hat jede Spannung und Spontaneität verloren. Wer hier die innere Einkehr findet, hat sie vorher schon gefunden oder versteht die Bedeutung dieses Satzes nicht. Bisher genossen wir diese unerschöpfliche, herrliche Ruhe, kaum Pilger unterwegs, jetzt diese massive Belastung, der unermüdliche, nicht enden wollende Pilgerkeil, der gnadenlos in unser Herz hineingeschlagen wird und

jeden inneren Zugang zu uns selbst verstellt.
Wir peilen das uns vor drei Jahren bekannte Hotel an. Fast zwei Kilometer gehen wir gegen den Strom. Pilger folgt Pilger. Als hätte jemand die Tore eines Flüchtlingslagers geöffnet. Und wie sie teilweise ankommen. Hinkend, kaputt, krank, zerstört, desillusioniert. Eine zu einem gewissen Teil sich quälende Armada. Viele von ihnen haben es sich wohl anders vorgestellt und nicht damit gerechnet, in dieser Menschenmenge zu laufen. Das hat es vor drei Jahren nicht gegeben. Niemals. Ich verbürge mich dafür.
Wir sind tief getroffen, fast verwundet. Es tut unserer Seele weh.
Die Entgegenkommenden schauen uns verdutzt an. Immer noch laufen wir in die für sie falsche Richtung, diesem wandelnden Menschenzug entgegen. Ich erinnere mich: vor drei Jahren dieses Restaurant, wohin wir uns jetzt zielstrebig begeben. Pilger wie wir damals: Hermann und Danuta, Rudi, Dagmar, Margret, Reinhard der Pallottinermönch, Elisabeth, zwei Deutsche, ein Bayer und ein Inder.
Reminiszenzen, die mich jetzt nicht weiter bringen. Eine Nostalgie, die mich nur melancholisch stimmt. Jetzt ist jetzt. Und es ist anders, völlig anders.
Wir finden unser Hotel und mieten ein Zimmer für 21 Euro pro Nase. Sehr gepflegt alles. Tolle breite Dusche mit richtiger Duschkabine statt schmutzigem Vorhang. Man kann sogar die Duschbrause aufhängen, muss sie nicht in der Hand behalten.
Die anderen Vier machen sich auf zu einer Herberge.
Wir sind bisher den *Camino del Norte und den Camino de la Costa gelaufen.* Jetzt befinden wir uns auf dem Hauptweg, *dem Camino Francés.*
Nach unserem Reinigungsritual sitzen wir abends vor dem Hotel. Die Pilgerstraße befindet sich etwa einhundert Meter von uns entfernt. Wir haben sie von unserem Sitzplatz aus direkt im Auge. Ein Pilgerstrom, ähnlich einer Karawane zieht vorbei. Es sind Fußkranke darunter, humpelnde, sich quälende, leidende Menschen. Und wie sie daherkommen. Die meisten ungelenk und kaputt, lustlos, frustriert, am Ende ihrer Kräfte, aber sie kommen unaufhörlich bis nach 21:00 Uhr. Eine über-dimensionale Kette mit ihren Gliedern. Ein Defilee des Bekennens zu diesem Pilgerweg über alle körperlichen Strapazen hinweg. Trotz inzwischen großer Skepsis gegenüber diesem absolut überlaufenen *Camino* schwingt in unserer Beurteilung auch große Achtung vor dem Durchhaltevermögen vieler gesundheitlich angeschlagener Pilger

mit, die sich trotz allem nicht beirren lassen und ihr Ziel nicht aus den Augen verlieren. Unseren uneingeschränkten Respekt haben sie allemal verdient. Aber ein wenig Beschaulichkeit und Ruhe hätten wir ihnen bei ihren letzten Etappen durchaus gegönnt.

Pilgerfreunde in Arzúa

Heute habe ich drei Stempel bekommen. Im Hotel, in einer Bar und unterwegs in einem Verkaufshäuschen. Bin stolz wie ein kleiner Bub. 468 Kilometer sind wir bisher gewandert – oder gepilgert? Mit meinem Rücken eine beachtliche Leistung. Bin zufrieden. Jetzt noch ein letztes Bier. Morgen Pedrouzo und übermorgen Santiago.

„Fascht hammers gepackt“, sagt Bernd.

„Jo, nur noch Schaulaufe. Ball kommt die Kür.“

Ja, bald ist Santiago in Sicht. Nur noch zwei Tage Geduld.

14. September 2010

22. Etappe Arzúa – Pedrouzo 22 Kilometer

Heute sind wir auf den Tag genau vier Wochen in Spanien. Eine lange Zeit, die langsam zu Ende geht.
Jetzt um 07:30 Uhr Aufbruch.
Pedrouzo. Auch dort waren wir vor drei Jahren.
Schon befinden wir uns auf dem überlaufenen *Camino*. Die schöne Zeit ist vorbei. Der Kulturschock hat eingesetzt.

„Hascht de schunn geheert? Man kann a ohne Rucksack wannere", bemerkt Bernd sinnig witzig.

„Nee", antworte ich spontan, „wer erzählt dann so e Schwachsinn?"

Wir begegnen tausend Pilgern, laufen an Tausenden vorbei auf dieser Pilgerrennstrecke. Wir treffen unsere vier Mitpilger vor einer Bar. Sie haben auf uns gewartet, zusammen ziehen wir los.
Viele Pilger, die nur die 100 geforderten Kilometer gehen, um die begehrte Compostela als Trophäe zu erhalten, sind unterwegs. Sie tragen kleine Rucksäcke, schwadronieren und sind sehr stolz auf sich.

„Ich könnt was kaputt schlahn", sage ich zu Bernd.

„Do simmer schunn se zwett. Das do iss werklich e Pilscherautobahn."

Man fühlt sich nicht mehr so wohl auf diesem *Camino*. Zu viele stolze Pilger, die mitten in der Nacht mit einer Stirnlampe bewaffnet den Rucksack packen, sind unterwegs. Pilger, die sich rundherum wohl fühlen, nicht das Geringste zu meckern haben, denen die Sucht nach dieser Askese mit auf den Weg gegeben ist wie das Gebet vor dem Einschlafen.
Dann die Massen auf diesem allzu bekannten Hauptweg. Kann sie nicht mehr sehen. Aber ich bin selbst einer von ihnen. Ich sage es mir immer wieder: *„Du bist doch auch einer von denen, die du kritisierst und negativ beurteilst. Was bildest du dir eigentlich ein?"*

Ja, stimmt. Die angedeutete Ambivalenz meines Wesens auf diesem

Weg, welche mich ständig bedrückt. Mein dehnbares Ich.
Habe ich vielleicht doch etwas gelernt auf diesem *Camino*? Oder gefalle ich mir in der Selbstkritik, die unter bestimmten Umständen ja auch sympathisch macht?

Wir laufen durch viel Wald aus Arzúa hinaus.
Da es mehr Pilger in Arzúa als Arzúaner gibt, kann man auf dieser Strecke nicht einmal mehr pinkeln. Ständig trägt man die Worte mit sich herum: *buen camino.* Mein Kauapparat schmerzt mich schon vom vielen Grüßen.
Simon erzählt, dass alle Herbergen voll sind. Bis auf den letzten Mann oder Frau belegt.
Aus einer Matratze, spricht er weiter, sei gestern Abend eine Maus herausgeschlüpft. Eine Herberge tiefer im Ort sei schimmelig gewesen.
Dies bestätigt uns in der Absicht, nur noch Hotels oder Pensionen zu suchen.
Wir landen in einer Bar. Gut gemacht. Alle trinken wir Cola.
Ich lese an der Theke einer Bar: *Erst wenn der Boden frei von Prinzipien ist, kann Freiheit wachsen.*
Denke eine Weile auf dem weiteren Weg darüber nach. Eine willkommene intellektuelle Beschäftigung, damit ich nicht abstumpfe. Möchte mich außerdem ablenken.
Prinzipien sind immer ein Problem. Vor allem wenn sie mit starrsinniger Konsequenz verwechselt werden. Man kann sich auch an ihnen verschlucken. Oft stehen sie jeglicher Toleranz im Weg und bauen Fassaden, hinter denen sie sich dann verstecken. Prinzipien maßen sich an, diese Welt zu kontrollieren und sich zu eigen zu machen.
Und dies wäre tatsächlich das Ende jeder Freiheit.
Aber ich bin nicht hier, um zu philosophieren, sondern um zu wandern und wenn ich Glück habe, zu pilgern.

Der heutige Weg ist nicht schwer, aber strapaziös im Kopf.
Wir laufen jetzt auf der Nationalstraße bei brütender Hitze.
Wieder eine Bar. Wir trinken alle *cañas grandes.*
Dann marschieren die jungen Mitpilger weiter.
Schließlich müssen sie vier Betten in vollbesetzten Herbergen erobern. Es ist ein wahrer Wettstreit, dem sie sich stellen und unterordnen müssen, wollen sie nicht leer ausgehen und im Freien schlafen.
Bernd und ich bleiben. Sind völlig relaxed. Ich weiß definitiv, wirklich

das erste Mal seit mehreren Wochen, dass ich ankommen werde. Das tut gut. Ungeheuer gut.
Weiter geht's. Wir kommen an einigen Pilgergräbern vorbei, sind bedrückt. Es ist die Höchststrafe, einen Steinwurf von Santiago entfernt zu sterben. *So kurz vor dem Ziel,* sinniere ich. Was muss in ihren Köpfen vorgegangen sein, hier ihr abruptes Ende zu finden? Noch dazu auf einer Pilgerreise. Oder wussten sie von ihrem Ende und haben gerade dieses für sich ausgesucht?
Auf diesem Weg? Wir wandern wieder. Melancholisch und nachdenklich. Wir werden ankommen. Nach mehr als vier entbehrungsreichen Wochen.
Fast wäre ich eben an Pedrouzo vorbei gelaufen. Bernd passt auf. Wir finden die Pension, in der wir letztes Mal übernachtet haben.
Der Kreis schließt sich.
Wir zahlen 22,50 Euro. Gut. Wir sind happy. Dies war definitiv unsere letzte Suche. In Santiago haben wir bereits das Hotel gebucht, in dem wir vor drei Jahren schon untergebracht waren und zum Abschluss fast königlich residierten.
Der Rücken ist gut. Bernd ist gut. Klaus ist gut. Alles ist gut.
Morgen noch läppische 22 Kilometer. Was ist das schon?

Kurz vor Santiago de Compostela

Wo wir uns ganz zu Anfang 800 Kilometer vorgenommen hatten und mittlerweile fast 500 Kilometer gelaufen sind.

Fazit: *Geduld zahlt sich aus, Durchhaltevermögen. Man muss nur an sich glauben und das Ziel nicht aus den Augen verlieren. Und den Mut haben, Entscheidungen zu korrigieren, ohne gleich in eine Sinnkrise zu stürzen.*
Obwohl, der Jakobsweg lebt förmlich von Sinnkrisen.

Kurzresümee vor der letzten Etappe

Eigentlich sind wir jetzt schon am Ziel.
Wir sind da.

Ich schreibe Lucie, einer von Mal zu Mal kritischeren, aber durchaus lieben, vor allem ehrlichen Arbeitskollegin, die mir öfters mal die Leviten liest, eine übermütige SMS: *Wer ist das? Braun wie ein Strandläufer, bärtig wie ein Pilger, dünn wie eine Stange und schön wie das Meer?*

Ich bin jetzt froh mit mir selbst. Sozusagen mein bester Gastgeber. Der allerliebste Gast. Was gelingt mir nicht? Wie gesagt, ich bin übermütig. Das Wort Hybris reicht nicht aus, meinen Zustand zu beschreiben.
Ich könnte die ganze Welt heute umarmen.
Vielleicht würde es mir sogar gelingen.

Lucie antwortet nicht. *Der ist vollkommen ausgeflippt,* wird sie wohl denken. Und vielleicht hat sie sogar Recht.

Mein Pilger- oder Wanderleben wird morgen abrupt enden.
Aber ich bin darauf vorbereitet.

Dieser *Camino* war ein großer Sieg über mich selbst.
Dafür bin ich stolz und dankbar.

490 Kilometer haben wir jetzt geschafft. 22 läppische Kilometer liegen noch vor uns.

Nach Miraz

15. September 2010

23. Etappe Pedrouzo – Santiago 22 Kilometer

Gestern Abend haben wir lange draußen gesessen, dabei viele verletzte Pilger gesehen. Sie schleppten sich nur so dahin. Auch einige ältere Pilger waren mit dabei, die sich wirklich sichtlich plagten.
Sie tun mir leid. Ihre Tapferkeit fordert einen hohen Preis. Sie quälen sich, um anzukommen. Sie sind besessen. Genau wie ich. Ich bewundere sie. Ja, das tue ich. Und ich habe Respekt vor ihnen, vor jedem Einzelnen.
Wenn ich manche auch nicht mag. Wegen ihrer Einstellung, ihrer Gesinnung, ihrer Herbergsabhängigkeit, ihrer Servilität und manchmal zur Schau getragenen Frömmigkeit. Verzeiht!

Unsere Mitpilger kommen von der Herberge zu unserer Pension. Sofia benutzt kurz unsere Toilette. Die Herberge muss laut Erzählung der Vier nicht sehr einladend gewesen sein. Sie war voll besetzt bis auf den letzten Platz. Wie es um die Hygiene der sanitären Einrichtung bestellt war, kann sich jeder leicht vorstellen.

Wir beginnen nachdenklich unsere letzte Etappe. Niemand sagt etwas, niemand lacht. Schweigen ist jetzt angesagt. Jeder muss mit sich selbst ins Reine kommen.

Nach einer Weile trenne ich mich von der Gruppe. Ich muss jetzt allein sein und laufe in der Hitze des Tages los, als wäre der wahrhaftige Teufel hinter mir her. Ich bin voller Adrenalin. Es ist ein Höhenflug. Ein Siegeszug. Ich laufe wie im Rausch, zeige es meinem Körper. Ich bestimme, wo es langgeht. Sonst niemand. Niemand sonst. Er hat auf mich zu hören, mein verflixter Körper. Ich bin seine letzte Instanz, der Chef im Ring. Ich habe die Omnipotenz, bin der Erlöser meiner eigenen Befindlichkeit, bin jetzt stur, lasse mir nichts mehr einreden. Schon gar nicht von ihm. Er hat zu schweigen, sich ins Glied zu stellen, mir zu folgen. Nicht die geringsten Zugeständnisse erlaube ich mir. Ich renne regelrecht die Pilgerautobahnpiste entlang. So schnell war ich noch nie unterwegs. Fühle mich topfit. Keiner kann mir folgen. Obwohl ich diese Nacht starke Rückenschmerzen hatte und kaum einschlafen konnte. Jetzt sind sie wie weggeblasen. Die rechte kleine Zehe beginnt wieder

ein klein wenig zu pieken. Ich ignoriere das. Aus irgendeinem Grund wird der Schmerz irgendwann aufhören. Es ist nicht zu erklären, aber es ist so.
Ich renne immer noch, bin wie verrückt, gedopt, ein Formel-Eins-Fahrer auf der Überholspur. Keiner ist schneller. Wirklich keiner. Niemand kriegt es hin, mich zu überholen. Fast habe ich Schaum vor dem Mund, bin wie elektrisiert, regelrecht aufgezogen, meine eigene Marionette. Ich werde zum Spielball des Wanderers und des Pilgers, die immer offensichtlicher einen Clinch miteinander austragen, und der Wanderer möchte es dem Pilger jetzt zeigen.

„Komm, Pilger, folge mir. Du hast gut reden mit deiner ausgeklügelten Rhetorik. Immer stellst du mich an den Pranger. Aber du siehst, ich kann meinen Körper strapazieren, ihm jede Anstrengung verordnen. Er gehorcht mir und läuft wie an der Schnur gezogen, ohne dass ich mich beschwere."

„Du kannst dir vielleicht etwas vormachen, Wanderer, aber nicht mir. In Wirklichkeit möchtest du dich selbst beweihräuchern. Mit Demut hat das nichts zu tun. Auch nicht mit Ankunft bei dir selbst. Du schauspielerst. Und merkst es nicht einmal. Du bist nicht du selbst. Noch immer nicht. Und bei deiner Ankunft im gelobten Land wirst du nur ein Wanderer sein."

Ich komme wieder zu mir. Meine verrückte Stunde ist vorbei. Kleine Rast zum Durchschnaufen. Ich muss stehen bleiben, mich setzen und erholen. Für kurze Zeit war ich der schnellste Pilger auf dem *Camino*. Mein Puls rast, mein Gesicht ist ganz rot.
Ich führe Tagebuch, derweil ich auf die Gruppe warte. Es dauert fast eine halbe Stunde, ehe sie kommen. Dann ab in die Bar vor uns. Ein Platz im Freien, unter einem Sonnenschirm.
Noch immer bin ich ein wenig außer Atem.
Was hat mich vorhin so angetrieben? Eine geheimnisvolle magische Kraft in mir? Der Ansporn der letzten Etappe? Die endgültige Gewissheit durchzukommen?
Es war ein regelrechter Befreiungsschlag. Ein gewollter Spießrutenlauf. Mein Körper hat sich mir untergeordnet, bekam Tritte, Hiebe und Stiche ab. Er musste sich beugen. Dieser schnelle Marsch war wie ein innerer Befehl. Das letzte Kommando, der allerletzte Kraftakt vor dem Gipfelkreuz.

Jetzt Aufbruch. Noch zehn läppische Kilometer. Es ist die Kür. Die letzten Kilometer meines Pilgerlebens.
Und vor allem ist es die Königsetappe. Meine Etappe. Ich werde sie nicht vergessen und die Erinnerung daran fest in meine Seele einritzen, sie wie gute Medizin inhalieren.

Kurze Rast noch am Monte do Gozo, was übersetzt „Berg der Freude" bedeutet. Die mittelalterlichen Pilger pflegten sich hier nochmals zu waschen, bevor sie dann feierlich und alle Entbehrungen hinter sich lassend in Santiago einzogen. Die historische Waschstelle findet man dort, wo am Ortsausgang zwei Bäche ineinander fließen.
Lässiges Herumsitzen. Coole Sprüche. Clowneinlagen. Typisch ich. Die Gesellschaft in meinem Bann, die Lacher auf meiner Seite. Ich genieße und überziehe mal wieder. Bin ausgelassen. Ein Selbstdarsteller, der meistens auf der Sonnenseite lebt. Trotz alledem oder gerade deswegen?
Dann weiter nach Santiago. Schritt für Schritt. Wir sind nicht mehr aufzuhalten. Unaufhörlich kommen wir unserem Ziel näher.

Der Wanderer in seiner Großmäuligkeit beginnt hellauf zu jubilieren: *„He, Leute, öffnet schon mal die Stadttore, oder lasst die Hängebrücke runter. Und hebt die Gläser hoch. Musikanten! Stellt euch in die Reihe zum Tusch. Und baut eine Sicherheitsbarriere auf, damit das Volk uns nicht vor Freude und Begeisterung erdrückt. Dann legt den roten Teppich aus. Wir kommen. Nur noch wenige Schritte. Wir sind schon da. Trara trara."*

Angekommen!!!

Stolz wie ein Spanier. Aber einen Augenblick regungslos. Ich starre zur Kathedrale, stehe dabei auf der Mitte des Platzes.
Der Wanderer schweigt. Der Pilger gewinnt die Oberhand. Fast demütige melancholische Stimmung bei der Ankunft. Ich schaue wie gelähmt um mich herum. Und trotzdem tobt ein Kampf in mir. Meine Nerven sind jetzt ganz dünne Seile, zum Zerreißen gespannt. Und ich weiß auch warum.
Pilgerende. Ende einer Pilgerreise. Mein Atem geht leise, ich kann jetzt nichts sagen, nichts hören noch sehen. Am liebsten würde ich mich verkriechen. Nicht vor der Welt, nein, sie soll meinen Sieg riechen, sie

soll ihn sehen und würdigen und jedem davon erzählen, der es hören möchte.
Nein, vor mir selbst würde ich mich jetzt gerne verkriechen. Warum auch immer. Ich kenne mich nicht, bin mir momentan selbst ein Fremder, ein Unnahbarer. Einer, der gelaufen ist, gejammert hat und trotzdem ankam.
Ich bin glücklich und gerührt, gerührt und glücklich.
Ich habe es geschafft, nach all den körperlichen Defiziten.
Spontan oder geplant, ich weiß es nicht, umarme ich Bernd. Wir sagen uns, was wir uns zu sagen haben. Und was niemanden sonst etwas angeht. Wir müssen das ertragen und damit fertig werden. Wie Männer eben, die zusammen gehalten, sich gegenseitig nicht geschont haben, stets aufmerksam zueinander waren und angekommen sind.
Wir umarmen uns lange. Der Große und der Kleine. Aber der Kleine war so groß wie ich. Vielleicht noch größer. Respekt und Hochachtung. Dann umarme ich auch die anderen vier. Wir schauen, begreifen und verstehen.
Dies ist das unbarmherzige Ende einer Pilgerreise. Das definitive Ende einer Wanderschaft, das Ende eines Weges.
Santiagooooo!!!

Die still und leise sich jetzt nacheinander einstellenden Emotionen infolge des allmählichen Verstehens und Begreifens sind nicht zu beschreiben. Ich streife meine Sonnenbrille über. Eine bewährte Methode. Nur sich jetzt keine Blöße geben, keine Tränen zeigen. Keine falschen Tränen nach all den Leiden.
Aber es sind richtige Tränen. Und ich schäme mich auch nicht. Nicht im Geringsten. Sie laufen einfach die Wange hinunter, stellen sich automatisch ein.
Und trotzdem, keiner soll mich so sehen. Aus welchen Gründen auch immer. Ich bin plötzlich schwach, fühle mich schwach, fühle mich noch schwächer, meine Kehle schnürt sich zu, Sturzbäche fließen. Ich kann nicht mehr reden, niemanden mehr umarmen.
Lasst mich in Ruhe, in Frieden, bitte.

Dann stehe ich allein und sehe nicht und denke nicht und fühle nicht und bin nicht.
Gedankenleere. Wie lange? Ich weiß es nicht. Ich nehme niemanden mehr wahr. Bin in meinem eigenen Kosmos. Die Sterne so nah.

Nach einer Fülle Zeit rufe ich meine Frau an. Wen sonst?
Ich sage nur, *ich bin da.* Mehr sage ich nicht. Dann lege ich auf.
Ich kann jetzt nichts mehr sagen, bin zu ergriffen, bin einer, der sich durchgebissen hat. Und es ist die Wahrheit, die absolute Wahrheit.

Ich bin *GOTT* nicht begegnet. Nein, das bin ich nicht. Aber *Er* war irgendwie anwesend diese ganze Zeit. *Er* und was *Er* auch immer ist war spürbar in meiner Mitte, mittendrin in meiner Mitte. Immer wenn ich *Ihn* oder wer *Er* auch ist, gebraucht habe.
Ich denke nicht weiter. Ich denke nicht weiter. Ja, ich stottere. Und ich bin dankbar.
Nur dankbar, dass ich angekommen bin trotz dieses Handicaps meiner Rückenschmerzen. Eine belastende Hypothek diese ständige Furcht, kapitulieren zu müssen, den Hinterkopf voll mit Versagensängsten gespeichert.

Dies alles ist nun vorbei.
Ich bin da.
Wir sind da.
Und das muss jetzt reichen. Punkt und Schluss.

Noch eine Etappe bis Santiago

Wir stehen lange vor der Kathedrale, schauen sie uns an. Keiner kann es so richtig realisieren, jetzt davor zu stehen, hier zu sein. Nach diesen schier endlos erscheinenden Wochen.

Aber wir sind hier. Wir stehen davor. Und wir sehen sie live und in voller Größe.

Später rufen Bernd und ich ein Taxi, fahren in unser Hotel und checken ein. Ich dusche lange und ausgiebig meinen Pilgerschmutz von meinem müden, zerschundenen Körper, meine absterbenden Bedenken von meiner schwarzen Seele.
Ich bin jetzt ein Urlauber in Santiago. Jemand, der angekommen ist, der sich durchgebissen hat. *Ein Seňor.* Und das habe ich verdient. Ich habe es mir redlich verdient. Das haben wir verdient. Wir haben es uns redlich verdient. Der Kreis schließt sich endgültig.

Im Hotel schreibe ich ins Tagebuch:

Der Weg war leicht
Der Weg war schwer
Er forderte uns sehr

Der Weg war weit
Der Weg war nah
Er war so wie er war

Der Weg entspannte
Der Weg erkannte
Den Menschen der ihn lief

Der Weg benutzte
Der Weg beschützte
Den Pilger den er rief.

Abends in Santiago. Wir treffen uns mit den vier Mitpilgern, die zusammen in einer Pension untergebracht sind.

Ein gewisser Abschiedsschmerz erfasst mich, dem ich nicht standhalte. Wiederum muss ich allein sein. Jetzt. Sofort.

Später dann wird es ein langer Abend mit einer spanischen Trachtengruppe, die ganz toll aufspielt. Wir klatschen und singen und reden und erzählen und fantasieren und euphorisieren und schmieden Pläne und spinnen und klatschen und tanzen und nehmen uns in die Arme.
Wir sechs. Und sind glücklich.
Diesen Augenblick geborgte Zeit.
Aber wir sind es jetzt fürwahr.

„Herrlich, ankomm se sinn, ehnfach nur herrlich“, schwebe ich auf Wolke sieben.

„Schenner als scheen. Was soll mer meh sahn?“

„Komisch, sonscht laber ich immer bisses weh duht. Unn jetzt finn ich ehnfach nett die richdische Worte. A vorhin nett beim Telefoniere mit meiner Fra. Ich konnt nett viel schwätze, war irschendwie hilflos.“

„Dass de hilflos bischt, wusst ich jo schunn länger. Awer lang hann ich druff gewart, dass de endlich mol es Maul halscht“, stichelt Bernd.

„Bin ich dir unnerwee velleicht off de Wecker gang? Dann sas jetzt. Odder schweig ferr immer.“

„Nee, bischt mer nett off de Wecker gang, awer du hascht mich a nett immer grad in jeder Situation beruhischt.“

„Heest das, ich hann dich genervt?“

„Du doch nett. Du doch nett. Du bischt de Klaus. Sogar de Klaus Maria. Wie willscht du dann nerve mit deiner charismatisch Ader?“

„Das denk ich mir a.“

„Du hascht so was gar nett an dir.“

„…“

„Werklich nett. Du doch nett. Du bischt de Klaus Maria, de Dichter unn Denker. E besserer gibts gar nett.“

„Jo."

„Werklich. Das iss so."

„Iss jo schunn gutt."

„Ei, was issen jetzt?"

„Okay, ich hann veschtann. Trink enner."

„Schunn beschtellt."

16. September 2010

Santiago!

Keine so angenehmen Zustände. Pilger an Pilger. Und viele Touristen. Zu viele Touristen. Wir kommen in keine Messe, erhalten keine Compostela (wie die Stimme des Pilgers mir schon prophezeit hat).

Überall Gedränge und Geschiebe, an jeder Ecke ist Anstehen angesagt. 100 Meter und mehr Warteschlangen. Ob vor der Kathedrale oder am Pilgerbüro.
Wir befinden uns inmitten der ehrenwerten Ellbogengesellschaft. Nein, dies sehen wir nicht ein. Wir haben die Messe schon bei unserer letzten Tour besucht, unsere Compostela erhalten, dies alles schon einmal erlebt.
Als die Welt vor drei Jahren noch einigermaßen in Ordnung war.
Auch alle Bars und Restaurants sind überbesetzt. Wir suchen und suchen, Geduld ist gefragt, Ausharren, Weitergehen, es wird sich schon was finden. Die ganze Altstadt ist in Aufruhr, es herrscht Treiben wie auf dem Jahrmarkt. Selbst die Gassen sind verstopft. Wir schieben uns regelrecht voran, sind traurig, enttäuscht, niedergeschlagen, deprimiert. Aber haben wir ein Recht dazu?

Kollege Stefan Schütz, der uns diese vier Wochen ständig mit vielen SMS begleitet hat, ruft an. Zur rechten Zeit. Er gratuliert uns beiden höchst persönlich. Freut sich mit uns. Wovon er keine Kenntnis hat, sind unsere Eindrücke, diese negativen Erfahrungen, welche sich uns gerade aufdrängen. Ich sage diesbezüglich kein Wort zu ihm, möchte ihm die Illusion, uns glücklich zu sehen, nicht nehmen.

Wir setzen uns in den Biergarten einer Bar vor dem hinteren Eingang der Kathedrale und lästern. Was bleibt uns anderes übrig? Wir können nicht anders.
Es ist nicht unser Santiago. Es wird nie mehr unser Santiago sein. Aber wer konnte das auch erwarten. Was bilden wir uns eigentlich ein?
In meinem Hirn ist nur noch *Matsch, Batsch und Datsch,* sage ich zu Bernd.

„Awer das schunn länger."

„Kannscht de velleicht emol ernscht sinn."

„Ich hann dir doch gesaht, man kann nur ehnmol ankomme", antwortet er gebetsmühlenartig. Aber es ist kein Sakrileg. Er hat Recht. Er hat wirklich Recht.

Wir sitzen immer noch hinter der Kathedrale, können einfach nicht fassen, was wir sehen. Vor dem Eingang zum Grab des heiligen Jakobus hat sich innerhalb weniger Minuten eine riesige Menschentraube gebildet. Sie schlängelt sich schätzungsweise 400 Meter um den Nebeneingang herum durch eine schmale Gasse zum Hauptplatz vor der Kathedrale, wo das geduldige und zeitaufwändige Anstehen beginnt. Immer nur eine Handvoll Pilger oder Touristen werden eingelassen. Die Masse der Wartenden wird nicht weniger.
Wir sitzen nur ein paar Meter von ihnen entfernt, beobachten sie, kleben regelrecht mit unseren Blicken an ihnen. Wie kann man nur so gleichmütig, so gelassen, so bigott in dieser Schlange stehen, ohne irgendwann einmal die Geduld, die Contenance, die innere Ruhe zu verlieren. Ich verstehe es nicht. Wir verstehen es nicht.

Vielleicht sind wir auch gerade deshalb keine Pilger. Ein Pilger stellt sich an, stellt keine Ansprüche, wartet, jedes Privileg ist ihm fern, es wird sogar von ihm abgelehnt und verschmäht, er reiht sich einfach ein, steht mit dem Rucksack auf den geplagten Schultern und mit kaputten Füßen, entzündeten Kniegelenken und leidendem Rücken da, aber er wartet devot, schiebt sich langsam, unendlich langsam voran, kein Murmeln der Unzufriedenheit ergießt sich aus seinem trockenen Mund, während Rinnsale von Schweiß ihm das Pilger- oder Büßerhemd hinab laufen und ist auch noch dankbar dafür.
Wir schreiben das Heilige Jahr in 2010, was zusätzlich viele 100-Kilometer-Pilger, meist Spanier, animiert, sich auf den Weg zu machen und nun in dieser immensen Warteschleife geduldig auszuharren.

„Komm", sagt Bernd, der sich nicht schämt, dass wir anders geartet sind, nicht so denken, dies rundweg ablehnen, nicht so demütig sind, uns nicht in die Schlange stellen wollen nach diesen 23 teils beschwerlichen Etappen.

Wir müssen hier weg, bevor wir aggressiv werden.

Was ich immer mehr vermisse: Ich sehne mich nach gutem Essen, nach internationaler Musik, nach Geborgenheit. Danach, dass meine Frau mich jetzt einmal kurz in ihre Arme nimmt. Ich möchte ja nicht unverschämt sein. Mehr verlange ich gar nicht. Ich bin ausgedörrt, im Kopf leer, sehne mich nach ein wenig Entspannung zu Hause. Hier kann ich sie offenbar nicht finden.
Auch weil ich diese Menschen hier sehe, die mich beschämen sollen, es aber nicht tun? Innere Einkehr? Was ist das? Finde ich sie in diesem Santiago? Wohl kaum unter diesen Bedingungen, die wir hier antreffen.

„Unn ich wollt mei innere Einkehr finne“, sage ich zu Bernd.

„Unn? Hammer doch a irschendwie. Wie viel scheene Schtunne hammer dann erlebt?“

„Hascht Recht. Uns gings fascht immer gutt. Mir dürfe nett undankbar sinn. Mir hann e Menge Schpass gehad off demm Wee, viel gesiehn.“

„Jo, mir sinn einische Traumwee gang. Das Meer unn die Picos. Was wollte mer dann meh? Unn mir sinn ankomm. Also, was gepps se meckere? Feiere müsse mer. Sonscht nix.“

„Schtimmt. Awer mir dürfe uns jetzt nett in de eichene Sack lüje. Es war nett nur scheen.“

„Nee, alles hat im Lewe sei zwei Seite. Awer das wisse mer jo.“

„Am Beschte suche mer uns immer die aus, die mer grad brauche.“

„Ewe. Unn jetzt simmer grad am Motze. Also solls a so sinn.“

Ich bin wirklich zu allem bereit. Nur nicht zur inneren Einkehr.
Der Weg ist das Ziel. Ich kann es nicht mehr hören. Diese Vereinnahmung von Wunschvorstellungen.

„Wo bist du Pilger? Verstecke dich jetzt nicht. Siehst du das alles? Dieses Treiben, diese Warteschlangen. Was sagst du dazu? Gefällt es dir?“

Ich schreie mir regelrecht meinen Frust von der Seele. Wer bin ich eigentlich? Wer hat das gefragt? Jetzt, wo ich angekommen bin.

Der Wanderer meldet sich frech zu Wort: *„Was fragst du den Pilger? Ich habe Santiago erreicht. Niemand sonst. Der Pilger war nie auf diesem Camino. Er ist gescheitert. Er hat es nicht geschafft."*

Erbost schnauze ich den Wanderer an: *„Der Pilger ist besser als du. Er geht seinen Weg ohne Forderung, ohne Erwartung. Bescheiden, aber stolz. Was willst du eigentlich? Scher dich zum Teufel!"*

Und gerade eben habe ich mir selbst in den Hintern getreten. Ich sehne mich nach dem Pilger und lehne den Wanderer ab. Und doch kann ich nicht über meinen Schatten springen.
Äußerst gefrustet gehe ich mit Bernd ins Hotel zurück.
Ich schlafe volle zwölf Stunden.
Und bin immer noch deprimiert und verärgert.
Deprimiert wegen der vielen Pilger, die sich vielleicht etwas anderes vorgestellt haben als das, was sie hier antreffen?
Verärgert über den Wanderer, der kein Pilger wurde?

17. September 2010

Der letzte Tag. Kein schwerer Abschied. Ein leichter Abschied.

Wir treffen Nadine, die wir in Pedrouzo beim Abendessen kennen gelernt haben. Sie bleibt bei uns bis spät in die Nacht.

Wir sehen sie alle wieder: Mitpilger, Bettler, Clowns mit roter Nase, keine Miene verziehenden menschliche Standbilder mit äußerster Farbenpracht, die ausgefeilte kreative Motive präsentieren. Gesichtsverzieher der etwas grotesken Art, welche Leuten hinterherlaufen oder sie nur blöde angrinsen. Den kirchensuchenden Japaner mit ständigem Bewegungsdrang und Dauerlächeln. Die Spanierin, meine Zimmergenossin von Miraz, deren körperlich biochemischer Prozess, kurz Furz genannt, gleich einer Bombe einschlug. Die Deutsche mit der Gästebucheintragung in derselben Herberge, die sich für uns schämte. Die vielen Krüppel der Stadt, Gottes vergessene Kinder, welche in den engen Gassen um die Kathedrale sitzend oder kniend bettelnd hausen. Bustouristen, die während der Altstadtführungen roten, gelben und grünen Regenschirmen hinterherlaufen. Und schließlich Santiagos wahren und echten Pilger, den wir schon einmal kennen gelernt haben, sehen und erleben durften. Wir nannten ihn bei unseren Lesungen scherzhaft immer den *Knappschaftsältesten von Santiago.* Es war allerdings und ist auch heute nicht böse gemeint.
Sie alle sind da, begegnen uns zwischen den Eindrücken des Massentourismus. Und wir sind auch zugegen und tragen dazu bei. Diesen Schuh müssen wir uns anziehen.
Simon, Vicki und Sofia sind schon weg. Und Florian, dieser tapfere Mitfeierer, fliegt heute Mittag.
Alles geht einmal zu Ende. Und es ist gut so.
Aber es ist, wie es immer ist: Touristen und Pilger kommen und gehen, und sie zerstören dabei die Stadt.
Ich weiß im Grunde meiner Seele, wenn ich mir das im Moment auch nicht eingestehen möchte, dass ich diesmal nicht wirklich angekommen bin. Ich war nie da. Ich bin kein Pilger, nein, ich bin ein Pilger, der nicht ankam, niemals ankommen kann, weil der Wanderer in mir angekommen ist. Und so ist es. Nur der Wanderer ist angekommen. Nicht der Pilger.
Was ist nur mit mir los? Was ist geschehen?

Sechs Pilger am Ende einer Pilgerreise

Irgendwie bin ich unterversorgt, einsam und traurig.
Und der Depp des Tagebuches.
Auch wenn es manchmal während der Wanderungen einfach nur lästig war. Aber ich musste es führen. Es war wie ein Zwang, eine innere Klausur, eine Hinterfragung, eine Inventur dieser Reise.
Nur so sind mir die Erinnerungen an Menschen und Ortschaften nicht verloren gegangen.
Nur so konnten die vielen Eindrücke festgehalten werden.

„Schreib das, damit dus nett vegescht", ermahnte mich Bernd immer.

„Ich hanns awer ball satt, de Rucksack schtännisch abseschnalle unn offsemache, um ans Tagebuch se komme. Das nervt."

„Do lass ne zu unn schreib ewe nix unn ich mach dann a kenn Biller meh. Dann hammers geschafft. Dann siehts nämlich so aus, als wemmer nie do gewehn wäre."
Dies sind die letzten feierlichen Zeilen aus meinem manchmal nervigen, aber meistens doch geliebten Tagebuch:

Ich habe keinen Appetit mehr und kann mittlerweile weder mich noch meinen Rucksack noch Spanien noch Bernd noch diese Tagebücher riechen.
Die Eintragungen sind nun zu Ende.
Ich habe meine Seele auf der Zunge getragen.
Meine Augen sahen Meer und Berge.
Meine Nase roch das Salz des Wassers.
Meine Lunge atmete schwer auf den anspruchsvollen Höhenwegen.
Und meine Ohren vernahmen die Geräusche vieler kleiner Wanderschritte.
Mein Herz hat oftmals jubiliert.
Mein Körper Schmerzen ausgehalten.
So sollte es sein und so soll es auch bleiben.
In meinen Erinnerungen.
Hola.

Ruhetag mit Nadine in Santiago de Compostela

18. September 2010

Die Stimmungslage ist Moll. Wir waren in keiner Pilgermesse und erhielten keine Compostela. Aber es regnete wenigstens nicht ununterbrochen wie in 2007.
Natürlich haben wir die Kathedrale außerhalb von Führungen und Messen besucht. Zum heiligen Jakobus sind wir leider nicht vorgestoßen, und vergeblich haben wir nach der Nonne Ausschau gehalten, die uns 2007 mit ihrem wunderbaren Gesang so sehr bezauberte.
Adieu Santiago. Adieu, vielleicht für immer.

Am Flughafen dann verspäteter Abflug. Wir werden kurzfristig an einen anderen Schalter umgeleitet.
Soeben SMS meiner Tochter erhalten. Sie liegt im Krankenhaus. Bin kaputt und leer. Weiter kann ich jetzt nicht denken.
Später im Flugzeug. Yolanda sitzt neben mir. Sie ist eine blutjunge Galizierin. Eine stolze dazu. Wir haben sie in einer Bar in Santiago kennen gelernt. Sie ist Ingenieurin und arbeitet in Köln. Wir unterhalten uns lange. Über ihre Heimat und über meine Heimat. Sie lobt die tolle Küche Galiciens, preist die netten Menschen Spaniens und findet die Deutschen etwas kühl und zu geschäftstüchtig.

Wir landen in Hahn. Margret, Bernds Schwester, und seine Cousine Anni sind da. Sie holen uns ab.
Schön, dass ihr zugegen seid. Die Brise Heimatluft wird durch euch doppelt freudig eingeatmet.
Jetzt geht es nach Freisen zu Hilde, Bernds Freundin. Sie serviert uns ein ausgezeichnetes Essen: Rouladen, Klöße und Rotkraut. Danach Tiramisu. Köstlich. Natürlich so gut wie lange nicht mehr.
SMS von Elisa erhalten: *Darf für mehrere Stunden nach Hause. Bin da, wenn du heimkommst.*
Glücklich.
Bernd, Hilde und ich fahren von Freisen nach Biesingen.
Zuhause ein toller Empfang. Alle sind gekommen. Verwandte, Nachbarn, Freunde, mir nahe stehenden Menschen.
Wir feiern bei Kaffee, Kuchen, Bier und Schwenkbraten. Das Wetter spielt mit. Wir sitzen im Freien, ich atme die köstliche Heimatluft ein, und ich gebe es zu, ich weine innerliche Tränen, bin gerührt und überaus sensibilisiert. Meine Sensoren sind in Höchstform. Ich kann mich

gerade noch zusammenreißen, den Kloß im Hals bekämpfen. Möchte jetzt nicht als Schwachstecker da stehen.
Aber Heimat ist Heimat. Hier bin ich angekommen. Es ist der Ort, an dem ich hoffentlich noch ein paar Jahre leben, aber auch der Ort, an dem ich einmal sterben werde. Es ist meine Heimat, alles, was ich habe, was uns je bleibt. Und ich hänge mit ganzem Herzen daran.
Dies ist die Erkenntnis, die ich in Spanien erlangt habe.
Dass ich froh sein kann, so zu leben wie ich lebe und wie man mich leben lässt. Denn ich fühle mich sauwohl hier. Wenn es auch kein Meer, keine Berge und keinen *Camino* gibt.

„Nun bist du doch angekommen“, meldet sich urplötzlich der Pilger in mir wieder zu Wort, *„und ich bin nicht in dir gestorben. Ich habe durch dich und du durch mich überlebt.“*

„War das etwa ein Kompliment?“, insistiert der zur Ruhe gekommene Wanderer nun doch ein wenig überrascht.

„Such es dir aus, aber bilde dir nichts ein!“, lautet die knappe wie prophetische Antwort.

„Ich danke dir, lieber Pilger. Du hast mir geholfen. Ohne dich hätte ich es nicht geschafft.“

„Das weiß ich doch. Ich wusste es die ganze Zeit. Und jetzt weißt du es auch.“

Ja, jetzt weiß ich es auch.
Aber weiß ich es morgen oder übermorgen noch?
Wenn der Alltag mich wieder eingeholt hat.
Wenn die Erinnerungen verblassen.

Bernd und Hilde verabschieden sich.
Ich nehme Bernd in die Arme.

„Danke mei Kleener. Ferr alles. Unn nur du wehscht, was ich menne. Kenn annerer veschteht das. Nur du.“

„Ich dank dir a mei Großer. Ferr alles. Unn kenn annerer veschteht das.

Nur du.“

Wir umarmen uns lange.

512 teils schwere Kilometer liegen nun endgültig hinter uns.
Sie sind ein stiller Triumph.
Ende einer Pilgerreise.

Buen camino.

Nachbetrachtung

Ich bemühte mich beim Schreiben des Buches offen und ehrlich zu sein, habe mein Herz auf der Zunge getragen, nichts verschwiegen und mich nicht schöner gemacht, als ich tatsächlich bin.
Ich habe meine Schwächen freizügig eingestanden und Passagen, die mich nicht unbedingt in den Adelstitel erhoben, im Buch belassen.
Ich habe akribisch einen Weg beschrieben, den ich gegangen bin und den ich durchstand.

Nicht zuletzt auch dank meines Tagebuches.

Der Weg verlief oft geradeaus, man konnte endlos weit die Fährte sehen, der man folgen musste.
Dies ist psychologisch nicht gut zu verarbeiten.
Mit müden, schweren Beinen und schmerzenden Füßen denkt und sieht man nun einmal die Welt anders, als mit ausgeruhtem Körper und homogener Seele.
Bernd und ich waren manchmal regelrecht genervt ob der Weite der Wege, der Gleichmäßigkeit der Eindrücke, dem Verarbeiten der Gedanken, den immer wieder aufkommenden Fragen nach Sinn und Unsinn dieses Unternehmens.
Manchmal schimpften wir wütend vor uns hin, bar jeder Vernunft, bar jeder Demut, die wir doch eigentlich gesucht und angestrebt hatten. Wir schimpften wegen des schweren Höhenprofils, unserer Lustlosigkeit beim Laufen, was sich besonders im ersten Teil der Reise stereotyp das eine oder andere Mal wiederholte.
Aber waren wir deswegen auf dem Jakobsweg?
Wussten wir nicht, hatten wir noch nicht verinnerlicht, dass dieser Weg Entbehrung war, Entbehrung hieß und sonst kein Ziel kannte? Außer dem, was man für sich hineininterpretierte.
Der Blick verstellte sich uns eine lange Zeit, trübte sich ein, wir erkannten nichts und niemanden, liefen einfach einen Weg, immer weiter, strickmusterhaft, wie an der Schnur gezogen, Marionetten, die bewegt, gesteuert wurden, ein Ziel zu finden, und sei es nur dieses Ziel, das sich an diesem Tag uns zeigte und uns glückselig werden ließ.
Das Wandern, das Laufen, besser gesagt das ständige Marschieren von morgens bis abends, sechs bis siebenmal in der Woche, manchmal bis zu zehn Stunden am Tag, gehört zum Jakobsweg wie der Schatten

zum Licht, das Atmen zum Leben, das Amen an den Schluss eines Gebets.
Dessen muss man sich voll und ganz bewusst sein.
Wenn man sich gut fühlt und das Wandern um eine, zwei oder gar drei Stunden verlängern kann, bedeutet dies im Umkehrschluss eine Entlastung, eine Schonung der Strapazen für den folgenden Tag, was einem die teils ausgelassenen Pilgerstunden am Abend durchaus verschönern hilft.
Die Perspektive einer beispielweise nur sechsstündigen Wanderung schießt ein ungeheuer befreiendes Glückshormon durch die Adern der sich mit der Zeit doch latent einstellenden, nicht zu bezwingenden Trägheit von Körper und Seele.
Sich morgens ständig fit zu fühlen, es sich zumindest einreden zu müssen, belastet doch ganz ordentlich die überpowerte Muskulatur, Sehnen und Gelenke, vor allem das hinterfragende Intellekt.
Jedenfalls erging es uns oft so.

„Bin ich heit kaputt", jammerte Bernd manchmal.

„Mir sinn a weit gang. Morje hammer nur noch e bissje meh als die Hälft von heit. Das iss doch e dollie Aussicht. Siehs mol so."

„Jo, das iss wie Urlaub vom Jakobswee. Wenns uns nur kenn Da schlechter geht..."

„Gehts uns richdisch gutt", vervollständigte ich den Satz zu Bernds sichtlicher Aufmunterung und Zufriedenheit.

„Siehscht de, mir veschtehn uns a ohne Worte."

Entgegen der letzten Reise haben wir diesmal relativ früh den Jakobsweg angenommen, weil es geradezu unmöglich ist, sich dem Geist und der Schönheit der spanischen Landschaften, der Berge und dem Meer mit seinen tollen Sandstränden zu entziehen, sich nicht von ihnen inspirieren zu lassen.

Man muss voll und ganz auf diesen Küstencamino eingehen, um ihn bewandern, genießen, bewundern, empfinden und bewältigen zu können.

Hin und wieder jammerte ich auch, teils begründet, teils aus purer Show, um dem Tag seine Würze zu geben.

Und wir lachten viel, schlugen uns gegenseitig in die Hände, benahmen uns wie Kinder, fühlten uns manchmal wie sie, weil wir genau so waren: bockig und angepasst, unverbindlich und entgegenkommend, störrisch und lieb, abhängig und frei, grob und verspielt, realistisch und naiv.
Zwei Wanderer, die sich gehen ließen, Pilger, die ein Ziel vor Augen hatten. Und dieses Ziel hieß *ankommen.* Jedes Mittel war uns recht, das uns den Weg zeigte, uns diesem Ziel näher brachte. Und wenn auch mit Kinderaugen, leicht und unbeschwert, nicht berechnend, nicht an morgen denken, einfach die Gegenwart leben, alles nehmen, wie es gerade kommt, wie es sich jetzt darstellt. Nur keine Scheu haben, keine Angst, positiv denken, voraus schauen, eben nicht planen, geplant werden, weitermachen. Kopf hoch. Wird schon werden. Nur nicht ins Bockshorn jagen lassen.
Aufmunterung hatte damals zwei Namen: Bernd und Klaus.
Oft änderten wir unser Ziel. Jeden Abend beratschlagten wir, wo wir am nächsten Tag hinwandern wollten. Kriterien wie Größe und Einwohnerzahl eines Ortes spielten eine entscheidende Rolle. Wir wollten nicht, wie hin und wieder geschehen, in irgendeinem Weiler landen, wo es vier Häuser, drei Ruinen, eine verlassene Baustelle, ein gelber Pfeil an einer Wegkreuzung, eine Kapelle, ein alter Brunnen, ein paar Haustiere und sonst nichts gab.
Wir wollten etwas erleben, neben Pilgern auch Einheimische kennen lernen, ihre Gewohnheiten, ihre Art, ihren Sinn, das Leben anzugehen. Mit der Zeit suchten wir unsere Ziele spontaner aus, ohne uns den Kopf lange zu zerbrechen. Wir hielten uns schlicht oder ergreifend nicht mehr oder immer seltener an den Reiseführer, weil sich zu viele daran hielten. Dann hat man nämlich, vor allem auf dem Hauptweg, ein Problem, nämlich das Problem des Bettenmangels, der Überfüllung der Herbergen, der Pensionen oder Hostals.

Überall entlang des Jakobsweges gibt es kleine und größere Bars, die wir sehnsüchtig besuchten, um *café con leche grande* zu trinken oder *dos cańas grandes, por favor!*
Man konnte auch kleinere Happen und in vielen Bars warme Mahlzeiten zu sich nehmen. Die meisten dieser Bars waren oft liebevoll eingerichtet, aber richtig sauber, was den äußerlichen Eindruck anbelangte,

waren sie eigentlich nie. Oft lagen Papiertaschentücher, Servietten und Zigarettenkippen vor den Tresen. Daran störte sich bis zum Feierabend niemand, weder der Wirt noch die Gäste. Erst zur Sperrstunde wurde für den nächsten Tag sauber gefegt. Wir nahmen dies zur Kenntnis und regten uns nicht darüber auf.

Diese Bars sind für die Spanier Lebenselixier und Ausdruck tiefer Heimatverbundenheit. Ein Teil ihrer Freizeit spielt sich dort ab.

Manchmal mussten wir Stunden marschieren, ehe wir eine Bar entdeckten und unsere verbrauchten Kraftreserven wieder auftanken konnten.
Als wir in Santiago überglücklich ankamen, wussten wir, dass wir einen Teil unserer Stärke auch diesen Bars zu verdanken hatten.

Erkenntnissuche am Ende des Weges

Ich hatte mir nach dem Jakobsweg viel vorgenommen. Meine komprimierten Erfahrungen wollte ich voll einbringen.
In allen Lebensbereichen. Was ist davon übrig geblieben?

Wann werde ich wieder eintauchen in den *Camino*, der nichts erklärt, nichts fordert, nichts versteht oder gar verändert, der sich besuchen lässt und keinen Eindruck schinden möchte, um sich unsterblich zu machen?
Der mir mein wahres Gesicht schnörkelos offenbart.

Wann werde ich mich wieder auf den Weg machen?

Und wie lange?
Und warum?
Und für wen?

Ein Wort in eigener Sache

„Immer de Pfeile noh" wäre ohne Bernds Zutun nicht erschienen.
Er lieferte mit seinen Bildern tolle Impressionen, die uns immer an diese ganz einzigartige Zeit erinnern werden. Ständig war er auf der Suche nach neuen Eindrücken, nach besonderen Motiven, nachhaltigen Augenblicken, wunderschönen Momenten, die er festhalten wollte. Seine Kamera war ein Teil von ihm, sozusagen sein verlängerter Arm, mit ihr ging er ganz bewusst diesen Weg, sah, erkannte und fühlte.
Er war auch in die Tagebucheintragungen involviert. Er munterte mich immer wieder zum Schreiben auf, regte mich stets an, erwartete, registrierte, veränderte, stellte richtig, ergänzte.
Ohne ihn hätten diese Dialoge schlicht und ergreifend nicht stattgefunden, hätte dieses zweite Buch an Wert verloren, wäre es wahrscheinlich gerade aus diesem Grund nicht erschienen.
Er las das fertige Manuskript, das aus sechs handgeschriebenen Tagebüchern bestand, mehrmals mit großer Sorgfalt. Er lektorierte, änderte, ergänzte, bestätigte.
Deshalb ist dieses Buch auch **sein** Buch. Ohne jede Frage.
Nicht zuletzt wäre dieses Folgebuch auch deshalb nicht erschienen, weil ich niemals alleine losgezogen wäre, um den Jakobsweg zu gehen. Ich hatte einfach zuviel Respekt davor.
Bernd war für mich in jeder Phase dieser Reise ein zuverlässiger Mitpilger, ein Pilgerbruder, ein absoluter Gewinn, jemand, auf den ich mich voll und ganz verlassen konnte. Ein cooler Typ, der zuerst bedenkt, was er sagt, mit dem Herzen fühlt und entscheidet, aber in manchen Dingen oft rationeller handelt als ich.
Meine Spontaneität, Impulsivität, manchmal vielleicht auch Überreaktionen gehen ihm größtenteils ab. Und das ist gut so.
Er hat es auf seine Art und Weise verstanden, mich regelmäßig auf den Boden der Tatsachen herunter zu holen, wenn ich wieder einmal als Überflieger unterwegs war.
Deshalb und nicht zuletzt deshalb haben wir uns stets hervorragend ergänzt.
Wie es gute Pilger und noch bessere Freunde eben tun.

Abschied

Unsere Pilgerreise ist nach 44 Etappen
1034 Kilometern
und mehr als 350 Stunden
die Bernd und ich
gemeinsam durch Spanien gewandert sind
nun zu Ende.

Wir sind dort angekommen
wo es kein Weiter für uns gibt.

Man kann zwar Santiago mehrmals erreichen
aber nur *einmal* dort ankommen.

Dies haben wir schmerzlich
erfahren müssen.

Allen Pilgern auf ihren Wegen
wünschen wir

Buen camino

Wir danken allen fleißigen SMS-Schreibern für ihre Aufmunterungen und Gedanken.

Wir danken unseren Arbeitskolleginnen und -kollegen für ihre Unterstützung in schwierigen Phasen.

Wir danken unseren Verwandten, Freunden und Nachbarn.

Wir danken unseren lieben Mitpilgern für die wunderbaren Momente, die wir miteinander erleben durften.

Ich danke meinem Rücken, dass er mich doch noch in Santiago ankommen ließ. Auch danke ich meinen Füßen, dass sie diesmal tapferer waren als beim letzten Mal.
Und ich hoffe, dass meine taube Zehe zu mir zurückkommt.

Nicht zuletzt danke ich Bernd, der mich wieder einmal mit stoischer Geduld und Gelassenheit ertragen hat. Ich bin stolz darauf, dass er mich auch dieses Mal begleitete und stets ein wachsames Auge auf mich warf.

Klaus und Bernd, im August 2011

Kleine Danksagung

Wir danken allen freundlichen *Seňoras*, *Seňoritas* und *Seňors*, die uns stets behilflich waren.

Wir danken allen Wegen, wenigstens den meisten davon, sie haben uns neues Leben eingehaucht, weil sie atemberaubend schön, geradezu unvergesslich und einfach traumhaft waren.

Wir danken dem Meer, das uns immer wieder entzückte mit seiner bloßen Gestalt, Kraft und Gegenwart.

Wir danken den *Picos*, diesen herrlichen Bergen, welche uns lange begleitet haben und nie aus dem Blick ließen.

Wir danken unseren Rucksäcken, die unsere Klamotten und sonstigen lebenswichtigen Utensilien geduldig bis nach Santiago trugen.

Wir danken den tausend Hunden, die uns zwar angebellt, aber nie gebissen haben.

Wir danken den vielen Barkeepern für ihre Freundlichkeit, ihre Wachsamkeit und Schnelligkeit, vor allem aber für die vortrefflichen und kostenneutralen *tapas.*

Wir danken der einzigen wahren Apfelweinbar, spanisch *Sidraría* genannt, die ganz in der Nähe der Kirche San Pedro in der Altstadt von Gijon liegt, und deren Barkeepern für all das Vergnügen, das sie uns bereitet haben, vor allem beim Füllen der Gläser.

Wir danken dem Kellner *Vergissmeinnicht* aus der gegenüber liegenden Bar in Gijón, der wirklich alles vergaß und sich daher ständig suchend mit breitem Grinsen beschwörend an den Kopf fasste.

Wir danken allen *caňas grandes,* ohne sie hätten wir den *Camino* mit all seinen Schwierigkeiten, körperlichen Strapazen, seelischen Belastungen und öden Momenten in teils gewöhnungsbedürftigen Herbergen und grauen Pensionen nicht so unbeschadet überstanden.

Impressionen

auf dem Jakobsweg